답은 언제나 서양 철학

2,500년 전부터 지금 이 순간에도

답은
언제나
서양 철학

황헌 지음

SIGONGSA

철학을 품지 않은 역사,
역사를 품지 않은 철학은 없다

철학의 주요 정거장을 다니는 긴 여정에 첫 발을 뗀 건 2016년이었다. 나는 〈철학과 인문학의 로맨스〉란 제목으로 소크라테스부터 사르트르에 이르는 서양 철학의 큰 산맥을 훑는 글을 나의 SNS 계정을 통해 연재하기 시작했다. 연재는 한 해 가까이 이어졌다. 쉽지 않은 일이었다. 철학 전공자가 아닌 사람이 2,500년 서양 철학을 조명하는 글을 쓰게 된 건 순전히 지적 갈증과 철학을 향한 애정 덕분이다. 지금도 나는 칸트의 『순수이성비판』에 푹 빠져 있던 청년 시절이 생생하다. 대학교를 졸업하던 해였다.

언론인의 삶을 살면서 틈틈이 플라톤과 베이컨, 니체를 읽었다. 인류 사상사에 한 획을 그은 현자들의 생각은 그들이 지은 책을 한 번 읽는다고 해서 온전히 알 수 없다. 나 역시 그들의 저술 한 권을 정독하고 지혜의 깊은 샘 한가운데로 들어갈 수 없었다. 어떻게 할까, 고민하던 나는 해당 철학자가 살던 시대의 유럽 역사를 함께 공부하는 방법을 선택했다. 거대하지만 아름다운 숲을 한꺼번에 볼 수 있는 좋은 방법이었다.

1984년부터 2018년까지 34년을 방송기자로 일했다. 그 34년 동안 세계는 격변했다. 세계사의 굵직굵직한 사건이 쉼 없이 이어졌다. 20세기를 이념의 전쟁으로 몰고 간 공산주의의 종주국 소련이 1990년 일당 독재를 폐기하고 다당제를 선택했다. 그 여파로 독일이 통일되었고 동유럽은 민주주의 체제 전환을 이뤄냈다. 도미노와 같았다. 20세기의 최대 사건이었다. 나는 그 격동의 현장에서 마이크를 잡았다.

권력의 집중과 개인의 자유에 대한 제한이 장기간 이어지면서 혁명은 불가피하게 발생한다. 영국의 왕 찰스 1세를 의회파 크롬웰이 처형한 것과 프랑스혁명 후 루이 16세와 마리 앙투아네트가 단두대에서 생을 마감한 일, 러시아의 로마노프 왕조가 무너지고 레닌이 러시아혁명을 일으킨 것도 모두 권력이 과도하게 집중된 독재 정치가 촉발한 혁명이다. 혁명의 발발은 필연이다. 아리스토텔레스가 일찍이 『정치학』에서 과두파가 대중의 의견을 무시한 채 권력을 독점하면 민주파에 의해 혁명이 일어난다고 예언했다. 그 예언의 줄기는 『군주론』을 쓴 마키아벨리를 거쳐 홉스로 이어졌다. 홉스는 국가는 개인에게 괴물과 같지만, 꼭 필요하다는 걸 강조했다. 루소는 절대왕정의 폐해를 비판하면서 삼권분립과 사회계약에 바탕을 둔 민주주의의 모델을 제시했다. 루소의 사상은 프랑스혁명으로 이어졌다. 이후 철학자들은 인간의 존엄성과 이성, 숭고한 자유에 대해 파고들었다. 행동하는 지성 사르트르에 이르러 실존의 가치가 새로이 세워졌고 실존은 개인을 넘어 사회와 국가로까지 확대되었다.

나는 세계 역사가 격동하는 현장을 누비는 좋은 기회를 참 많이 얻을 수 있었다. 소련 공산당의 붕괴 현장, 발트 3국의 민주화운동, 독일 통일, 1~2차 걸프전, 9.11테러 등 세계사의 획을 그은 뉴스를 대부분 현장에서 취재하거나 뉴스센터 앵커의 자리에서 전했다. 1996~1997년 영국 연수와 2003~2006년 파리특파원으로 근무한 시간은 내게 참 특별하고 소중한 계기가 되었다. 그토록 좋아하던 문학, 역사, 철학의 고향을 때론 취재로, 때론 여행을 통해 참 부지런히 찾아다녔다. 셰익스피어, 위고, 괴테, 칸트, 데카르트, 니체, 사르트르를 책이 아닌 그들의 숨결이 묻어 있는 곳에서 현장학습을 하며 입체적으로 만났다. 유럽은 어딜 가나 인문학과 철학이 살아 숨 쉬는 교실이다. 역사, 철학, 문학, 음악, 미술, 건축, 음식, 예술을 담고 있는 주요 인문학의 고향을 직접 방문하여 공기를 들이마시고 향기를 맛보는 일은 내게 정말 큰 즐거움을 주었다.

특파원 임기를 마치고 귀국해서는 방송사의 간부로 일했다. 머리카락이 희끗희끗해지기 시작했다. 논설위원으로 일하면서 라디오의 아침 프로그램인 〈뉴스의 광장〉 진행을 맡게 되었다. 5년 가까운 긴 시간이었다. 그 기간이 퇴직 후의 내 삶을 결정해 준 밑거름이었다.

2016년 한 해 동안 서양 철학의 큰 산을 넘는 작업을 시작했다. 읽은 책이 점점 쌓였고 쓰는 글도 점점 풍성해졌다. 더불어 서양 철학을 바라보는 나의 안목도 올라갔다. SNS에 〈철학과 인문학의 로맨스〉라는 제목으로 쓴 33편의 글은 이듬해에 끝났다. 소크라테스부터 시작해 2,500년 서양 철학의 긴 강을 여행했다. 내 글을 읽은 지인들의 응원과 격려는 큰 힘이 되었다. 연재를 마감하던 날 나는 자신을 칭찬하는 의미에서 프랑스 특파원 시절 사서 가져와 잘 갈무리하던 최고급 와인 '샤토 마고'를 열었다. 2017년 봄의 일이다.

2018년 MBC에서 퇴직한 나는 마침내 자유의 몸이 되었다. 34년 동안 맛보지 못한 자유였다. 내 마음은 『그리스인 조르바』를 쓴 니코스 카잔차키스의 영혼을 향해 빠른 속도로 달려갔다. "나는 아무것도 원하지 않는다. 나는 아무것도 두려워하지 않는다. 나는 자유다"라는 카잔차키스의 묘비명이 새로 시작된 내 인생의 방향타로 다가왔다. '그래 이젠 여행이든 글쓰기든, 뭐든 내 마음이 내키는 방향과 속도로 해보는 거다'라고 홀로 다짐했다.

2023년부터 경기대학교에서 인문학을 강의하는 특임교수로 일할 기회가 주어졌다. 인문학 강의의 주제는 문학, 역사, 철학, 음악, 미술을 넘나드는 것으로 매우 다양하다. 나는 경기대학교에서 '단숨에 익히는 그리스 · 로마 신화', '『파우스트』를 통해서 보는 선악의 의미', '『노인과 바다』에서 배우는 인생', '중국사와 사마천의 『사기』' 그리고

'신을 죽인 남자 니체가 요구하는 삶' 등 50개가 넘는 주제를 수년째 강의하고 있다. 또한 개인적으로 〈황헌과 함께하는 와인이 있는 인문학 스쿨〉도 개설해서 지금까지 150명이 넘는 졸업생을 배출했다. 내가 이렇게 인문학과 관련한 일에 열정적으로 임할 수 있었던 건 언론인의 삶 내내 쌓은 인문학 현장학습과 2016년에 쓴 〈철학과 인문학의 로맨스〉가 밑거름이 되었다고 확신한다.

한편으로 뉴스를 전하는 일을 오래 한 나는 혼란의 시대, 모두가 공감할 수 있는 시대정신이 담긴 배움이 필요하다는 생각을 자주 가졌다. 철학의 물줄기를 공부하고 그걸 토대로 글을 쓰면서 가끔 시대의 등불로 삼을만한 매력적인 내용을 접하기도 했다. 이 책은 고대 그리스부터 현대 글로벌 시대의 사상까지 우리가 사는 오늘, 바로 지금 여기에 적용해도 마땅한 현자들의 생각 고갱이를 두루 접하는 매개가 될 것으로 기대한다.

나무가 아닌 숲을 보기 위해서는 철학자, 혹은 철학 사조 자체보다 해당 시대의 유럽 역사가 어떻게 전개되었는지를 정확히 알아야 한다. 그래서 무엇보다 철학과 역사를 함께 소개하는 일에 중점을 두었다. 철학자의 삶이나 사상을 알기 위해서는 그 시대의 역사를 알아야 하기 때문이다. 역사적 배경 설명 없이 인물이나 해당 철학사상의 내용만을 콕 집어서 설명할 수도 없거니와 설령 그렇게 한다 해도 전후 역사의 맥락을 모르면 글은 반쪽짜리로 전락할 것이 분명하기 때문이다.

유럽 역사는 펠로폰네소스 전쟁부터 오늘에 이르기까지 철학사의 청정한 강물을 타고 흘러 내려왔다. 그 강물의 굽이굽이마다 시대정신이 있었고, 사람들의 마음을 뒤흔드는 질문 하나가 있었다.

"삶의 진정한 가치는 무엇인가"

철학은 하나의 커다란 물결을 이루며 우리 스스로 이에 대한 답을 찾게 한다. 아주 시원하게.

역사를 품지 않은 철학은 없다. 마찬가지로 모든 사상마다 그 사상이 하나의 철학을, 하나의 물결을 이루게 된 역사적 배경이 존재한다. 따라서 철학을 품지 않은 역사도 없다. 나는 이 책을 통해 그 둘을 날줄과 씨줄로 촘촘히 엮었다.

쉽고, 읽기 좋고, 재미있는 철학책이 되기를 꿈꾸면서 원고를 마감했다. 책이 나오기까지 큰 도움을 준 시공사 그룹 박혜린 회장님께 깊은 감사를 드린다. 내 책을 열심히 만들어 준 추윤영 편집자님께도 감사의 마음을 전한다. 또 책을 쓰는 내내 나를 응원하며 든든한 언덕이 되어준 벌써 38년이 된 나의 동반자, 나의 사랑하는 아내 김미선과 서울과 미국에서 늘 아빠를 존경한다며 힘을 실어준 두 아들 홍균이와 재균이에게 깊은 고마움을 전한다.

황헌

답은 언제나 서양 철학

절묘한 때,
지금 이 시대가 원하는
다정한 철학책

이석연
- 現 국민통합위원회 위원장
- 前 법제처장
- 『책이라는 밥』, 『누구나 인생을 알지만 누구도 인생을 모른다』,
  『판단력 수업』 등 다수의 책 집필

『답은 언제나 서양 철학』 출간 소식은 긴 기다림 끝에 맞은 반가움이었다. 저자인 황헌 교수에게 먼저 원고를 받아서 그날 단숨에 독파했다. 읽으면서 두 가지에 놀랐다. 막힘없이 술술 읽히는 것에 첫 번째로 놀랐고, 내용을 정말 쉽고 다정하게 설명해서 재미를 더한 철학책이라는 사실이 두 번째 놀라움이었다. 원고를 다 읽고 나서 저자에게 어려운 분야, 어려운 주제를 재미있고 쉽게 써서 좋은 책으로 나올 수 있게 해준 일을 축하하고 응원했다. 책 읽는 즐거움이야말로 세상에서 으뜸가는 즐거움임을 잘 아는 나로서는 정말 절묘한 때, 지금 이 시대가 원하는 좋은 책이 나왔다고 생각한다.

황헌 교수와 나는 언론인 시절부터 지인으로 지내왔다. 우리는

2023년 가을, 경기대학교에서 열린 토크콘서트를 계기로 더 가까워졌고 자주 소통하는 사이가 되었다. 그와 나는 소위 독서리스트, 즉 읽은 책들이 많이 겹쳤다. 그런데다 우리 둘 모두 『파우스트』와 『사기』를 좋아한다는 걸 확인하고는 더 친한 사이가 되었다. 나는 『책이라는 밥』을 비롯해 독서의 의미와 가치를 전하는 책을 여러 권 저술한 바 있다. 경기대 토크콘서트에서도 나는 학생들에게 결국 인생은 독서가 판가름한다는 메시지를 전했다.

처음에 나는 철학을 전공한 학자도 아닌 언론인이 어떻게 이 힘든 도전을 무사히 마칠 수 있었는지 궁금했다. 탈고된 글을 읽고 나니 머리가 절로 끄덕여졌다. 철학 전공자가 아닌 그가 오히려 철학을 익히고자 하는 일반 독자의 눈높이에 맞춰 쉽고 재미있게 쓸 수 있고 독자들의 마음을 잘 헤아릴 수 있었다고 느꼈다.

이 책은 지금 시대 우리 사회에 울림을 주는 많은 메시지를 곳곳에 품고 있다. 중세 시대 유럽 인구 3분의 1을 사망으로 몰고 간 흑사병이라는 무서운 재앙 끝에 마키아벨리의 『군주론』이 태어났다. 황 교수는 마키아벨리의 정치 철학은 오랜 세월 논쟁을 유발했지만 결국 힘이 정치와 국제 관계에 있어 최우선이며 그것이 동서고금을 막론하고 통용되는 첫 번째 법칙이라는 걸 꼬집었다. 오늘날 미국의 트럼프 리더십을 보면서 수긍되는 대목이다. 민주주의를 교향곡에 비유하면서 영국의 철학자 홉스가 바로 교향곡의 작곡가라고 설명한 글을 비롯해 그 어렵다는 칸트와 헤겔을 누구나 쉽게 이해하도록 써 내려간

부분도 인상적이었다.

이 책은 펠로폰네소스 전쟁부터 시작해 기독교의 공인, 십자군 전쟁, 종교개혁, 르네상스, 30년 전쟁 등 유럽 역사의 굵직굵직한 줄기들을 타고 유영할 수 있게 해주는 역사책이기도 하다. 철학 사상이 탄생한 시대의 역사적 사건과 중요한 사상이 열매 맺는 과정을 함께 배우는 것 또한 이 책을 읽는 큰 즐거움이다.

AI 시대에 살고 있지만 우리는 삶의 진정한 해답을 모른 채 살아간다. 저자는 결국 삶의 주인은 자기 자신이기에 주체적으로 살아야 한다는 현답을 서양사를 빛낸 많은 철학자의 생각과 그들의 인생을 통해 우리에게 들려준다. 이 귀중한 책을 통해 서양 철학의 큰 물줄기들을 자유자재로 넘나들며 삶의 중심 또한 잘 찾아갈 수 있기를 기대한다.

이석연

차례

1장

고대부터
중세까지
단숨에

신탁의 무게에서
벗어나고자 떠난 여행

　서양 철학이라는 큰 강을 고대부터 현대에 이르기까지 본줄기만 타고 내려가는 시원한 여행을 시작한다. 칸트와 헤겔, 니체, 사르트르로 이어지는 큰 물줄기를 제대로 간파하기 위해서는 소크라테스, 플라톤, 아리스토텔레스라는 고대 그리스의 샘부터 알아야 한다.

　서양의 사상은 이원론적이다. 선과 악, 하늘과 땅, 물과 불, 천국과 지옥 등의 상반된 가치를 기본으로 출발한다. 대표적인 이원론으로 헬레니즘과 헤브라이즘이 있다. 헬레니즘은 고대 그리스 철학에서 출발한다. 헤브라이즘은 고대 히브리인의 사상과 문화, 전통으로 기독교와 유대교의 정신에 뿌리를 둔다. 헬레니즘은 알렉산더 대왕의 동방 원정 이후 그리스 문화와 동방 문화가 융합된 시대 문화적 흐름을 의미한다. 즉 서로 다른 문화가 만나 융합하며 새로운 가치를 창출하는 현상을 상징한다. 또한 그리스 문화의 확산과 동서양 문화의 융합, 세계시민주의와 개인주의적 경향 등 다양한 문화적 변화를 포괄하는 개념이다.

헤브라이즘은 일반적으로 유대교와 기독교의 전통을 통틀어 이르는 말로, 헬레니즘과 함께 유럽 사상과 문화의 2대 원류로 꼽힌다. 기독교 신앙이 깊게 뿌리내린 유대인들은 자신들의 경전인 구약성서를 해석하면서 그 안에 담긴 정신세계를 탐색했다. 헤브라이즘은 인간 중심의 사고 체계를 바탕으로 인문학적 탐구가 중심을 이루며 문학, 과학, 철학 및 예술 전반에 걸친 지적 활동을 가리킨다. 이를 통해 세상을 바라보는 새로운 시각과 인식론적 틀을 제시하며 우리 삶에 깊이 파고들어 중요한 역할을 하고 있다. 나아가 헬레니즘 내에서도 상반된 두 중심축이 존재한다. 이상과 현실이다.

에게해는 그리스와 터키 사이의 바다다. 고대 그리스 문명은 에게문명에서 출발한다. 에게문명은 전기와 후기로 나뉘는데, 기원전 3,000년부터 1,400년까지 크레타섬을 기반으로 하는 크레타 문명이 전기 문명이다. 후기 문명은 펠로폰네소스 반도를 중심으로 하는 미케네 문명으로 1,200년경에 종말을 맞은 것으로 추정된다. 크레타는 해상무역을 통해 성장했고, 미케네는 그리스 본토를 기반으로 성장했다.

미케네 문명은 아테네, 스파르타, 테베, 필로스 등의 지역을 두루 포함하며 나중에 세력이 강해지면서 크레타 문명까지 지배하게 된다.

그러다 그리스 동북쪽에 위치하며 오늘날 튀르키예 서쪽 지역에 해당하는 도시, 트로이와 전쟁이 난다. 브래드 피트가 아킬레우스 역할을 맡은 영화 〈트로이〉는 호메로스가 『일리아드』에서 노래한 묘사에 근거한다. 호메로스는 트로이의 서사를 신들과 영웅이 개입한 대규모 전쟁으로 그렸다. 하지만 일리아드에서처럼 신이 개입한 증거가 남아 있지는 않다. 물론 아직까지 신이 정말 존재하는지도 알 수 없다. 모두 호메로스라는 걸출한 작가가 빚어낸 상상력의 산물일 뿐이다. 미케네와 트로이의 뺏고 빼앗기는 치열한 싸움을 신들의 전쟁으로 극화한 셈이다.

그 후 스파르타와 아테네의 대립, 그리스-페르시아 전쟁을 알아둬야 한다. 수많은 도시국가 가운데 1, 2등을 다툰 두 리더는 스파르타와 아테네였다. 두 폴리스는 정치 제도와 교육 철학부터 확연히 달랐다. 스파르타는 왕과 원로, 집정관이라는 소수 엘리트가 나라를 지배했다. 소수 엘리트는 전 국민의 6%에 불과했다. 스파르타가 엄격한 신분제와 군사 조직으로 유명한 건 국민의 90%가 넘는 헤일로타이와 페리오이코이 계층을 소수 엘리트가 다스려야 했기 때문이다.

헤일로타이는 전쟁 포로와 스파르타의 국가 소유 노예를 말한다. 이들은 농업 경제와 노동력을 담당했다. 페리오코이는 '주변 거주자들'이라는 의미인데 헤일로타이와 더불어 스파르타의 노동 계층을 담당하는 또 다른 인구로, 이들은 정복된 자유민들이었다. 페리오코이는 자신들의 기반과 행정 제도, 지역 경제를 유지할 수 있었지만 스파르타에 공물을 바치고 병력을 제공해야 했다.

이와 대조적으로 아테네는 귀족이 나라의 문제를 결정하는 귀족제를 유지하다가 50년 동안 귀족정과 민주정의 과도기라는 참주제를 거친다. 그러다 마침내 BC 510년부터는 시민이 정치에 관여하는 민주제로 도시국가가 운영되었다.

스파르타와 아테네는 경쟁 관계였지만 외적의 침입에 맞설 때는 협력을 선택했다. BC 5세기 당시 세상의 최강국은 페르시아 제국이었다. 페르시아는 동으로는 인도부터 북으로는 중앙아시아, 서로는 이집트와 북아프리카까지 세를 장악했다. 당시 세계 인구는 약 1억 명이었는데 페르시아 제국의 인구만 2,000만 명 수준이었다고 하니 그 힘이 짐작된다.

당시 페르시아는 오늘날 보스포루스 해협 동쪽에 위치한 튀르키예 전역을 다스리고 있었다. 페르시아의 왕 다리우스 1세에게 아테네는 눈엣가시였다. 아테네는 페르시아가 지배한 이오니아를 도와 반란을 도모했기 때문이다.

BC 492년, 다리우스 1세는 에게해를 건너 아테네를 치려 했지만, 바다에서 폭풍우를 만나 실패하고 돌아가게 된다. 2년 뒤 그는 또다시 아테네 원정을 감행한다. 이번엔 해상이 아닌 육로로 접근했다. 마라톤 평원에서 페르시아군과 아테네군이 대치한다. 아테네는 페르시아의 절반도 안 되는 전력이었다. 전투가 펼쳐지면 아테네의 패배가 불 보듯 뻔한 일이었다. 다리우스 1세는 마라톤 평원에 아테네군을 묶어두고 해군력을 직접 아테네 안으로 침투시켜 단숨에 아테네를 정복한다는 계획을 세웠다.

하지만 그 유명한 마라톤 전투에서 아테네가 페르시아 대군을 물리치고 승리를 거머쥔다. 페이디피데스라는 병사가 40km의 거리를 달려 아테네가 불굴의 용기로 싸워 페르시아를 물리친 승전 소식을 아테네에 전하면서 도시국가를 지키던 병사들과 아테네 시민들의 사기는 하늘을 찔렀다. 바다를 통해 아테네로 진격하려던 페르시아 해군은 공격을 포기하고 돌아간다. 2차 원정 역시 실패로 끝난 것이다.

다리우스 1세는 3차 아테네 원정을 준비하다 병에 걸려 생을 마감한다. 다리우스 1세의 아들 크세르크세스 1세는 부왕의 유업을 이어받아 2차 원정이 실패로 끝난 지 10년째 되던 해인 BC 480년 3차 아테네 원정이자 그리스 도시국가 원정에 나선다. 호메로스는 이 원정을 역사상 최대 규모의 병력이 동원된 것이라 표현했다. 그리스의 모든 도시국가가 두려움에 떨었지만, 스파르타는 용감하게 맞섰다. 스파르타의 왕 레오니다스는 300명의 친위대와 이웃 도시국가들에서 지원받은 수천 명의 병사만 데리고 좁은 협곡에서 페르시아 대군을 맞았다. 사흘 동안 전력을 다해 버텼지만 결국 수에 밀려 스파르타의 왕 레오니다스와 휘하 병력은 전멸했다.

하지만 스파르타가 버텨준 그 사흘이 아테네에게는 결정타가 되었다. 아테네 해군은 그 사흘 동안 함대를 모아 살라미스라는 좁은 수로로 페르시아 해군을 유인했다. 그리고 결과는? 아테네의 대승, 페르시아의 참패였다. 이후 페르시아는 두 번 다시 그리스를 넘보는 시도를 하지 않는다.

이 전쟁의 승리로 아테네는 해상권을 장악했다. 아테네의 국력은 급격히 성장했고 우수하고 거대한 해군을 보유한 아테네는 여러 폴리스를 지배하게 되었다. 페르시아 전쟁의 승전 열매를 아테네가 독식한 셈이었다. 페르시아 전쟁에서 심혈을 기울인 노력과 뼈아픈 상실을 모두 겪은 스파르타가 이를 곱게 놔둘 수는 없었다. 페르시아와 3차에 걸친 전쟁이 끝난 지 2년 후인 BC 451년, 아테네와 스파르타 사이에 전쟁이 시작된다. 그 이름도 유명한 펠로폰네소스 전쟁이다.

아테네를 중심으로 한 델로스 동맹과 스파르타가 중심이 된 펠로폰네소스 동맹 간에 무려 27년 동안이나 전쟁이 계속되었다. 전쟁 초기엔 군사력과 경제력이 앞서있던 아테네가 유리했다. 그러나 시간이 갈수록 체계적인 군사 제도와 교육에 힘입은 스파르타가 전세를 유리하게 이끌어갔다. BC 404년 마침내 아테네는 항복했고 전쟁은 스파르타의 승리로 끝이 난다.

전쟁은 끝났어도 그리스는 혼란 그 자체였다. 수많은 사람이 목숨을 잃었고 가족, 친구, 지인, 이웃들을 잃고 살아남은 사람들은 반목이 깊었다. 사람들은 왜 살아야 하는지, 무엇이 옳은 일인지 의문을 품고 방향을 잃은 채 살아가고 있었다. 난세는 영웅을 키워낸다. 이런 시대적 혼돈과 혼란 속에서 위대한 현자의 출현은 어쩌면 필연적인 운명이었다. 얼마 지나지 않아 지혜를 사랑한 사람(필로소피아) '소크라테스Socrates, BC 470~399'가 나타난다.

펠로폰네소스 전쟁 이후 혼란스러운 시대에 등장한 사상적 지도자가 바로 철인 소크라테스였다. 물론 그전에도 사상가들은 있었다. 소크라테스 이전 고대 그리스 철학의 황금기에 바로 '소피스트Sophist'라 불리는 이들이 등장한다. 소피스트란 말에는 '현자賢者' 혹은 '지식을 가르치는 사람'이라는 뜻이 담겨 있다. '만물의 기원은 물'이라고 생각한 탈레스BC 624~546 추정가 대표적인 소피스트다. "같은 강물에 두 번 들어갈 수 없다"는 말로 만물의 본질은 늘 변한다고 주장한 헤라클레이토스BC 540~480도 있다. "인간은 만물의 척도다"는 명언을 남긴 프로타고라스BC 485~410 역시 아테네에서 활동한 대표적인 소피스트였다.

실제로 소피스트 중에는 아테네에서 지식을 가르치던 교사가 많았다. 이들을 가리켜 부정적으로 말하는 사람들도 있었다. 소피스트들에게 돈을 벌기 위해 지식을 파는 사람, 혹은 궤변론자라는 가혹한 평가가 따라붙은 이유는 돈과 지식의 미묘한 관계 때문이라고 생각한다. 자본주의가 찾아오기 훨씬 전에 돈을 받고 수사학, 웅변술, 수학 등을 가르친 소피스트들은 서양 철학사와 인류 역사에서 차지하는 비중이 자못 크다. '어떻게 살 것인가'라는 문제를 수면 위로 끌어올려 최초로 논의한 사람들이기 때문이다. 이런 분위기 끝에 오늘의 주인공, 소크라테스가 등장한다.

소크라테스는 역사가들이 다루기 어려운 인물이라고 한다. 그 이유

작자 미상, 『소크라테스 흉상』, 원형은 기원전 4세기경, 현존하는 복제본은 기원후 1~2세기 추정, 바티칸 박물관, 루브르 박물관 등 소장, © Shutterstock

는 소크라테스는 많이 알려졌는지 그게 아닌지조차 분간이 쉽지 않은 인물이기 때문이다. 소크라테스에 관한 대부분의 이야기는 그의 두 제자가 남긴 글로 추정해서 파악할 수밖에 없다. 크세노폰과 플라톤이 그들이다. 크세노폰 BC 431~350은 군인 출신으로 다소 융통성이 부족한 사람이었다. 반면 플라톤은 오늘날 서양 사상의 문을 활짝 연 인물로 여겨질 정도로 탁월한 사상가다. 두 사람이 전하는 스승에 대한 기록은 사뭇 다르다.

특히 플라톤은 『소크라테스의 변명』 등 저서를 통해 스승의 위대함을 역설했다. 그러니까 오늘날 우리가 알게 된 소크라테스라는 사람

답은 언제나 서양 철학

의 사상이나 행적, 삶의 대부분은 플라톤의 기록에 따른 것이다. 즉 플라톤의 시각과 판단으로 이뤄졌다 해도 과언이 아니다. 어디까지가 진짜 소크라테스의 생각이고 어디부터가 플라톤의 생각인지 그 경계가 모호하다. 소크라테스가 예순이었을 무렵 플라톤은 스무 살이었다. 실제로 스승은 제자가 저술한 초기 대화편 『뤼시스』의 내용을 직접 들어보고는 어린 플라톤이 자신이 하지 않은 말을 너무 많이 넣었다고 불평했다고 한다. 이렇게 진짜 소크라테스의 말과 생각이 무엇인지를 구별하기 힘든 문제를 '소크라테스의 문제'라고 부른다.

소크라테스는 조각가인 아버지와 산파인 어머니 사이에서 태어났다. 아테네 중산층 가정이었다. 그는 유년 시절, 또래 아이들에게 외모가 못났다는 이유로 놀림을 받았다고 한다. 아픈 과거를 딛고 청년으

아테나 프로나이아 신전, 기원전 4세기경, 그리스 델포이, © Shutterstock

로 성장한 소크라테스는 당시 아테네 청년들이 그랬듯 철학, 기하학, 천문학을 공부했다. 그리고 30대에는 펠로폰네소스 전쟁에 보병으로 참전했다.

소크라테스 이야기를 전개하면서 가장 유명한 '신탁神託' 이야기를 건너뛸 수는 없는 노릇이다. 소크라테스의 오랜 친구이자 추종자였던 카이레폰은 어느 날 델포이 신전에 가서 사제에게 신탁을 청한다. "이 세상에 소크라테스보다 현명한 사람이 있나요?"라는 질문으로.

신탁의 답은 놀랍게도 "없다"로 나왔다. 당시 아테네의 신탁은 사람의 목숨만큼이나 무겁고 엄중했다. 친구로부터 이런 엄청난 신탁 소식을 전해들은 소크라테스는 받아들이기 힘든 내용에 고통스러워했다. 고민에 고민을 거듭한 소크라테스는 마침내 뚜렷한 결단을 내리고 움직이기 시작한다. 수많은 사람을 찾아다니며 자신보다 더 현명한 사람들이 있다는 걸 확인하여 그 신탁의 무게에서 벗어나려고 한 것이다.

정치인을 비롯해 상인, 교사, 종교 사제, 목수, 농부까지 다양한 사람들을 두루 만나서 자신이 그들보다 결코 더 지혜롭지 않다는 것을 확인하려 했다.

이 일련의 노력 끝에 소크라테스는 한 가지 사실을 마주하고 괴로워한다. 바로 이 세상에 정말 현명한 사람이 없다는 사실이었다. 그리고 또 다른 한 가지를 깨달았다. 소크라테스 자신은 적어도 무지하다는 사실을 알고는 있었다. 하지만 소크라테스가 만나본 사람들은 저마다 제 잘난 맛에 우쭐대며 살고 있거나 자신이 무지하다는 사실 자체도 모르고 있었다. 그 결과 소크라테스는 자기 자신이 무지하다는 사실을 아는 것만으로도 매우 대단한 일이라는 사실을 알게 된다. '무지無知의 지知' 자체가 중요한 가치라는 사실을 소크라테스는 전하기 시작한다.

소크라테스는 진리가 사람의 내면에 잠재해 있다고 생각했다. 진리는 가르침이나 학습을 통해 주입되는 것이 아닌 질문과 대답을 통해 스스로 정립해 나가는 것이라고 보았다.

'아포리아aporia'는 논리의 막다른 골목이다. 소크라테스는 대화술을 통해 스스로 어떤 문제의 해법을 찾도록 유도했다. 사람들에게 질문을 던지고 그들의 대답 속에 있는 모순을 찾아서 다시 질문하는 과정에서 사람들은 아포리아로 몰리게 된다. 즉 아포리아는 대화법을 통해 문제를 탐구하는 도중에 부딪치게 되는 해결할 수 없는 어려운 문제를 말한다. 이 문제는 해결하지 못하는 것으로 버려지는 게 아니라 다른 방법이나 관점에서 새로이 탐구하는 출발점이 된다. 막다른 골목에 몰려 빠져나가지 못할 것만 같았던 사람들은 이 아포리아의 과정을 통해 깨달음을 얻는다.

너 자신을 알라

흔히 소크라테스가 한 말로 유명한 이 말은 실은 고대부터 전해 내려오는 명언이다. 결론부터 확실히 말하자면 이 말을 소크라테스가 했다는 기록은 어디에도 없다. 분명한 건 이 구절은 델포이의 아폴론 신전 마당에 새겨져 있다는 사실이다. 소크라테스에게 '무지의 지'를 깨닫게 해준 긴 여정의 첫 발걸음이 된, 친구가 신탁을 받은 바로 그 신전이다. 무지하다는 사실 자체도 모르는 사람들에게 소크라테스는 '너 자신을 알라'고 언명한 것이나 다름없지만 그 말을 소크라테스가 직접 했다는 증거는 어디에도 없다.

소크라테스는 신탁이 틀렸다는 사실을 확인할 수 없게 되자 자신이 깨달은 생각을 아테네 젊은이들에게 전파하는 것에 의미를 두고 살았다. 진리의 길로 인도하기 시작한 것이다. 당시 아테네는 전쟁 후유증으로 몸살을 앓고 있었다. 펠로폰네소스 전쟁에서 아테네를 누르고 승리한 스파르타는 아테네에게 항복의 조건 중 하나로 정치 체제를 자신들처럼 바꾸도록 강요했다. 아테네는 스파르타의 30인 참주제를 받아들여야만 했다. 공포정치가 시작되었다. 아테네 시민들 사이에서 전쟁 전 융성하던 민주제를 향한 그리움이 일고 있었으나 '민주' 즉 '데모크라시아'라는 말을 꺼내기만 해도 학살되었다.

그러나 참주제는 오래 갈 수 없었고 이어 민주제가 회복되었다. 아테네에 봄이 다시 찾아왔다. 그러나 소크라테스 개인의 인생에는 혹독한 겨울이 오고 만다. 그의 제자 가운데 30인 참주로 활동한 인물이 있었고, 아끼는 제자 중 한 명이었던 알키비아데스는 정적들의 함정에 빠져 스파르타로 망명한다. 민주제가 회복되면서 제자가 스파르타

자크 루이 다비드, 『소크라테스의 죽음』, 1787, 뉴욕 메트로폴리탄 미술관, © Shutterstock

의 편에 선 것으로 인해 소크라테스에게 배신자라는 오명이 붙게 되었다. 소크라테스는 더 이상 아테네의 현자, 가장 지혜로운 사람이 아닌 나라를 배신한 이들의 스승이었다. 그에게 '청년들을 타락시켰다'는 혐의가 씌워졌다.

소크라테스의 유무죄 성립과 형량을 정하는 재판에는 500명의 배심원이 참석했다. 그들은 소크라테스가 적당히 뉘우치고 반성하는 기미를 보이면 무죄로 석방할 생각이었다. 소크라테스는 그러나 배심원의 기대와는 달리 당당했고 누구에게도 삶을 구걸하지 않았다. 그는 자신을 변호하는 대신 아테네의 문제점을 신랄하게 비판했다.

나를 사형에 처하고 나면 여러분은 나를 대체할 사람을 찾기 어려울 것이다. 농담이 아니다.

눈앞에 큰 소 한 마리가 있다. 소는 너무 크고 육중해서 움직임이 느릿느릿하고 둔하다. 한 자리에 계속 가만히 서 있기만 한 소는 심지어 게을러 보이기까지 하다.

그때 소의 등 위로 쇠파리가 날아와 앉는다. 소는 성가신 쇠파리를 쫓아내기 위해 이리저리 움직이기 시작한다. 연신 꼬리로 등을 때린다. 이 쇠파리는 둔하고 게으른 소를 끊임없이 각성하게 만드는 존재다.

나는 신이 이 도시에 보낸 한 마리의 쇠파리다.

플라톤이 쓴 『소크라테스의 변명』에 나오는 당시 소크라테스가 남긴 최후의 진술 중 일부분이다. 용서를 구하리라 기대했던 배심원들은 실망했고 분위기는 사형 선고 쪽으로 흘러갈 수밖에 없었다. 소크라테스는 충분히 자신의 삶을 구할 수 있었는데 왜 스스로 죽음을 선택한 것일까?

악법도 법이다

이 말도 소크라테스가 한 것으로 잘못 알려진 대표적인 명언이다. 소크라테스는 혹시 악법도 법이기 때문에 법을 준수하기 위해 타협하지 않고 독배를 마셨던 걸까? 소크라테스는 당시 아테네의 법보다 자기 자신이 지켜온 내면의 법을 더 소중하게 여겼다. 아마도 그래서 원칙에 입각해 타협하지 않았을 것이다.

그렇다면 '악법도 법'이라는 표현은 도대체 언제 어디서 시작되었을까?

고대 로마의 법률 격언이 있다. 'Dura lex, sed lex'. 영어로 'It is harsh, but it is the law', 우리 말로 '가혹하지만 법은 법이다'라는 의미다. 이 말은 2세기경 로마의 법률가 도미티우스 울피아누스가 한 말이다. 일본의 법철학자 오다카 도모오는 그의 저서인 『법철학法哲學』에서 실정법주의를 강조하면서 소크라테스가 독배를 받아들인 것은 실정법을 존중했기 때문이라 해석한다. 그러면서 "악법도 법이므로 이를 지켜야 한다"라는 표현을 썼다. 이후 일본의 법철학 지식이 한국으로 전파되면서 소크라테스가 한 말로 와전되었다.

소크라테스가 특정한 개념을 그의 사상으로 일관되게 설명한 것은 없다. 무지의 지, 죽음 앞에 떳떳하고 의연한 모습 등이 전부다. 플라톤은 중기 대화편對話篇인 『파이돈Phaidon』에 육신과 영혼에 대한 소크라테스의 생각을 남겼다. 우리는 이를 통해 소크라테스가 어떤 인물이었는지 가늠할 수 있다.

철학자의 영혼은 이성을 따라야 한다.
철학자는 참되고 신적인 것을 바르게 바라봄으로써, 쾌락과 고통에 얽매인 감각으로부터 초연해야 한다.

서양 철학을
각주로 만든 플라톤

플라톤은 『소크라테스의 변명』을 포함하여 인류 역사에 길이 남은 책들을 썼다. 그는 명저들을 통해 스승 소크라테스의 위대함을 후세 사람들에게 전한다.

청출어람靑出於藍, 스승을 뛰어넘었다는 말을 듣기도 하는 플라톤Plato, BC 428~347 추정은 펠로폰네소스 전쟁 초기에 태어났다. 그는 부유한 귀족 가문 출신이다. 아테네가 30인 참주 정치를 실시할 때, 친척 가운데 그 지배에 관여한 인물이 여럿 있었던 명문 집안에서 자랐다.

플라톤은 자신의 스승인 소크라테스를 무척 사랑하고 존경했다. 소크라테스는 민주주의의 다수결에 의해 사형 선고를 받고 죽었다. 그래서 플라톤이 스파르타의 정치 체제를 참조해 이상 국가의 모델을

레오니다스 드로시스, 『플라톤 조각상』, 1880년대 추정, 그리스 아테네 아카데미, © Shutterstock

그린 것은 이상한 일이 아니다. 자, 이제부터 플라톤의 핵심 사상은 무엇인지 본격적인 탐험을 시작해 보자!

동굴 이야기

우리는 플라톤 역에 내렸다. 역전 광장으로 나선 후 밖을 보니 어디서부터 그의 세계를 봐야 할지 헷갈린다. 복잡하고 깊은 세계를 일일이 둘러보기보다는 핵심만 건져 올리는 여행을 떠나보려 한다. 가장 눈에 띄는 명소는 '동굴'이다. 동굴 이야기는 플라톤의 『국가』 제7권에 나온다.

　동굴에 갇힌 죄수가 있다. 이 죄수는 몸이 묶여 오직 앞만 볼 수 있다. 죄수의 앞에는 동굴 벽이 있다. 그는 동굴 벽만을 바라보며 그게 이 세상의 전부라고 생각한다. 죄수의 뒤에는 실제 사람과 사물이 존재하는 세계가 있다. 그 세계의 바로 앞에서 횃불이 활활 타오르고 있다. 횃불이 실제 세상을 비추면 그게 동굴 벽면에 그림자를 만든다. 죄수는 그림자를 진짜 세계로 알고 살아간다.

　이 죄수는 누굴까? 바로 우리 인간이다. 그림자는 우리가 살아가는 세계를 뜻한다. 플라톤은 이를 현상계로 명명했다. 물론 죄수의 뒤, 횃불 뒤에 존재하는 이데아理想가 참 세계다. 그걸 알게 된다면 우리는 진리를 추구하는 진정한 삶을 살 수 있다.

　이게 바로 플라톤의 동굴의 비유로 유명한 이야기다. 동굴은 후일 등장하는 철학자, 프랜시스 베이컨이 4대 우상偶像을 말하며 플라톤을 인용한 상징이 되기도 한다. 사람 한 명 한 명은 모두 빛을 차단하거나 악화시키는 자기만의 동굴을 가지고 있다는 게 베이컨의 주장이다. 베이컨은 저서 『신 기관Novum Organum』에서 인간은 종족의 우상, 동굴의 우상, 시장의 우상, 극장의 우상이라는 네 개의 우상, 즉 네 가지 편견에 사로잡혔다고 지적하면서 그 우상을 버리라고 강조한다. 자세한 이야기는 베이컨 정거장에서 꼼꼼히 다룰 예정이다.

　플라톤은 진리를 추구하는 진정한 삶, 즉 이데아로의 실천은 개인에 국한하지 않는다고 주장한다. 인간은 홀로 행복할 수 없기 때문이다. 개인을 넘어 국가의 이데아가 실현될 때 모두가 행복한 세상을 만들 수 있다고 이야기한다. 그러한 사상을 담은 책이 바로 『국가』다.

플라톤은 『국가』를 통해 무엇을 말하려고 했을까?

인간은 처음에 서로 흩어져 살았지만 상호 도움이 필요해지면서 국가라는 공동체를 구성했다. 국가는 인구가 늘어나고 기술도 발전하면서 복잡한 사회 구조를 가지게 된다. 그러면서 자연스럽게 계급이 형성된다. 가장 기본적인 계급은 세 개로 나뉘는데 바로 생산자(노동자), 전사(군인), 통치자다. 생산자는 노동을 통해 음식이나 물건 등을 생산한다. 전사는 외부 세력의 침략으로부터 공동체를 지키고 통치자는 국가를 운영한다. 계급을 떠나 모든 사람은 욕망을 가진 채 살기 때문에 국가에서는 불화가 생기기 마련이다.

이런 갈등을 해소하기 위해 정의가 필요하다. 정의는 각 계급의 사람들이 각자 주어진 일에 충실한 상태를 말한다. 특히 통치자가 자신의 본분을 충실하게 수행하며 나라를 잘 운영하는 '통치자의 정의'가 국가에서 가장 중요하다. 현실적으로 훌륭한 통치자를 찾는 일은 매우 어렵고 힘들다. 플라톤은 통치자들에게 음악, 수학, 기하학, 변증론 등을 가르치고 지도자의 성품도 길러줘야 한다고 말하는데, 그렇다면 과연 누가 그들을 가르치는 역할을 할까?

통치자에게 이데아를 가르쳐서 깨닫게 하고 실천하도록 이끄는 진정한 지도자는 바로 철학자일 수밖에 없다. '철학자가 왕이 되어야 한다'라는 말은 바로 이런 맥락에서 나왔다.

두 세계

플라톤은 두 개의 세계가 존재한다고 보았다. 앞서 동굴 이야기에서 소개한 현상계와 이데아계가 그것이다. 현상계는 그림자나 마찬가지이며 진짜 세계는 이데아계다. 현상계를 살고 있는 인간은 이데아계를 인지하고 그것에 도달하기 위해 노력해야 한다. 사람들이 이데아계에 도달하기 위해 욕망과 용기와 지혜를 잘 발휘할 때 행복한 사회를 이룰 수 있다는 게 플라톤의 사상이다. 노력의 결과, 인간은 살아 있는 동안 이데아계에 속할 수 없지만 사후에는 마침내 이데아계에 갈 수 있다.

하지만 사는 동안 이데아계를 인식하지 못하거나 이데아계에 가려고 노력하지 않는다면 사후에도 이데아계에 갈 수 없다. 즉, 살아 숨쉬는 동안 정의롭게 사는 일이 중요하다는 가치관이 이 생각의 밑바탕에 깔려 있다. 플라톤의 사상은 '사람의 언행은 목적에 맞아야 하고 (합목적적), 도덕적이어야 한다'는 점을 강조한 칸트의 철학으로 이어진다.

파이돈과 영혼불멸

플라톤의 중기 대화편인 『파이돈』은 그의 대표작으로 꼽힌다. 소크라테스의 제자인 파이돈이 친구인 에케크라테스에게 소크라테스의 마지막 날과 죽음에 대해 들려주는 형식이며 영혼의 불멸과 철학적 성찰을 다룬 고전으로, 영혼 불멸에 대한 믿음을 설파한다. 사형 선고를 받은 후 아테네 감옥에 갇힌 소크라테스가 그의 생애 마지막 순간, 바로 독배를 마시기 전부터 독배를 마신 다음 의식을 잃기 바로 직전까지 주로 시미아스와 케베스라는 두 사람의 피타고라스 학도와 나눈 대화를 그렸다.

플라톤은 소크라테스를 죽음을 초월한 존재로 그려낸다. 그의 스승은 가장 지혜롭고 선하며 죽음을 조금도 두려워하지 않는 이상적 인간형이다. 죽음 앞에서 당당하고 의연한 것은 물론 자신을 재판하는 아테네 귀족들의 허상을 비판하는 스승의 모습은 플라톤이 그의 사상의 정수인 이데아론을 형성하는 데 결정적인 역할을 한다. 또한 죽음이란 영혼이 육체에서 분리되는 것일 뿐이며, 영혼은 불멸한다는 사상을 형성하는 데도 큰 도움을 주었다.

스승이 세상을 떠나고 세월이 흐르면서 자연스럽게 플라톤의 생각은 영혼과 육신의 구분으로 이어진다. 영혼과 육체가 결합하는 것은 현실 세계다. 인간의 영혼은 본래 이데아계에 살다가 인간이 현실 세계에 태어나는 순간, 육체와 결합한다. 우리 인간이 살아가면서 정의와 진리, 순수와 도덕을 추구하는 배경에는 바로 이데아계에서 온 인간 개개인 내면의 순수한 영혼이 있다는 이야기다. 그리고 인간이 죽으면 영혼은 육체에서 분리되어 다시 이데아계로 돌아간다.

라파엘로 산치오, 『아테네 학당』, 1509~1511년경, 바티칸 궁전, © Shutterstock

플라톤은 현상을 우리의 감각으로 알 수 있고, 이데아는 이성을 통해서만 알 수 있다고 했다. 여기서 이성이란 인간의 생각하는 능력, 논리적으로 이해하는 능력을 말한다. 플라톤이 세운 아카데미아의 입구에는 '기하학을 모르면 들어올 수 없다'는 말이 적혀 있었다. 고대 그리스에서는 왜 수학이나 기하학을 중시했을까?

이성 때문이다. 1+1은 2라는 답은 감성이 아니라 생각하는 머리, 즉 이성이 끌어내 주기 때문이다. 이성은 논리의 또 다른 얼굴이다. 또한 이 사실은 플라톤이 감성보다 이성의 힘을 중시한 배경이기도 하다. 플라톤의 이성 중심적 사상은 이후 서양 철학에 두고두고 큰 영향을 준다. 다시 말해서 눈에 직관적으로 보이는 현상계나 감각적 능력보다 눈에 보이지 않는 본질의 세계와 그것을 파악하는 이성의 힘을 중시하는 흐름이 서양 철학의 주류로 발전하게 된다. 그리고 플라톤의 철학이 바로 그 씨앗이다.

플라톤은 사람이 이데아라는 진리의 세계를 탐구하고 그 실현을 위해 노력하는 삶을 살아야 한다는 점을 강조하고 또 강조했다. 이러한 그의 철학은 이후 2,400년 넘게 이어져 온 서양 철학사에서 플라톤을 마르지 않는 샘과 같은 존재로 만들었다. 무엇보다도 플라톤 자신 역시 이데아를 위해 노력하는 실천적 삶을 살았다. 현실과 타협하거나 굴복하지 않고 끝없이 이상을 추구하는 노력이야말로 플라톤의 사상이 아름다운 이유이자 지금껏 살아남은 이유다.

철학자 앨프리드 노스 화이트헤드Alfred North Whitehead, 1861~1947는 철학을 조금이라도 아는 사람이라면 누구든 고개를 끄덕일 말을 남겼다.

서양 철학은 플라톤에 대한 각주다.

인류 최초의 논문

　서양 철학사에서 '모든 학문의 아버지'라는 명예로운 별명은 가진 사람이 있다. 과연 누구일까? 아리스토텔레스^{Aristotle, BC 384~322}다.

　플라톤은 자신의 철학을 가르치고 실천하기 위해 '아카데미아'라는 학교를 세웠다. 이 학교는 우수한 제자를 다수 배출해 냈다. 그 가운데서도 가장 탁월한 인물은 바로 아리스토텔레스였다. 아리스토텔레스는 열여섯 살 무렵 아카데미아에 입학해 플라톤에게 직접 20년이나 철학을 배웠다.

　스승이 하늘나라로 간 후, 제자는 새로운 경험을 하게 된다. 첫 번째, 아리스토텔레스는 가장 위대한 왕으로 칭송받는 알렉산드로스 대왕의 스승이 되었다. 대왕의 사부 역할을 끝내고 3년 뒤쯤 아테네로 돌아온 아리스토텔레스는 '리케이온'이라는 학교를 세워 후학들을 가르치기 시작한다. 그의 두 번째 경험이다. 당시 아리스토텔레스의 학문 수준은 워낙 출중한 것으로 명성이 자자해 제자들이 구름처럼 모여들었다. 그는 제자들과 함께 산천을 유람하거나 학교의 정원을 산책하며 자연과 더불어 공부하는 시간을 자주 가졌다. 훗날 역사학자들은 '소요학파逍遙學派, Peripatetic School'라는 말로 아리스토텔레스와 제자들을 표현한다.

대왕의 스승

알렉산드로스 대왕BC 356~323은 페르시아 제국과 이집트, 북아프리카, 유럽, 나아가 동쪽으로 인도까지 아우른 당대 최고의 정복자였다. 그는 재임 13년간 침략 원정을 열 차례나 나설 정도였고 대부분의 전쟁을 승리로 이끌며 영토를 확장했다. 고대 인도의 간다라 문화에 영향을 준 인물도 바로 알렉산드로스 대왕이다. 그는 비잔틴 문화를 인도에 옮겼다.

2,300년 전, 세계를 지배한 걸출한 왕의 자취는 그의 이름을 딴 이집트의 항구 알렉산드리아를 필두로 지금도 어렵지 않게 찾을 수 있다. 유럽과 근동 지방 곳곳에 알렉산드로스 대왕의 흔적이 두루 남아 있다.

제라르 호에트, 『코르넬리아, 그라쿠스 형제의 어머니』, 1710년경, 미국 워싱턴 D.C., 국립미술관

　아리스토텔레스와 알렉산드로스 대왕은 사제 관계였지만, 왕은 스승의 영향을 그다지 많이 받지 않았던 모양이다. 그도 그럴 것이 아리스토텔레스의 철학과 후일 세상을 정복하는 일에 인생을 바친 제자의 삶에는 큰 괴리감이 존재한다. 알렉산드로스 대왕은 오늘날의 관점으로도 매우 이른 나이인 33세에 죽었다. 서른셋이라는 짧은 세월 동안 동서로 넓디넓은 땅을 자신의 소유로 만든 알렉산드로스 대왕이 새삼

놀랍고 대단하다. 아리스토텔레스는 대왕이 세상을 떠난 그 이듬해에 눈을 감는다.

아리스토텔레스는 오늘날 대학원생이나 학자들이 쓰는 논문 형식의 글을 최초로 만든 인물이다. 그는 학문에 임하는 방법을 체계적으로 제시한 첫 인물이자 논리적이면서 과학적인 연구의 대가다. 학문 연구에 관한 구체적인 내용이 담긴 열일곱 권에 이르는 그의 방대한 저술이 이를 뒷받침한다. 이제 아리스토텔레스의 별명이 왜 '모든 학문의 아버지'인지 충분히 이해되리라.

아리스토텔레스의 저술로 알려져 오늘날 우리가 볼 수 있는 열일곱 권의 전집이 정말 그가 지은 것이 맞는지, 그가 살았을 당시에 쓴 구체적인 내용이 정확히 어떤 형태로 누구에 의해 전승됐는지 서양에서도 꾸준히 논란이 제기되어 왔다. 열일곱 권의 저술이 실제로 모두 아리스토텔레스가 썼는지는 그 누구도 증명할 수 없다. 상당 부분이 그의 사후, 제자들이 정리했을 가능성이 크다. 이 열일곱 권의 책들은 2,000년이 훌쩍 넘는 긴 세월 동안 유럽의 도서관 곳곳에 흩어져 있던 것들이다. 1831년 독일 학자 베커Bekker가 근대적 판본을 체계적으로 정리했고 이에 따라 현대에 이 열일곱 권을 전집 형태로 출간하는 일도 가능해졌다.

하지만 의심과 논란은 그다지 심각하지 않다. 이유는 단순하다. 아우구스티누스부터 시작해 스토아 학파, 스콜라 철학, 대륙의 합리론을 연 데카르트, 근대 철학의 완성자인 칸트, 그 뒤를 잇는 헤겔과 니체, 베르그송, 실존주의에 이르기까지 고대부터 근현대까지 서양 철학의 역사에 한 획을 그은 인물들이 아리스토텔레스의 저술을 중요한 텍스트로 인용해 왔기 때문이다. 그 가운데에서도 『형이상학』, 『니코마코스 윤리학』, 『정치학』 이 세 저술은 꼭 짚고 넘어가야 한다. 내용도 중요하지만 오랜 세월 서양 철학사에 미친 영향을 감안할 때 핵심만이라도 알아야 한다.

서양 철학의 대들보, 형이상학

먼저 선뜻 어렵게 다가오는 '형이상학'을 알아보겠다. 이는 철학에서 매우 중요한 개념이기 때문이다. 형이상학은 2,000년이 훌쩍 넘는 기간 서양 철학사를 관통한 주제어이기도 하다.

'형이상학形而上學'이라는 한자어의 뿌리는 동양이다. '형이상'은 주역의 계사繫辭에 나온 말로, 형이상은 형체가 없는 관념적인 것, 본질(실체)를 의미한다. 이에 대응하는 개념인 '형이하'는 형체가 있는 실재적인 것, 존재(실재)를 의미한다.

주역은 '도道'를 형이상자形而上者라 표현했는데 이는 정신의 세계를 뜻한다. 반면 그 도를 실제 삶에서 실행하고 담을 때 필요한 그릇, 즉 '기器'를 가리켜 형이하자形而下者라고 불렀다. 그러니까 형이상학을 정신, 형이하학을 물질로 편히 생각해도 된다. 주역이 탄생한 시절은 주나라 때로 지금으로부터 3,000년 전의 고대 중국이다. 형이상과 형이하의 개념도 그만큼 긴 세월 동안 동양 철학에서 온전히 전해져 온 셈이다.

그런데 일본 학자들이 서양 철학을 공부하기 시작하면서 서양 철학에 자주 등장하는 그리스어인 '메타피지카^{Metaphysika}'를 한자어로 옮기는 일에 착수한다. 그때 학자들에게 메타피지카는 바로 동양 철학이 말하는 형이상학과 똑같은 개념으로 다가온다. 형이상학만큼 딱 떨어지는 어휘가 없었던 것이다. 그리하여 서양 철학에서 긴 세월 큰 비중을 차지한 메타피지카가 바로 형이상학이 되었다. 일본 철학자들을 통해 서양 철학과 철학 도서들을 접한 우리나라 또한 메타피지카를 형이상학으로 받아들인다.

동양 철학에서 형이상학의 유래를 살펴보았으니 이제 서양 철학에서 형이상학이 등장한 배경과 아리스토텔레스 철학의 기초를 본격적으로 모험해 보자.

아리스토텔레스는 자신의 제자들에게 공부를 하려면 자연학을 먼저 배워야 한다고 강조했다. 그는 천문, 기상, 동식물, 심리 등에 관한 연구를 자연학^{自然學, physica}이라 불렀다. 자연학을 익히고 나면 모든 존재 전반에 걸친 근본을 탐구하는 '제1철학'을 공부해야 한다고 주장했다. 아리스토텔레스는 학문을 기초부터 체계적으로 이어나가는 원리를 제시한 것이다.

아리스토텔레스 사후 그의 저서들을 묶어 전집으로 편집한 안드로니쿠스^{Andronicus}는 그 뜻을 받아 『제1철학』에 대한 책을 『자연학』에 대한 책 뒤에 놓았다. 그리고 이를 '타메타 타 피지카tameta ta physika(자연학의 뒤에 놓인 것)'라 불렀는데, 바로 여기서 메타피지카란 말이 생겨난다.

'피지카physika'는 자연학이고 '메타meta'는 다음을 뜻한다. 따라서 메타피지카는 문자 그대로 '자연학 다음'이라는 말이다. 라틴어에서 메타는 '뒤'라는 뜻 외에도 '트렌스trans(무엇을 넘어서고 있다)'로도 쓰인다. 따라서 메타피지카 즉, 형이상학은 '자연학을 넘어 존재하는 것들에 관한 궁극적인 원인을 연구하는 학문'이라는 의미로 확장되었다. 이를 통해 우리는 형이상학이 정신세계, 플라톤의 이데아와도 깊이 연결되어 있다는 걸 짐작할 수 있다. 형이상학은 곧이어 등장할 아리스토텔레스의 형상과도 밀접한 관련을 맺고 있다.

서양 철학에서 형이상학의 비중은 일반 사람들이 생각하는 것 이상이다. '서양 철학=형이상학'이라는 공식이 통용될 정도이기 때문이다. 형이상학은 그만큼 광범위하고 깊이도 깊다. 플라톤의 이데아, 아리스토텔레스의 형상과 질료, 데카르트의 회의론懷疑論, skepticism, 칸트의 물자체物自體, ding an sich, 쇼펜하우어와 니체의 의지意志, will가 대표적인 형이상학 이론이다. 칸트 이후 형이상학의 체계를 다시 세운 헤겔의 논리학論理學, logic도 형이상학과 관련 있다. 19~20세기로 넘어오며 탄생한 베르그송의 생철학生哲學과 하이데거의 실존 철학 역시 형이상학을 변호하는 대표 이론이다.

이처럼 고대부터 현대까지 철학의 대들보 역할을 해온 형이상학을 꿰뚫기 위해서 본격적으로 아리스토텔레스의 형이상학부터 조감해 보자. 아리스토텔레스의 스승 플라톤은 변하지 않는 진실 세계가 곧 이데아라고 했다. 제자 아리스토텔레스는 이데아를 현실 세계로 데려왔다. 그는 모든 사물에 이데아가 내재한다고 이야기한다. 이 사실이 플라톤과 아리스토텔레스의 가장 현격한 차이다.

아리스토텔레스는 이데아가 사물에 내재하는 상태를 '형상形相, form'이라고 했다. 형상은 각 사물의 본질이다. 개 한 마리를 떠올려 보자. 개는 어떤 형상일까? 개는 자신의 가족들에게 꼬리를 흔든다. 가족을 따르거나 좋아하는 모습이 개의 본질이다. 개는 이 외에도 여러 본질적 특성을 가지고 있다. 아리스토텔레스는 개의 본질적 특성을 통틀어 개의 형상이라고 규정했다.

또한 개는 뼈, 살, 털과 같은 물질로 구성되어 있다. 이렇게 개라는 실체를 구성하는 물질을 '질료質料, matter'라고 한다. 아리스토텔레스는 세상의 모든 것을 형상과 질료로 설명한다. 그래서 그의 철학을 '형상과 질료의 철학'으로 부르기도 한다.

아리스토텔레스의 형상은 플라톤의 이데아와 비슷하다. 이데아처럼 형상도 어떤 존재나 사물의 완벽한 상태를 말한다. 사람에게도 역시 형상이 있다. 사람이라는 형상은 바로 갓난아기가 어른으로 성장해 가는 과정 그 자체다. 아리스토텔레스는 인간의 존재 이유는 형상을 완성해 나가기 위한 것이라고 생각했다. 플라톤은 죽음을 초월하는 스승 소크라테스의 모습을 보고 이데아의 세계를 설명했다. 반면 아리스토텔레스는 현실 세계에서 하나하나 완성해 나가는 과정의 가치를 더 중요시했다. 그것이야말로 인간의 도덕이 추구하는 극상의 가치라고 생각했다. 그리고 그 가치를 '아레테arete'라 불렀다. 다시 말해서 아레테는 어떤 종류의 우수성 혹은 도덕적 탁월성, 미덕을 뜻한다. 인간이 자아실현을 추구하는 것도 아레테가 원인이며 아레테로 인해 모든 개체가 형상을 내재하고 있다고 강조한다.

아리스토텔레스는 세상 모든 것이 존재하는 이유가 있다고 믿었다. 이런 생각을 '목적론'이라 한다. 공기나 물, 개와 고양이, 사람은 모두 저마다의 목적이 있다. 그런 한편 모든 존재의 궁극적인 목적은 형상을 실현하는 것이다. 아리스토텔레스는 사람이 태어난 이유 또한 '자신만의 형상을 실현하기 위해서'라고 이야기한다. 철학자이자 작가인 버트런드 러셀Bertrand Russell, 1872~1970은 아리스토텔레스가 말하는 '형상'과 '질료'를 단순히 '정신'과 '물질'로 구분하는 혼동을 범하지 말라고 경고한다. 아리스토텔레스는 질료의 성질을 종합시키고 그들이 성장하여 완성으로 가는 과정(길)을 '형상'이라고 말했기 때문이다.

여기서 잠깐! 독일의 실존 철학자 하이데거1889~1957의 이야기를 조금 해볼까 한다. 하이데거는 플라톤과 아리스토텔레스가 주춧돌을 놓은 형이상학이라는 학문에 중요한 이의를 제기했다. 그는 아리스토텔레스 형이상학의 문제는 서로 다른 존재들을 구별하지 않고 뭉뚱그려서 일반적인 목적론이 있다고 강조한 것이라고 말한다. 아리스토텔레스는 개나 사람은 물론 무생물인 돌이나 유리조차 모두 질료가 있고 형상을 완성하고자 노력하는 존재들이라고 했다. 하지만 하이데거는 숙명적으로 존재에 차이가 있을 수밖에 없는 '생명이 있는 대상'과 '없는 대상'을 구별하지 않은 일을 중대한 오류로 보았다. 더 나아가 하이데거는 '현존재 Dasein, 現存在, here being'라는 용어를 통해 목적론의 본질을 비판한다. 하이데거의 주요 철학 개념인 현존재는 '거기에 있음'을 의미하며, 구체적으로는 세계 속에 던져진 인간을 가리킨다. 즉 인간은 이미 세상에 속해 있고, 그 안에서 살아가며 존재 의미를 탐구한다는 특징이 있다.

점퍼를 입고 있는 남자를 예로 들어보겠다. 남자가 점퍼를 입은 이유는 그 점퍼가 남자를 따뜻하게 해주거나 자신을 멋지게 보이도록 해주기 때문이다. 두께의 밀리미터가 정확히 이 숫자이기 때문이라거나 털실의 개수 때문은 아니라는 거다. 옷의 질료는 남자에게 이해관계를 만들어줄 수 없다. 따뜻하게 해주고 멋지게 보이도록 스타일을 살려주거나 혹은 그 점퍼가 입기 편해서, 그 점퍼를 좋아해서와 같은 특성만이 사물과 맺은 이해관계가 될 수 있다. 즉 하이데거는 생각, 의식, 인식을 할 수 있는 존재인지 아니면 그런 게 애당초 불가능한 존재인지를 구분해야 한다고 주장했다. 이런 이유로 인간은 현존재인 반면 인식을 할 수 없는 사물은 그냥 '존재'인 것이다.

2,300년쯤 뒤의 후배 철학자에게 비판을 받았지만, 아리스토텔레스의 형이상학은 철학의 개념조차 낯설고 무지몽매한 시절에 탄생한 혁명적인 사상이었다. 그뿐만 아니라 서양 철학사의 도도한 강줄기를

이루면서 흐르고 흘러 데카르트, 칸트, 헤겔은 물론 오늘을 살아가는 철학자들에게까지 영향을 주고 있다. 이러한 사실만으로도 감탄사를 끊을 수 없다.

니코마코스 윤리학

『니코마코스 윤리학』(이하 『윤리학』으로 통칭)은 아리스토텔레스의 대표 저서이며 윤리학에 관한 가장 체계적인 책으로 평가받는다. 이 책은 크게 덕, 우정, 쾌락, 중용과 같은 가치들을 담고 있는데 그중에서도 우리 삶의 궁극적 가치이자 최고선은 바로 '행복'이라는 것을 전한다. 아리스토텔레스는 당시 교양과 상식을 갖추고 인생의 경험이 풍부한 사람들 사이에서 널리 통용되던 의견을 『윤리학』에서 서술했는데, 올바른 품행을 지닌 시민이란 어떤 사람인지를 나타내고 있다.

이 책은 '선善은 행복이며 행복은 영혼의 활동'이라는 명제를 먼저 등장시킨다. 아리스토텔레스는 플라톤이 영혼을 이성과 비이성으로 나눈 것에 동의했다. 그러면서도 더 깊이 파고들어 비이성을 식물에서도 발견되는 생장과 모든 동물에서 찾을 수 있는 욕구로 나눠서 설명한다.

계속해서 덕 virtue은 지적인 덕과 윤리적인 덕, 두 종류가 있다고 했다. 지적인 덕은 가르쳐서 얻고, 윤리적인 덕은 습관을 키워서 얻는다.

정치가들은 시민들이 좋은 습관을 길러서 선량해지도록 만드는 일을 직무로 여겨야 한다고 말했다. 아리스토텔레스는 강제로라도 좋은 습관을 들이면 좋은 행동을 하는 기쁨을 느끼게 된다고 하면서 도덕적인 습관이 중요하다는 것을 강조했다.

그 다음은 '중용中庸'이다. 흔히 중용이라 하면 동양 철학의 개념으로만 아는 사람들도 있다. 공자의 손자인 자사子思, BC 483~BC 402 추정가 지은 것으로 전해지는 유교의 사서四書 중 하나로 『중용』이 있기 때문이다. 중용의 사전적 정의는 지나치거나 모자라지 않고 한쪽으로 치우치지도 않은, 떳떳하며 변함이 없는 상태나 정도다. 사실 아리스토텔레스의 중용은 동양 철학의 중용 못지않게 매우 유명하다. 아리스토텔레스가 말하는 중용은 극단을 피한다는 뜻이다. 그는 중용을 주요 윤리이자 덕의 기준으로 세우며, 다음과 같은 예를 제시했다.

용기는 비겁과 만용의 중용이다.

후함은 방탕과 인색함의 중용이다.

적당한 **긍지**는 허영과 비굴의 중용이다.

잽싼 **기지**는 저속한 익살과 상스러움의 중용이다.

겸손은 수줍음과 파렴치함의 중용이다.

진실은 허풍과 겸손의 중용이다.

알기 쉽고 직관적으로 다가온다. 하지만 위에서 말하는 각각의 중용은 오늘날의 시각으로 살펴봤을 때 논란의 여지가 있는 내용도 있다. 예를 들어 용기는 씩씩하고 굳센 기운이나 기개를 말하는데, 그게 어떻게 비겁과 만용의 중간일까? 겸손은 남을 존중하고 자기를 내세우지 않는 태도가 있는 것으로 그 자체로 훌륭한 덕목이다. 다른 사람 앞에서 부끄러워하는 수줍음과 염치를 모르고 뻔뻔스러운 파렴치함 사이의 중간이라고 말할 수 없다.

자사의 『중용』이 강조한 덕목이나 아리스토텔레스가 말한 '중용'은 뜻밖에도 상통한다는 사실이 우리를 놀라게 한다. 자사의 책에서도 중용은 인간관계에 있어 베푸는 말과 행동 또는 감정 표현에 부족함이 없는지를 살펴 그 상황 가운데를 행하라는 의미이기 때문이다. 자신이 하기 싫은 일은 남에게도 시키지 말라는 내용도 나온다. 혼자 있을 때에도 도리에 어긋나는 행동을 하지 않도록 애쓰라는 것, 스스로 반성하는 자세 또한 자사와 아리스토텔레스가 같은 이야기를 하고 있음을 보여주는 대목이다. 책 후반부에서 자사는 성실한 태도와 정성을 다하는 노력이 중용을 실천하는 방법임을 전한다.

마지막으로 아리스토텔레스가 이야기한 덕을 알아보자. 덕은 인생의 목적일까, 수단일까? 결론적으로 아리스토텔레스는 덕이란 수단이라는 관점에 손을 들어줬다. 인생의 궁극적인 목표는 행복이며, 진정한 행복은 덕을 실천함으로써 이루어진다고 이야기한다. 한마디로 아리스토텔레스는 『윤리학』을 통해 행복을 추구하는 권리를 알리며 우리가 가야 할 길을 명확히 안내하고 있다.

정치학

아리스토텔레스의 『정치학』은 오랜 세월 명저로 평가받고 있다. 중세 말까지 직접적인 영향을 준 데다 정치와 철학 원리의 뿌리가 되어준 책이기 때문이다.

스승 플라톤은 『국가론』을 통해 올바른 나라를 위해 생산자, 전사, 통치자라는 세 개로 구분된 계급이 필요하다고 주장한다. 또한 통치자의 지혜롭고 선한 통치가 국가의 성패를 좌우하는 핵심이라 설파했다. 여기서 주의할 점이 있다. 당시 플라톤이나 아리스토텔레스가 말한 국가는 폴리스, 즉 도시국가다. 오늘날 세계 지도가 구분하고 있는 국가 그리고 정부의 체제와 고대 서양의 도시국가는 여러 차이가 있다는 사실을 간과해서는 안 된다.

아리스토텔레스는 스승의 '이상 국가론'을 비판한다. 스승의 이론은 국가에 지나친 통일성을 부여하고, 국가를 개체로만 여기는 시각이라고 지적했다. 그러나 공동체의 이익과 공동선을 중요한 가치로 내세운다는 점에서 플라톤과 아리스토텔레스의 원리는 결국 하나의 길로 통하고 있다.

아리스토텔레스는 『정치학』을 통해 오랜 세월 통용되는 국가와 국민, 정치와 정치인의 관계와 도리에 대한 명언을 남겼다. 대표적인 내용은 아래와 같다.

국가의 목표　국가는 최고 단계에 이른 공동체로서 최고선의 실현을 목표로 삼는다.

법치주의　법이 없다면 인간은 극악한 동물이 되며, 법의 존립은 국가에 달려 있다.

정치 공동체의 의미　정치 공동체는 교제나 하려는 조직이 아니며, 고결한 행동을 위해 실존한다.

정치 제도의 목표　정치 제도는 반드시 공동체 전체의 이익을 목표로 삼아야 한다.

이 내용들은 오늘날의 국가 체제나 정치에도 그대로 적용 가능하다. 고대 철학자의 생각이 2,300여 년이 흐른 지금까지도 통용된다는 점에서 아리스토텔레스가 얼마나 위대한 사상가인지 알 수 있다.

아리스토텔레스는 위의 내용 중에서도 정체 제도와 체제에 대하여 많은 부분을 할애해 서술한다. 그는 좋은 정치 제도는 군주 정치, 귀족 정치, 입헌 정치(또는 시민 정치)라고 강조한다. 반면 나쁜 정치 제도는 참주 정치, 과두 정치다.

그리고 하나가 더 있는데, 아이러니하게도 오늘날 세계 대부분의 국가가 시행하고 있는 민주 정치를 나쁜 정치 제도라고 주장한다. 참주僭主는 독재자나 폭군을 의미하기에 이해되고, 과두 정치 역시 소수가 권력을 독점한다는 면에서 납득이 가능하다. 그런데 왜 민주 정치를 나쁜 정치라고 했을까?

고대 그리스의 민주 정치는 현대의 민주 정치와 개념 자체가 다르다. 우선, 아테네 민주주의는 '성인 남성 시민'만이 참여할 수 있었다. 여성, 노예, 외국인은 정치적 권리가 없었다. 따라서 아테네 민주주의는 모든 구성원의 평등을 보장하는 현대 민주주의와 차이가 있다. 또한 아테네에는 국가의 주요 정책들을 직접 결정하는 최고의 권력기관인 '민회'가 있었는데, 민회가 법 위에 군림했으며 각 문제를 독자적으로 결정했다. 아테네 민회는 추첨으로 뽑힌 다수의 시민으로 구성되었다. 이는 오늘날 미국 배심원 제도의 뿌리라고 할 수 있다.

하지만 법정 안 시민들은 당일의 웅변과 호소력에 마음이 동요하거나 중요한 문제를 당파심에 좌우하여 결정하는 경향이 많았다. 어떤 사람이 재판관이든 상관없었다. 즉 '다수의 폭정'으로 이어지기도 했다. 다수의 폭정에 가장 부합한 일이 바로 소크라테스의 사형 판결이다. 이처럼 감정적이고 즉흥적인 결정이 내려질 위험이 늘 따라다녔다. 여러 면에서 현대의 민주 정치와는 다른, 독특하면서도 극단적인 체제였다. 예를 들어 행정 장관을 선거로 뽑으면 과두정치이고 추천을 받아 지명하면 민주 정치라고 했다.

아리스토텔레스는 군주 정치를 귀족 정치보다 더 좋은 제도라고 했다. 또한 귀족 정치는 시민 정치보다 더 좋은 형태다. 그는 군주 정치를 최선의 제도로 여겼다. 한편, 아리스토텔레스는 최선의 제도인 군주 정치로 가다가 군주가 타락하면 곧 참주 정치가 된다고 말한다. 따라서 군주 정치와 민주 정치의 사이 어딘가에 숨어있는 타락, 부패, 폭력, 의존 등이 현실로 나타나지 않는 게 무엇보다 중요하다는 것을 강조한다.

아리스토텔레스는 이렇게 정치 제도에 순위를 매김으로써 사람들에게 옳은 정치란 무엇인지 고민할 화두를 던져주었다. 그는 민주 정치를 조건부로 옹호했다. 실제 국가의 권력 집단이나 정부는 대부분 악한 편이기 때문에 민주 정치가 차악次惡이라고 이야기한다.

그뿐만 아니라 아리스토텔레스는 국가 내의 혁명을 예언하고 그 원인을 명쾌하게 설명했다. 이 원리는 그의 사후, 역사에 발생한 수많은 혁명 사례에 그대로 적용된다는 점에서 놀라움을 안긴다.

아리스토텔레스는 혁명이 일어나는 원인은 과두파와 민주파의 갈등이며, 혁명의 목적은 정권을 잡는 일이라고 했다. 민주 정치는 인간은 평등하며 동등하게 자유를 누려야 마땅하다는 신념에서 탄생했다. 과두 정치는 소수의 우월한 계층이 권력을 독점해야 한다고 주장한다. 두 정치 제도 모두 나름의 정의를 구현하고 있다. 두 당파는 사회가 자신들의 사상과 일치하지 않아 어려움을 겪으면 혁명을 일으킨다. 또한 민주 정치가 과두 정치보다 혁명이 덜 일어날 확률이 높다. 그 까닭은 과두 정치를 이끄는 소수의 권력자들이 서로 싸울 확률이 높기 때문이다.

혁명의 씨앗은 갈등에서 잉태되기 때문에 다수의 민중이 권력을 독점하려는 소수의 이기심을 혁파하려는 시도가 나오는 건 필연적이라고 보았다. 아리스토텔레스 사후 2,000년이 지난 시점에 발발한 프랑스혁명1789을 필두로 서유럽에 현대 민주주의가 뿌리내리는 과정에는 어김없이 아리스토텔레스가 지적한 과두 정치의 폐해가 있었다. 2,000여 년 전에 정치 제도의 본성을 꿰뚫은 현자의 혜안이 새삼 놀랍기만 하다.

현대의 시각에서 봤을 때, 고대 그리스의 정치 제도는 불완전하고 미성숙하다. 하지만 그럼에도 자유와 평등의 가치를 실현하려 노력하고 정치적 행위에 적극적으로 참여할 때 공적인 행복과 개인의 행복을 모두 누릴 수 있다는 진실을 역사로 만들었다는 점은 두고두고 박수를 받아야 한다.

한편 아리스토텔레스는 불완전하고 경직된 정치 제도의 틀 안에 갇혀 인간성 자체를 심도 있게 들여다보는 노력에는 한계를 드러낸다. 노예를 바라보는 시각을 예로 들 수 있다. 노예는 태어난 순간부터 노예이며 일반 시민보다 많은 노동을 하고, 주인의 말에 복종해야 하는 걸 당연하게 여긴다. 아무리 뛰어난 철인이라도 시대와 사회가 그럴진대 틀을 깬 사고를 하거나 인간의 평등이라는 가치만을 부각해 문제점을 지적하기는 어려웠으리라. 미국 남북전쟁1861~1865 이후에서야 노예 제도의 모순이 극복되기 시작했다는 점에서 보면 아리스토텔레스의 가치관은 당시로서는 너무나도 자연스럽다.

또 하나, 아리스토텔레스는 "참주는 권력을 유지하기 위해 반드시 해야 할 일이 있다. 참주는 뛰어난 공로를 세운 인물이 경쟁자로 떠오르는 것을 차단하는 데 필요하다면 처형이나 암살도 서슴지 말아야 한다"라고 주장했다. 고대와 중세철학 뒤에 마키아벨리가 등장한다. 아리스토텔레스가 참주의 덕목으로 제시한 처형이나 암살의 필요성은 『군주론』을 통해 마키아벨리가 강조한 군주의 덕목과 유사하다. 묘한 연결성이다. 마키아벨리가 아리스토텔레스의 영향을 받았음을 짐작하게 한다.

아리스토텔레스가 하늘로 떠나고 시간이 흐른 후, 아테네 민주 정치의 편협한 측면이 하나둘 줄어들었다. 따라서 아테네는 고대 서양 문화의 중심지로 남을 수 있었다. 비록 정치권력의 중심은 다른 곳으로 넘어갔지만, 아테네는 지금까지도 아테네만의 빛을 발하고 있다. 여기서 정치권력의 중심이 넘어간 다른 곳은 바로 그 이름도 유명한, 로마다.

개처럼 살아도
행복한 삶

고대 그리스 문화는 크게 세 시기로 나눌 수 있다. 첫째는 폴리스, 즉 도시국가 시대다. 둘째는 알렉산드로스가 그리스를 정복한 시점부터 BC 30년까지 300년의 기간이다. 셋째는 BC 30년 이후 로마에 복속되기까지를 가리킨다.

알렉산드로스는 후계자를 지명하지 않은 채 죽게 되고 그의 사후, 권력 다툼이 이어진다. 다툼의 여파로 제국은 마케도니아 본토, 동쪽의 시리아, 남쪽의 이집트 셋으로 분리된다. 서양 역사에서 알렉산드로스 대왕이 사망한 BC 323년부터 클레오파트라 여왕이 세상을 떠나고 이집트가 로마에 병합된 BC 30년의 시대를 부르는 이름이 있다. '헬레니즘 시대'다.

그리스 본토에서 인도에 이르는 거대한 제국을 이룬 알렉산드로스는 정복지마다 도시를 건설한다. 그는 광대한 영토를 문제없이 통치하기 위해 토착민들의 문화 일부를 수용했으며 서로 화합하고 자연스럽게 융화하는 정책을 폈다. 그리하여 인도, 페르시아, 이집트 문화가 그리스 문화와 융합되면서 독특한 문화가 만들어졌다. '헬레니즘 문화'가 그것이다.

알렉산드로스 대왕에게 정복당한 후, 그리스의 사회적 분위기는 위축될 수밖에 없었다. 하지만 알렉산드로스 사후 철학은 오히려 전성기를 누리게 된다. 개처럼 자유로운 삶을 추구한 견유학파, 모든 것을 의심하며 평정심을 지키려 한 회의주의, 금욕을 실천하며 마음을 가꿨던 에피쿠로스학파까지 다양한 갈래로 꽃을 피운다. 이성을 통한 절제로 초월한 마음에 다다르려 노력한 스토아 학파까지 헬레니즘 시대 철학은 그야말로 만개한다. 펠로폰네소스 전쟁 이후 침울한 사회 분위기 속에 소크라테스라는 현자가 나타났듯이 피정복민들이 느끼는 암울한 감정과 가라앉은 사회 분위기 속에서 철학은 환히 고개를 든다.

견유학파

'견유犬儒'는 '개처럼 사는 선비'라는 의미다. 이 철인들에게 '견유학파犬儒學派'라는 이름이 붙었다. 19세기 일본에서 고대 서양 철학을 소개하면서 붙인 이름이다. 메이지 유신 이후 일본은 서양의 학문과 제도를 대대적으로 받아들였다. 이 과정에서 philosophy, society, liberty 같은 기존 동아시아에는 없던 서양의 개념들을 한자로 번역해야 할 필요성이 생겼다. 니시 아마네西周, 이노우에 데쓰지로井上哲次郎 같은 학자들이 주로 용어를 번역했다.

1881년 이노우에 데쓰지로가 『철학자휘哲学字彙』라는 책을 출간했는데, 이 책은 서양 철학 용어를 일본식 한자어로 정리한 최초의 사전이다. 이 사전에 'Cynic(조소가, 부정적인 사람)' 또는 'Cynicism(냉소주의)'의 번역어로 견유犬儒가 수록되면서 공식적으로 사용되기 시작했다. 『철학자휘哲学字彙』는 출간 이후 동아시아에서 서양 철학을 수용하는 데 막대한 영향을 미쳤다.

'견유학파'란 명칭은 참 절묘하게 잘 붙인 이름이다. 영어로는 '시닉스Cynics'라 부르고 그리스어 원어를 살려서 '키니코스학파'라고 칭한다. 그리스어로 '개 같은'의 뜻을 가진 단어가 '키니코스'이다. '냉소적인'이라는 의미의 영단어 '시니컬cynical'은 '키니코스'에서 유래했으나 말뜻은 바뀌었다.

견유학파의 시조는 안티스테네스BC 435~370 추정라는 철인이다. 그는 소크라테스를 추종하는 제자 중 한 명으로 플라톤과 같은 세대였다. 안티스테네스는 한평생 망토 하나만 소유했다. 전 재산이 망토였던 셈이다. 하지만 그는 자신을 부자라고 생각했는데, 재물은 없지만 마음과 영혼이 풍요로웠기 때문이다. 그는 가진 게 없어도 어디든 갈 수 있었고 어디서든 쉴 수 있었다.

안티스테네스가 소크라테스를 존경한 이유도 소크라테스는 평생 소박한 모습으로 진리 이외의 다른 어떤 것도 욕심내지 않는 태도로 살았기 때문이다. 어느 날, 그런 안티스테네스에게 디오게네스^{BC} ^{400~323 추정}가 찾아와 제자가 되기를 청했다. 안티스테네스는 디오게네스를 몽둥이를 들고 내쫓았지만, 포기하지 않았던 디오게네스는 끝내 안티스테네스의 제자가 되어 그의 문하에서 배움과 깨달음을 얻는다.

디오게네스는 이 세상에서 가장 자유로운 사람은 아무것도 필요 없는 사람이라고 생각했다. 원하고 욕망하지 않으니 아무 것에도 구속될 게 없고 초연하기 때문이다. 2,400년의 세월이 흐른 뒤, 『그리스인 조르바』라는 명작을 쓴 소설가이자 철학자인 니코스 카잔차키스는 디오게네스 철학과 유사한 자신의 철학을 묘비명에 남긴다. 그 내용은 다음과 같다.

나는 무엇도 원하지 않고 무엇에도 두려워하지 않는다. 나는 자유다.

디오게네스는 필요한 게 적을수록 신에 가까워진다고 생각했다. 평생을 독처럼 생긴 통에서 살았다. 디오게네스는 부유한 집안에서 태어났다. 환전상의 아들로 청년 시절까지 풍요롭게 살았다. 철학을 알게 되고 삶의 깨달음을 얻은 디오게네스는 사람들에게 비우고 사는

조반 바티스타 랑게티, 『디오게네스와 알렉산더 대왕』, 1650, 캔버스에 유채, 142×133cm, 피타코테카 케리니 스탬팔리아

삶의 자유로움을 가르치는 일에 전념했다.

어느 날, 디오게네스는 동상 앞에서 동상에게 계속 말을 걸었다. 그걸 본 사람들이 의아해서 동상과 무엇을 하는 것이냐고 물었다. "말이 통하지 않는 사람과 대화하는 연습을 하는 중이라오". 디오게네스의 대답이었다. 대부분의 사람이 죽을 때 갖고 가지도 못하는 물질과 권세에 집착해 자신의 자유를 스스로 속박하고 있다는 사실을 아무리 설명해도 이해하지 못하는 현실을 말이 통하지 않는 동상에 빗대서 표현한다.

아무 것도 욕심 내지 않고 자유롭게 사는 디오게네스의 이야기를 들은 알렉산드로스 대왕은 디오게네스를 직접 찾아온다. 왕은 헐벗은 철인에게 "필요한 게 있는지요?"라 물었다. 그러자 철인은 "지금 당신이 햇빛을 가리고 있으니 좀 비켜 주시오"라고 했다. 햇빛이 필요하다는 말로 자유로운 영혼의 가치를 강조한 것이다.

동서양의 광활한 영토를 정복하고 화려한 의식주를 누리던 알렉산드로스는 그 자리를 떠나면서 "내가 알렉산드로스만 아니라면 디오게네스가 되고 싶다"라는 말을 남긴다. 당대 최고의 부와 영예를 누리던 왕이었지만 디오게네스의 참된 자유가 부러웠던 모양이다.

1950년 노벨 문학상을 수상한 작가이자 수학자, 역사가, 사회 비평가 그리고 철학자인 버트런드 러셀은 견유학파의 사상은 동양의 도가와 통한다고 이야기한다. 근대에 와서는 교육 철학과 계몽사상을 펼친 장 자크 루소, 하루하루를 소중히 여기며 이타주의적으로 살 것을 강조한 러시아의 대문호 톨스토이로 그 맥이 이어졌다고도 평한다. 디오게네스 철학은 노장사상과 더불어 '무소유無所有'를 강조한 법정 스님의 가르침과도 일맥상통한다.

회의주의

그리스가 알렉산드로스 대왕의 지배를 받은 초기, 철학도 사회 분위기처럼 결기를 잃어가고 있었다. 소소한 행복에 집중하는 시대 가치만 반영하고 있었다. 이때 등장한 인물이 피론Pyrrho, BC 360~270이다. 그는 알렉산드로스의 동방 원정에 함께할 정도로 진취적인 인물이다. 인도 원정에 간 그는 놀라운 장면을 마주하는데, 이는 그에게 큰 충격으로 다가온다. 타오르는 장작더미 위에서 자세 한 번 흐트러지지 않은 채 평온한 모습으로 분신하는 수도승을 목격한 것이다.

그 순간 피론은 하나의 깨달음을 얻는다. "모든 것은 마음의 문제다." 고향으로 돌아온 피론은 제자들을 양성하며 자신의 철학, '회의주의懷疑主義'를 전파하기 시작한다.

모든 것을 의심하라. 우리가 알고 있는 모든 일은 사실과 다를 수 있기에 충분히 의심해야 한다.

피론이 말하는 회의주의의 핵심이다. 우리가 안다고 생각하는 그 무엇이든 의심을 시작하고 조금만 앞으로 나아가도 사실 완전히 다른 세상이 펼쳐질 수 있다는 깨달음을 전하고 있다. 피론은 원래부터 아름답고 추하거나 옳고 그르거나 참되고 거짓된 것은 없다고 보았다. 세상 만물은 그냥 그대로 있을 뿐인데, 우리의 생각이나 마음이 느끼는 대로 추하다느니 아름답다느니 인식하고 말로 표현한다는 것이다. 칭찬이나 비난도 마찬가지라고 보았다.

회의주의의 영단어인 scepticism은 그리스어 'skeptesthai'에서 유래했다. '주변을 살펴본다'는 의미다. 피론은 폭풍이 몰아쳐 흔들리는 배 안에서도 홀로 평정심을 유지하며 먹는 일에만 집중하는 돼지를 보고 깨달음을 얻었다. 관찰하는 태도와 의심하는 태도가 같은 맥락으로 이어졌다. 그 끝에 '돼지처럼 태연한 모습이 현자가 취할 모범적 태도'라는 깨달음을 얻었고, 이를 제자들에게 전수한다.

좋고 나쁘고의 감정 없이 평온한 심정을 유지하는 능력이 있어야 한다는 게 피론의 생각이었다. 평온한 마음이야말로 진정한 기쁨이다. 피론은 이런 상태를 '아타락시아ataraxia'라 불렀다.

피론의 회의주의를 높은 철학의 수준으로 끌어올린 사람이 있다. 바로 아이네시데모스Ainesidemos, BC 100~40다. 그는 우리가 알 수 있는 세상은 상대적이며 극히 제한적일 뿐만 아니라 왜곡되어 있다는 사실을 몇 가지 논증으로 밝혀냈다.

예를 들어 보겠다. 어떤 아이가 지금 우리 앞을 지나가고 있다. 그

아이를 안다고 생각하는 어떤 사람이 그 아이가 착하다고 말한다. 그런데 또 다른 사람은 못된 아이라고 말한다. 이처럼 우리는 사람에 따라 전혀 다른 인상을 느끼거나 상반된 판단을 내리는 경우를 현실에서 흔히 찾아볼 수 있다. 누군가가 선한지 그렇지 않은지 사람에 따라 다르다는 건 무엇을 의미할까? 만사를 한 번은 의심해 봐야 한다는 뜻이다. 또 다른 예로 상황과 환경, 심지어 우리의 감각기관에 따라서 느낌이 달라질 수도 있다. 꿀은 혀에 닿으면 달지만, 손가락에 닿으면 끈적끈적하다. 이처럼 전혀 다른 사례가 많다. 어두운 밤에 켠 촛불과 해가 쨍쨍한 낮에 켠 촛불이 다르게 보이는 이치도 같다.

우리가 무엇에 대해 안다고 확신할 때 그 확신이 오판이거나 일종의 자만심은 아닌지, 진정 아는지를 되돌아보게 한다는 점에서 이런 논증은 매우 중요하게 다가온다. 회의주의 덕분에 인간은 '나는 옳고, 너는 그르다'는 독단에서 벗어날 수 있다. 내 생각이 옳다는 믿음을 의심하는 것에서 진리에 다가가는 방법은 시작된다.

회의주의는 서양 철학사에 위대한 유산으로 남아 그 가치를 계승한다. 대표적 유산으로 근대 철학의 문을 열었다고 평가받는 프랑스의 철학자 데카르트의 '방법적 회의'가 있다. 그뿐만이 아니다. 흄, 칸트, 니체로 이어지는 수많은 서양 철학의 거목들이 고대 그리스, 피론의 회의주의에 빚을 지고 있다.

에피쿠로스

헬레니즘 시대 그리스인들은 삶에 대해 소극적 자세를 가질 수밖에 없었다. 적극적인 행동보다는 평온함과 평정심을 유지하는 소극적 행복을 추구했다. 한도 끝도 없는 욕망을 다스리려면 작은 것에 만족할 줄 알아야 한다. 이를 위해서 필요한 건 금욕이다. 우리가 흔히 '쾌락주의자'라는 문자 그대로의 의미로 왜곡해 생각하는 사람들, 그러나 실은 누구보다 금욕을 실천하는 삶을 살았던 철인들이 있다. 바로 에피쿠로스학파다. 에피쿠로스 Epikuros, BC 341~270는 아테네에서 활동한 현자이다.

에피쿠로스의 사상은 '삶의 목적은 쾌락이다'라는 한 마디로 압축된다. 우리는 행복과 쾌락을 위해 살아간다고 이야기한다. 그런데 여기서 '쾌락'이란 말 때문에 오늘날 많은 오해를 받는다. 언뜻, 사는 목적이 쾌락에 있으니 실컷 놀고 마시고 육체적 쾌락을 즐기자는 의미로 해석할 수 있다. 그건 결단코 아니다. 세속적 의미의 쾌락과 에피쿠로스가 강조한 쾌락은 완전히 다른 뜻을 품고 있기 때문이다.

에피쿠로스가 말하는 쾌락은 성적 욕구 충족, 권력욕 실현 등이 아니다. 철학적 담소와 참다운 우정 같은 '인생의 즐거움'을 의미한다. 그뿐만 아니라 에피쿠로스의 쾌락은 아타락시아, 즉 '고통의 부재와 영혼의 평안'을 뜻한다. 쾌락은 평정심을 유지하는 것으로 현실적 고통에서 자유로워지는 일이다.

답은 언제나 서양 철학

에피쿠로스는 즐거운 인생을 실현할 두 가지 방법을 터득한다. 첫째, 삶의 근원적 공포이자 가장 큰 정신적 고통인 '죽음'에 대한 두려움을 극복하는 일이다. 이를 통해 우리는 죽음으로부터 자유로워진다. 에피쿠로스학파는 종교 또한 극복해야 할 대상으로 보았다.

두 번째는 은둔이다. 늘 세상에 속해 있으면 금욕을 실천하기 어렵다. 에피쿠로스는 정원이 딸린 집에서 제자들과 공동체 생활을 시작한다. 에피쿠로스의 정원은 매우 특별한 공간이었다. 그들의 정원은 소박한 식사와 참된 우정, 낮 시간의 노동과 사색적 대화로 가득했다.

아리스토텔레스조차 자신의 저서 『정치학』을 통해 노예 제도를 당연하게 생각했다는 걸 우리는 기억하고 있다. 에피쿠로스는 자신이 주거하는 집에 직접 학교를 세우고 제자들을 가르쳤는데, 놀랍게도 학생으로 받아들인 사람 중에 아테네에서 절대 시민이 될 수 없었던 사람들이 있었다. 제자 가운데에 여성과 외국인이 있었으며 심지어 노예들에게도 문을 열어 놓는다. 여성과 노예는 '이성'이 없는 존재로 인식되는 시대에 행한 일이었으니 그가 얼마나 대단하고 총명한 사람이었는지 알 수 있다.

고통 없는 육체, 번민에서 자유로운 영혼을 의미하는 '쾌락'이 바로 에피쿠로스가 강조한 참된 즐거움이자 인생을 관통하는 행복이다. 고통과 번민은 주로 욕망에서 온다. 내가 조금이라도 더 가지려고, 더 많이 누리려고 욕망할수록 그것을 이루지 못하는 데서 비롯되는 고통을 겪어야만 한다. 그래서 에피쿠로스는 금욕을 중시했다. 작은 것에서도 충분히 만족할 수 있다면 욕망을 자유자재로 다스릴 수 있기 때문이다. 앞서 견유학파의 안티스테네스가 망토 하나만을 전 재산으로 여긴 삶을 산 것과 맥이 닿는다.

한편, 에피쿠로스는 제자들에게 인간이 갖는 가장 큰 공포인 죽음에 대해서 다음과 같은 태도로 두려움을 극복하도록 가르친다.

죽음은 우리가 살아 있을 때는 우리에게 없으며, 죽음이 찾아왔을 때는 이미 우리가 흩어지고 없다.

살아 숨 쉬는 동안 죽음은 찾아오지 않는다. 누군가 죽음을 맞이했을 때 이미 그 존재는 세상에 없다. 그러니 미리부터 두려워할 까닭이 있을까.

스토아 학파

에피쿠로스의 사상과 제자들과 공동체 생활을 하는 것을 문란한 삶이라 규정하며 비판한 사람들이 있었다. 바로 그들의 생각과 삶의 방식을 싫어한 경쟁 그룹 스토아 학파였다.

아테네는 고대 그리스 철학의 중심지로, 네 개의 중요한 철학 학교가 있었다. 플라톤의 아카데미아, 아리스토텔레스의 리케이온, 에피쿠로스의 정원, 마지막으로 제논의 스토아다.

한 청년이 델포이 신전으로 가서 물었다.

"저는 어디로 가야 합니까?"

그러자 델포이의 신녀가 이런 신탁을 전했다.

"죽은 이에게 가라."

청년은 신탁의 의미를 죽은 철학자들의 책을 읽으라는 뜻으로 이해했다. 이 청년이 바로 스토아 학파의 거두가 된 제논^{Zenon, BC 335~263}이다. 제논은 소크라테스의 제자 크세노폰이 쓴 『소크라테스의 회상』을 읽고 철학에 매료되었다. 공부로 내공을 쌓은 뒤 자신의 철학을 세상에 알리고 가르치는 일을 시작한다. 그가 제자들을 모아 자신의 사상을 가르친 장소는 아고라의 '채색 주랑^{彩色 柱廊}'이었다. 채색 주랑은 색이 칠해진 복도라는 뜻인데, 고대 그리스어로 '스토아 포이킬레^{Stoa poikile}이다. 여기서 주랑^{stoa}에 있는 학파 즉 스토아 학파라는 이름이 유래했다.

제논은 우주는 로고스에 의해 움직인다고 보았다. 로고스^{logos}의 원래 뜻은 말, 이야기, 어구이다. 지금 철학에서의 로고스는 여러 가지 의미로 쓰인다. 로고스가 없다고 하면 언어가 없다는 것뿐만 아니라 이성이 없고 통로가 없다는 말이기도 하다. 다시 말해 제논은 우주가 이성이라는 원리로 움직인다고 했다. 인간도 예외는 아니다. 우리는 신의 섭리에 따라 내면에 세상을 파악할 수 있는 이성이 있다. 우주의 원리가 그렇듯이 인간 또한 이성의 질서에 따라야 한다. 그 상태를 아파테이아^{apatheia}라 한다. 아파테이아는 감정으로부터 자유로워진 일종의 초월 상태를 말한다.

인간이 번뇌하는 까닭은 이성 때문이 아니라 감성이나 감정 때문이다. 상대가 대수롭지 않게 생각하고 툭 하고 한마디 던진 농담에 감정이 상해 며칠을 고통 속에 보내는 게 인간이다. 그때 고통을 일으키는 주범은 바로 감정이다. 제논은 그러한 감정의 속박에서 벗어나 로고스가 지배하는 평정의 상태 아파테이아를 추구한다.

제논은 세상의 존재를 선한 것, 악한 것, 선하지도 악하지도 않은 것이라는 세 가지 종류로 나누었다. 선한 것은 지혜, 용기, 절제, 정의 같은 가치다. 자연스럽게 플라톤의 이데아가 떠오른다. 악한 것은 어리석음, 무절제, 불의, 거짓 같은 개념이다. 선하지도 악하지도 않은 가치로는 부富, 명성, 아름다움, 출신 같은 것들이 있다. 여기서 제논은 중요한 가르침을 던진다. 선하지도 악하지도 않은 가치인 부나 명성, 외모 등은 우리의 근원적 행복과 무관하다는 것이다. 우리의 의지와 무관하게 '주어진' 일종의 조건이기 때문이다.

나는 왜 더 잘생기지 않았을까. 나는 왜 가난한 집에서 태어났을까. 이런 원망은 의미 없고 부질없는 것이라는 이야기다. 제논은 선하지도 악하지도 않은 것들 때문에 삶이 끌려가거나 고통과 번민 속에서 허우적거리는 일에서 우리를 자유롭게 해주는 유일한 힘이 바로 이성, 로고스라고 강조한다.

제논 이후 스토아 학파의 꽃을 피운 멋진 철학자들이 잇달아 등장한다. 바야흐로 스토아 철학의 전성기가 시작되었다. 스토아 철학은 그리스가 로마에 점령당한 후에도 오랫동안 살아남아 영향력을 행사한다. 네로 황제의 스승이자 혼란기를 살았던 비운의 정치가 세네카 Seneca, BC 4~AD 65 같은 사람이 대표적이다. 노예 출신으로 철학자의 반열에 오른 에픽테토스 Epictetos, AD 55~135 또한 후기 스토아 철학을 크게 발전시킨 인물로 평가받는다.

에픽테토스는 노예 시절 심성이 못된 주인에게 학대를 받아 절름발이가 되었다. 꾸준히 노력한 끝에 노예에서 해방되는 기쁨을 누린 그는 그 후 스토아 철학에 심취해 깨달음을 얻는다. 이후 학생들을 가르치게 된다.

그가 절름발이가 된 사연은 이러하다. 늘 사색하기를 좋아하는 노예를 못마땅하게 여긴 주인이 다리를 비틀었다. 그러자 에픽테토스는 이렇게 말했다. "자꾸 비틀면 다리가 부러집니다." 고통스러운 표정도 짓지 않은 채 온화한 얼굴로 말하는 노예가 얄미웠던 주인은 계속 다리를 비틀었다. 결국 에픽테토스의 다리는 부러지고 만다. 그러자 그는 주인을 향해 이렇게 말했다. "그것 보세요. 계속 비틀면 다리가 부러진다고 하지 않았습니까?"

에픽테토스의 스토아 철학을 나타내는 한마디가 있다.

인간은 벌어진 일 때문이 아니라 그 일에 대한 집착과 생각 때문에 고통 받는다.

아우렐리우스 개선문, 리비아 트리폴리, © Shutterstock

시대와 장소를 막론하고 유효한 말로 에픽테토스 철학이 경이롭기만 하다. 그렇다. 부와 명예, 사회적 지위나 인간관계 자체가 우리에게 고통을 주지 않는다. 그런 일에 대한 지속적인 생각과 집착, 감정의 노예가 되어 고민하고 번뇌하는 과정에서 우리는 불필요한 고통을 겪는다. 현대사회 말로 '스트레스'를 받는 것이다.

어떤 일이 발생하면 '그 일이 일어났구나' 하고 한 발 물러나서 바라본다. 일어난 결과에 맞춰 대처하면 그만이다. 우리가 사는 세상에 대처할 수 없는 일이란 없다.

죽음이라면? 앞서 에피쿠로스가 말한 것처럼 아직 오지 않은 것을 두려워할 이유가 없다. 죽음이 온다면 그 순간 우리는 이미 다른 존재가 되어있을 것이기 때문이다.

고대 철학 여행의 마지막 주인공은 바로 철학자이자 황제였던 아우렐리우스다.

마르쿠스 아우렐리우스^{Marcus Aurelius, 121~180}는 고대 로마의 오현제五賢帝 중 한 사람이다. 로마의 최전성기를 이끈 가장 유능한 다섯 명의 황제를 가리키는 말인 오현제 중 마지막 황제가 바로 아우렐리우스다. 또한 그는 유명한 고전 『명상록』을 쓴 작가이기도 하다.

그는 황제라는 신분임에도 불구하고 사치와 안락을 누리지 않았다. 화려한 황금빛 침대를 거부하고 바닥에서 잠을 자며 청빈한 삶을 실천했다. 로마 제국의 원로원과 시민들의 사랑을 모두 받는 황제였지만 아이러니하게도 치세 기간에 지진, 역병, 속주의 반란 등이 끊이지 않았다. 이런 그에게 현실에 흔들리지 않고 마음의 중심을 잡기 위한 기준이 필요했을 것이다. 스토아 철학은 그가 길을 헤맬 때마다 나아갈 길을 환히 밝혀주는 등불이었다.

스토아 철학에 몰두한 황제는 치열한 고뇌의 산물로 『명상록』을 써낸다. 『명상록』은 아우렐리우스의 일기에 가깝다. 그는 여기서 배움의 중요성을 계속 강조한다. 배움을 통해 세상의 원리와 인간의 의무를 깨닫고 흔들림 없이 살아갈 수 있다는 가르침을 전한다.

온 우주는 변화이고 인생은 의견이다.

-『명상록』중에서

자유로운 삶이 행복한지, 의무를 다하는 삶이 행복한지는 사람에 따라 다르다. 각 개인이 스스로 결정하는 것이다. 어떤 이에게는 자유가 최고의 답이고 또 다른 이에게는 의무를 지키는 일상을 보내야 행복할 수 있다. 중요한 사실은 인간은 스스로 판단해서 결정하고 각자 내린 결단으로 삶의 모습을 결정해야 한다는 것이다. 아우렐리우스 황제는 평생 청빈한 삶을 살며 스토아 철학을 삶으로 몸소 실천했다.

스토아 철학은 서로마제국과 운명을 같이한다. 서로마제국이 멸망하면서 사라졌기 때문이다. 유럽은 AD 476년, 서로마제국이 멸망한 시점을 기준으로 중세시대가 시작된다. 중세는 기독교로 상징되는 종교의 시대다. 종교가 세상의 중심이 되면서 철학도 그 영향력 아래에 머물게 된다. 철학은 신학에게 월계관을 내주고 만다.

답은 언제나 서양 철학

철학은
신학의 시녀

고대 그리스부터 1,500년 뒤의 시기까지가 중세시대다. 서로마제국이 멸망하던 476년부터 동로마제국이 멸망하는 1453년까지의 약 1,000년 동안이다. 중세를 흔히 '암흑기'라 칭한다. 서양사를 시간 순으로 구분할 때 묘한 일이 발생하는 지점이 바로 여기다. 시간이 흐를수록 역사가 진보한다는 시각에서 보면 고대보다 중세가 더 화려하게 발전했어야 하지만 실상은 이와 다르다.

중세를 암흑기로 만든 몇 개의 키워드가 있다. 흑사병, 십자군 전쟁, 마녀사냥 등이다. 중세 철학은 기독교와 불가분의 관계다. AD 313년 콘스탄티누스 황제가 밀라노 칙령을 통해 기독교를 정식 종교로 공인하면서 기독교는 로마는 물론 유럽 전체를 지배하는 종교가 된다. 중세 시대 1,000년 동안 철학은 곧 신학의 또 다른 얼굴이었다. '철학은 신학의 시녀'라는 표현이 있다. 학창 시절 세계사를 배울 때 모두들 한 번쯤 들어본 말로 중세 시대 철학을 단적으로 드러내는 말이다. 또한 중세 철학은 시대별로나 의미로나 교부 철학과 스콜라 철학 두 흐름으로 요약된다.

그리고 1,000년 동안 아래의 세 가지에 집중했다.

첫째, 중세 철학은 신의 존재를 증명하려고 했다.

둘째, 이성 혹은 지식을 통해 신의 섭리를 이해하려고 시도했다.

셋째, 신의 존재와 신의 섭리를 이해하기 위해 논쟁했다.

100년도 채 살지 못하는 인간이 1,000년이라는 세월의 의미를 알 수는 없다. 중세는 근대를 열게 한 도화선이었다. 역사는 필연이라는 시각에서 볼 때 암흑기는 뒤이어 찾아올 화려한 시대의 밑거름이다. 서양 철학사를 다루는 다수의 책이 중세 철학 부분에서 교부 철학과 스콜라 철학 두 가지만을 소개하고 있다. 왜 그럴까? 거기엔 다 이유가 있다. 앞서 말했듯 중세는 신학이 지배한 시대였기 때문이다. 신의 존재를 증명하는 일이 곧 철학 그 자체였기 때문이다.

교부 철학

'교부敎父'는 종교의 아버지라는 뜻이다. 즉 기독교의 아버지로서 기독교가 로마 제국의 박해를 받은 기독교 초기에 교리를 정리하고 발전시킨 신학자들을 일컫는 명예로운 존칭이다. 기독교는 성인들의 순교, 갖은 박해와 핍박 끝에 예수가 십자가에 못 박힌 후 하늘로 올라간 지 300년이 지난 시점에 이르러서야 비로소 공식 종교로 인정받는다. 밀라노 칙령(313년에 로마의 콘스탄티누스 대제가 밀라노에서 발표한 칙령. 기독교를 공인한 것으로, 로마 제국 종교 정책의 전환점이 되었다.)이 채택됐지만, 여전히 초기 기독교는 사람들에게 교리를 쉽게 전파하는 힘이 부족했다.

밀라노 칙령 반포를 계기로 기독교가 인정을 받은 가운데에서도 로마 제국 시민들 중 기독교 신자는 여전히 소수였다. 기독교를 공식 종교로 받아들인 만큼 로마는 기독교적 철학과 교양을 사람들에게 가르칠 수준 높은 성직자들을 앞세워 기독교 전파에 나서야 했다. 이때 그 성직자들이 바로 교부다. 여전히 박해받는 그리스도 신앙을 위해 노력한 신학자이자 철학자들을 보고 철학자 다마스케누스라는 '철학은 신학의 도구이자 시녀'라고 말한다. 이들 철학자이자 성직자들은 고대 그리스 철학에 대해서도 해박한 지식이 있었다. 그들은 고대 그리스 철학을 기독교 전파의 수단으로 사용하기 시작한다.

먼저 교부 철학敎父哲學, Patristic Philosophy의 리더들은 플라톤의 이데아

세계를 '예수를 믿어 구원받는 세계'로 대체한다. 북아프리카 누미디아(현재의 알제리)에서 태어난 아우구스티누스^{Aurelius Augustinus 354~430}가 교부 철학을 전파한 대표적인 인물이다. 그의 아버지는 이교도였고 어머니는 독실한 기독교 신자였다. 그는 저서『고백록』에 젊은 시절의 죄악을 회개하고 솔직하게 자신의 생애를 회고하며 신에게 바치는 찬미의 고백을 담았다.

아우구스티누스는 교리가 튼튼하지 못했던 초기 기독교 시절 '하나님이 만물을 낳으시고 만물에 도덕적 질서를 부여하셨으므로 인간은 하나님을 따라야 한다'는 논리를 폈다. 또한 기독교에서 아우구스티누스는 '원죄론'에 공헌한 인물로 여겨진다. 그 이전까지 인간의 죄는 외부에서 오는 것으로 인식했다. 그러나 아우구스티누스는 인간의 죄는 내재한다고 보았다.

『고백록』에 나오는 일화 한 가지를 소개하겠다. 아우구스티누스는 어린 시절 자신의 집에 먹음직스러운 배 여러 개가 있었음에도 친구들과 남의 배나무 과수원에서 서리를 했다. 배가 고팠거나 남의 집 배가 더 맛있어서 한 일도 아니었다. 그는 그냥 재미로 그랬다고 고백한다.

> 배를 훔쳐 따먹는 일에서 내가 만족을 느낀 것은 나의 죄다. 나는 그 일을 즐거워했다.
> 내가 즐긴 일은 훔친 물건 자체가 아니라 도둑질 자체, 죄 그 자체였다.

필리프 드 샹파뉴, 『성 아우구스티누스』, 1645년경, 미국 로스앤젤레스 카운티 미술관, © Shutterstock

아우구스티누스는 청년 시절까지 저지른 잘못을 뉘우치면서 자기 내면에 존재하는 죄를 인식했다. 이러한 아우구스티누스의 사상이 빠르게 퍼지면서 동시대인들에게 원죄에 대한 인식 또한 급속도로 전파된다. 그는 인간이 고통 받는 이유는 죄에 끌리기 때문이라고 설파한다. 인간은 자유의지를 가졌지만, 원죄로 인해 악에 쉽게 빠진다고 보았다. 같은 맥락이다. 이어 교부 철학은 '인간의 구원은 오직 하나님의 은총에 의해서만 가능하다'는 철학으로 귀결된다.

지상의 왕국인 세상은 퇴폐와 타락, 탐욕, 죄로 얼룩져있는 곳이라고 규정한다. 반면 하나님의 세계인 천국은 평온과 신의 사랑만이 넘치는 곳이라고 설명한다. 그는 "주여, 당신께서는 나를 당신에게로 향하도록 만드셨나이다. 내 영혼은 당신 품에서 휴식을 취할 때까지 편안하지 못할 것입니다"라고 했다.

아우구스티누스는 인간의 참된 행복은 신을 사랑하는 일이라고 주장한다. 신을 사랑하려면 신을 알아야 하고 신이 내재한다는 사실을 인간의 영혼도 알고 있어야 한다. 그 때문에 아우구스티누스가 철학의 대상으로 특히 관심을 가졌던 것은 신과 영혼이었다. 신은 우리 영혼에 내재하는 진리의 근원이므로, 신을 찾고자 한다면 굳이 외부의 세계로 눈을 돌릴 것이 아니라 우리의 영혼 속으로 통찰의 눈을 돌려야 한다. 인간은 사랑하지 않고는 견딜 수 없는 존재이며, 윤리적인 선악은 그 사랑이 무엇으로 향했는가에 따라 결정된다고 했다. 마땅히 사랑해야 할 신을 사랑하는 자가 의인이고, 신을 미워하면서까지 자신을 사랑하는 자는 악인이라고 했다.

교부 철학은 기독교 교리를 삶의 철학 그리고 사람이 세상을 살아가는 가치의 기준이자 모범으로 올려놓았다. 중세 시대 내내 그리고 그 이후로도 오랫동안 아우구스티누스가 세운 교부 철학의 사상은 깊은 영향을 미쳤다.

스콜라 철학

라틴어로 '스콜라'는 '학교'이다. school의 어원이기도 하다. 중세 유럽에서는 학교의 성격을 띤 여러 장소들이 있었다. 수도원, 궁정, 주교가 있는 교회, 마지막으로 대학이다. 교부들이 기독교에 집중한 철학을 전파할 때 일정한 형태나 형식이 정해져 있지 않고 불규칙적이어서 어려움이 많았다. 그래서 생겨난 게 스콜라 철학Scholasticism이다.

스콜라 철학의 목표는 기독교를 진리로 만들기 위해 철학을 이용하여 기독교 신앙에 합리적인 근거를 보강하는 일이다. 그래서 스콜라 철학 초기에는 사상을 무조건적으로 주입했던 교부 철학과 충돌도 많았다.

마침내 12~13세기에 스콜라 철학은 중요한 다리를 건넌다. 라틴 문학의 번역이 시작된 일이 스콜라 철학의 발전 계기로 이어진 것이다. 대중은 라틴어로 기록된 수많은 헬레니즘적 저술들을 가까이하며 지적 성장을 이루기 시작한다.

스콜라 철학은 한마디로 중세 유럽 11~15세기의 대표적인 철학적, 신학적 사조다. 기독교의 신학과 고대 그리스 철학, 그중에서도 특히 아리스토텔레스의 철학을 조화시키는 일에 초점을 맞춘 학문이다.

스콜라 철학을 집대성한 인물은 토마스 아퀴나스Thomas Aquinas, 1225~1274이다. 그는 신 중심, 기독교 중심의 교부 철학에서 벗어나는 데 공헌한 사람이다. 그렇다고 해서 아퀴나스가 기독교를 비판한 사람은 아니며, 오히려 그는 철저한 기독교 신자로서 후에 성인 반열에도 올랐다. 아퀴나스는 믿음과 이성을 함께 이해하고 조화시키는 방법을 체계적으로 발전시킨다.

아퀴나스는 아우구스티누스와 크게 다르지 않은 생각을 품는다. 신은 온전히 선하고 신 안에는 어떠한 악도 있을 수 없다고 생각했다. 반면 인간 내부는 선과 악이 공존한다고 보았다. 악이 연약한 인간의 자유의지를 잘못 사용한 결과가 바로 인간의 죄라고 보았다.

신은 완전한 선이다. 선한 신은 인간을 사랑해서 자유로운 존재로 만들었다. 그 자유를 인간이 잘못 사용해서 악을 불러온다. 바로 원죄다. 아담과 이브가 선악과를 따먹은 게 죄의 기원이다. 인간이 자유의지를 잘못 사용해 죄를 짓고 타락했기 때문에 그 죄에 대한 벌로 악이 생겨났다는 설명이다. 이 논리에 따라 신의 선함은 악의 존재에도 불구하고 유지된다.

아퀴나스는 이에 덧붙여서 자유의지의 문제는 개인의 책임이라고 못을 박는다. 중요한 것은 죄와 악을 멀리하는 인간의 선택과 행동이라고 주장한다.

또한 토마스 아퀴나스는 아리스토텔레스로 상징되는 헬레니즘의 사상적 가치를 받아들이며 스토아 철학을 꽃피운다. 그는 헬레니즘 문화와 기독교 교리의 융합에 성공한 철학자다. 아우구스티누스가 교부 철학을 완성시킬 때 플라톤의 이데아를 접목했던 것과 유사하다. 아퀴나스는 '신앙'과 '이성'은 대립하는 게 아닌 상호 보완하는 관계라고 강조한다. '신을 믿기 위해 논리적으로 이해한다'는 개념을 세운다. 이성적 논리와 변증법적 방법론이 사상을 구축하는 수단이 되어야 한다는 개념도 만들었다.

카를로 크리벨리, 『성 토마스 아퀴나스』, 1476, 영국 런던 내셔널 갤러리

변증법적 방법론은 대립되는 요소들이 상호작용을 통해 새로운 상태로 나아가는 과정을 분석하는 철학적 사고방식이다. 또한 그는 철학과 신학이 4단계 형식으로 전개되어야 한다고 주장했다. 문제 제기, 반론, 반론에 대한 해석, 해결이 그것이다. 철학이 중요시하는 이성, 근대 서양 철학이 내세우는 합리론은 토마스 아퀴나스가 초석을 만들었다고 해도 과언이 아니다.

잉글랜드 출신의 윌리엄 오컴 William of Ockham, 1287~1347 은 아퀴나스 이후 등장한 철학자로 스콜라 철학의 완성자로 평가받는다. 옥스퍼드 대학교에서 신학을 공부했으나 학위를 마치지 못하고 프란체스코회 수도사로 활동했다. 그는 자신의 이름을 딴 '오컴의 면도날 Ockham's Razor'이라는 사상을 선보인다.

오컴의 면도날이란 어떤 현상을 설명할 때 불필요한 가정을 해서는 안 되며, 두 개의 동등한 주장이 있다면 간단한 쪽을 선택하고 다른 쪽은 불필요한 가설로 치부하여 면도날로 잘라내 버려야 한다는 이론이다. 다른 말로 '명목론'이라고도 한다.

그는 신의 존재를 논리적으로 증명하는 대신 믿음은 신앙의 문제라고 규정했다. 오컴의 논리는 아퀴나스가 신의 존재를 증명할 수 있다는 믿음으로 스콜라 철학을 펴나간 것에 대한 비판이자 정면 도전이었다. 스콜라 철학의 보편적 개념과 신의 존재를 증명하려는 시도에 회의를 촉발한 철학자가 바로 그였다.

중세 시대는 교황권과 왕권이 엎치락뒤치락했다. 이를 상징하는 사

답은 언제나 서양 철학

건이 '카노사의 굴욕'과 '아비뇽 유수'다. 카노사의 굴욕은 1077년 신성 로마제국의 황제 하인리히 4세가 자신을 파문한 교황 그레고리우스 7세에게 파문을 취소해 줄 것을 간청하고 용서를 구하기 위해 이탈리아 카노사에 있던 교황을 찾아간 사건이다. 하인리히 4세는 용서를 받기 위해 카노사 성 앞에서 맨발로 3일간 무릎을 꿇고 빌었고 이 사건의 이름에 굴욕이라는 명칭이 붙는다. 종교 권력인 교황권이 세속 권력인 왕권보다 우위에 있다는 걸 만천하에 드러낸 사건으로, 이 사건 이후 교황권은 더욱 강화된다. 하지만 오래지 않아 하인리히 4세는 자기 세력을 모아 교황을 축출하는 데 성공한다.

그로부터 300년 뒤 이번에는 왕권이 교황권에 굴욕을 안기는 사건이 찾아온다. 바로 '아비뇽 유수'로 1309년부터 1377년까지 7대에 걸쳐 로마 교황청을 프랑스 남부의 도시 아비뇽으로 강제 이전해 약 70년간 머물게 만든 사건이다. 아비뇽 유수에서 유수幽囚는 잡아 가둠을 뜻한다. 프랑스 국왕 필리프 4세의 왕권이 바티칸의 교황을 압도한 일로, 이 사건으로 교황청의 입지는 추락했고 교황의 권위에 의문을 제기하는 세력이 등장하게 된다.

이렇듯 중세 유럽은 황제와 교황 사이의 힘과 권력에 갈등이 생기는 일이 잦았다. 기독교가 모든 가치의 중심이 되는 기간이 길어지면서 이른바 물은 고여서 썩는 것처럼 신성해야 할 종교에서 부패와 타락이 일어난다.

신보다 사람을 우선하는 시대에 대한 욕구가 수면 아래에서 점점

자라고 있었다. 마침내 종교개혁과 르네상스를 통해 유럽 사람들이 약 1,400년 가까운 세월 동안 가둬두었던 욕구가 터진 둑처럼 분출되기 시작한다.

답은 언제나 서양 철학

2장

철학사의
새로운 태동,
근대

인쇄업자가
열어젖힌 커튼

어둡고 무거웠던 중세의 커튼이 열리고 환한 빛으로 가득한 새로운 시대가 찾아오기까지 중요한 두 사건이 있다. 바로 종교개혁과 르네상스다. 먼저 종교개혁으로 들어가기에 앞서 중세 유럽 역사에서 획기적인 전환점이 된 십자군 전쟁을 짚고 넘어가야 한다.

십자군 전쟁

십자군 전쟁은 11세기 말부터 13세기 말까지 약 200년 동안 서유럽의 기독교 세력이 이슬람 세력에게서 성지 예루살렘을 탈환한다는 명분 아래 벌인 종교 전쟁이다. 교황 우르반 2세는 1095년에 프랑스 클레르몽에서 종교 회의를 개최한다. 그는 로마 교회가 주도하여 교회의 재통합을 이뤄내고 성지를 탈환하기 위해 십자군을 결성하자고 설득한다. 이른바 예루살렘 원정이었다. 교황의 연설에 종교 지도자들은 모두 감화되었고 군복과 깃발에 십자가를 새겨 넣은 십자군이 결성된다.

십자군은 무려 총 8회에 걸친 예루살렘 원정을 감행한다. 1096년 첫 번째 십자군 원정이 시작되었다. 3년에 걸친 고된 행군과 전투 끝에 1099년 7월 15일, 십자군은 예루살렘을 함락시킨다. 그런데 당시 십자군 운동을 호기롭게 주도한 교황 우르반 2세는 중병으로 병상에 앓아 누운 상태였다. 그는 성지 탈환의 기쁜 소식도 듣지 못한 채 십자군이 예루살렘을 함락시킨 날로부터 열흘 뒤인 7월 25일에 사망하고 만다.

1차 원정 이후 예루살렘 성지에 세워진 십자군 국가 중 하나였던 에데사 백국伯國이 1144년 이슬람 장군 장기Zengi에 의해 함락되면서 기독교는 위기를 맞는다. 프랑스의 루이 7세와 신성로마제국 황제 콘라트 3세를 주축으로 한 세력이 성지 재탈환을 외치며 원정에 나섰지만 결국 실패하고 만다. 특히 십자군은 이슬람의 도시 다마스쿠스를 공격하려다가 준비 부족으로 참패하고 빈손으로 돌아와야 했다. 40년 뒤인 1187년 이슬람의 살라딘Saladin(본명 유수프)이 십자군 연합군을 대파하고 예루살렘을 점령하며 기염을 토한다. 3차 십자군 전쟁이다.

'사자왕 리처드'로 불리는 잉글랜드의 리처드 1세가 국지전에서 살라 딘 군을 꺾었으나 병력과 보급 부족으로 예루살렘 탈환을 포기하고 돌아선다.

4차 십자군 전쟁은 기독교 역사에서 지워지지 않은 상처로 남은 전 쟁이다. 3차 전쟁 이후 기독교인이 성지 예루살렘을 방문하는 일이 허용되었고 십자군 전쟁의 명분도 약해진 시점에 벌어진 싸움이었다. 심지어 이 전쟁은 예루살렘 탈환과는 무관한 전쟁이었다.

4차 전쟁을 이해하기 위해서는 기독교가 동로마 제국과 서로마 제 국으로 갈라진 배경을 먼저 짚어봐야 한다. 313년 콘스탄티누스 대제 가 밀라노 칙령을 발표하며 기독교를 공인한 다음, 수도를 비잔틴으 로 옮기고 수도의 이름을 콘스탄티노플로 바꾼다. 그의 결정은 이후 동로마 제국, 즉 비잔틴 제국의 형성으로 이어진다.

대제가 비잔틴으로 떠난 뒤 로마에서는 베드로가 순교한 바티칸이 모든 교회의 수장이라는 입장을 밝힌다. 다시 말해서 로마 바티칸의 교황이 베드로의 직속 후계자로서 전 세계 교회의 규율, 정치, 신앙, 도덕 문제를 관할하며 최고 권한을 행사한다고 발표한다.

당시 로마 가톨릭은 예루살렘과 안디옥을 비롯한 여러 곳에서 대주 교의 통치를 허락했는데, 대주교는 교회의 통일을 견제하는 책임자와 같은 역할이었다. 대주교가 다스리는 지역을 교구라 칭했다. 당시 가 장 큰 세력을 이룬 교구는 로마의 동쪽에 위치한 네 개로 콘스탄티노 플, 예루살렘, 알렉산드리아, 안디옥이었다. 이들을 통틀어 동로마 교구라고 부른다. 네 개의 대교구는 로마 바티칸의 발표를 인정하지 않는다.

서로마에 속한 로마 교구와 동로마에 속한 4교구 사이에는 또 다른 중요한 차이가 있었다. 바로 우상 숭배와 삼위일체Trinity에 대한 인식이다. 동로마 교구는 성소(교회)에 입체적인 조각상을 설치하는 행위는 우상 숭배에 해당한다고 비판했다. 예수나 성모 마리아를 벽화로 그려 표현하는 것만을 허용했다. 반면 서로마의 교회에서는 십자가에 못 박힌 예수나 아기 예수를 안고 있는 성모 마리아를 그림뿐만 아니라 조각, 석상 등 입체적 형상으로 표현했다. 이러한 형상들을 믿음 약한 신자가 보고 확고한 신앙심을 갖도록 만들기 위한 뜻에서였다.

삼위일체에 있어서 서로마는 하나님과 예수님과 성령님이 세 위격을 가지며 각각 동일한 본질을 공유하되 하나의 실체로서 존재한다고 보았다. 하나님은 한 본질 안에 세 위격으로 구별되지만, 영원히 동격이시며 함께 계신다는 교리를 따랐다. 따라서 성령聖靈(창조주 하나님의 영)은 성부聖父 하나님은 물론 성자聖子 예수님에게서도 임할 수 있다는 생각을 해왔다. 반면 동로마는 삼위일체 개념은 같이 도입하면서도 하나님은 삼각형의 맨 위 꼭짓점에 위치하고 예수님과 성령님은 삼각형의 아래 꼭짓점 두 개를 형성하면서 성령은 오직 하나님만이 내려주는 것이라는 교리를 채택했다.

동로마와 서로마는 몇 차례 합일점 찾기를 시도했지만 결국 실패했다. 서로마가 북쪽 게르만족의 공격을 받을 때 동로마에 도움을 청했지만, 동로마는 도와주지 않았다. 서로마 역시 동로마가 셀주크 튀르크의 침범을 받아 위기에 처했지만, 돕지 않았다.

1054년의 대분열 The Great Schism로 서로마와 동로마는 완전히 갈라섰다. 동로마와 서로마는 상호 파문破門하는 관계로 벌어진다.

그로부터 150년 뒤에 4차 십자군 전쟁 1202~1204이 발발한다. 십자군은 처음부터 성지 예루살렘은 안중에 두지 않았다. 당시 십자군을 움직인 세력은 프랑스 그리고 베네치아와 제노바 같은 이탈리아의 도시국가들이었다. 이들은 성지 회복을 위한 원정대에 참여하기 위해 자금을 모으기로 결정한다. 그러나 자금 부족 문제가 발생하고 그들은 베네치아 공화국과 동맹을 맺는데, 베네치아는 이들 군대에게 배를 제공하는 대가로 이익을 요구한다. 결국 이들은 원래의 목표인 성지의 회복이 아닌 베네치아의 상업적 이익을 위한 전쟁으로 방향을 틀게 된다. 그 결과 이들은 콘스탄티노플을 공격하여 함락시킨다.

전투는 예상보다도 훨씬 큰 폭력과 파괴를 동반했으며, 기독교의 도시가 이슬람 세력에게 점령된 것이 아니라 기독교 군대에 의해 약탈당하는 아이러니한 상황이 발생한다. 십자군은 콘스탄티노플을 점령한 후, 교회, 성당, 궁전, 도서관, 민간의 집을 가리지 않고 무차별적인 약탈과 파괴를 자행한다. 동로마 황실의 보물을 비롯한 수많은 문화재와 유물을 약탈해 베네치아로 가져간다. 십자군은 심지어 도시의 여성들과 수녀들까지 집단 강간하고 노예로 납치하는 만행을 저질렀으며 수만 명의 시민들을 학살한다.

동로마 교회와 시민들은 이 사건을 계기로 서로마와는 영원히 함께할 수 없다는 인식으로 무장한다. 1204년은 동방 정교회(1054년 이후 로마 가톨릭과 분리된 13개의 자치 교회들로 구성된 연합회)와 로마 가톨릭교회(서방 교회)가 완전히 갈라선 해다. 이를 계기로 동서 두 교회는 돌아올 수 없는 강을 건넌다.

성지 탈환이라는 명분 아래 출발하여 서유럽 여러 왕국의 탐욕과 영토 확장을 위해 이용된 십자군 전쟁은 이렇게 비극으로 끝난다. 하지만 십자군 전쟁은 유럽인들의 삶에 어느 정도 긍정적인 변화도 불러왔다.

먼저 동방과 유럽의 육로를 통한 문물 교역이 본격적으로 일어난다. 당시 이슬람 세계와 비잔틴 제국은 실크로드와 인도양이라는 제한된 루트를 통해 동방의 문물을 수입하고 있었는데 십자군 전쟁을 계기로 동방 문물이 새로운 길을 통해 유럽 각지로 전파되기 시작한다. 이슬람 세계의 대수학과 아라비아 숫자 체계, 천문학, 의학 지식도 대거 유입되었다. 돔과 아치, 모자이크로 대표되는 비잔틴의 건축 양식도 서유럽으로 전해져 대거 뿌리를 내린다. 유럽인의 식탁에 후추, 계피, 정향 등 여러 향신료가 올라온 것도 이 전쟁의 여파다. 오렌지, 레몬, 살구, 석류도 이때 전해졌다. 아랍 세계에서 재배했던 정제된 설탕 또한 십자군 전쟁을 계기로 유럽에 전파됐다. 그뿐만이 아니다. 이탈리아의 도시국가들이 해상 운송과 중개무역을 독점하면서 이탈리아는 중세 이후 세계 경제의 중심지로 도약한다.

또한 십자군 전쟁은 유럽 도시의 지형을 변화시킨다. 특히 오늘날의 독일, 벨기에, 네덜란드에 해당하는 신성로마제국의 여러 지역 안에서 큰 도시가 생겨나기 시작한다. 무역의 중계지로서 플랑드르나 암스테르담 같은 도시가 자연스럽게 형성되었다. 이탈리아의 피렌체는 모직물로 크게 번영했다. 상업을 통해 도시가 발달하면서 부유한 가문이 등장하기도 한다. 독일 남부의 아우크스부르크는 은과 동을 생산하며 번영했는데 이 도시에 등장한 대부호 푸거 가문이 그 예다. 푸거 가문의 재력은 신성로마제국 황제까지도 움직일 수 있을 정도였다.

역사를 바꾼 구텐베르크

독일 만하임에서 태어나 금 세공업자로 활동하던 중년 남자가 있었다. 나이 쉰이 되던 1448년 마인츠에 인쇄소를 개업한 남자의 이름은 바로 요하네스 구텐베르크Johannes Gutenberg, 1400~1468이다. 그는 서양 최초로 금속활자를 발명하여 인류에게 위대한 유산을 선물한다. 유성잉크와 목판 인쇄기의 사용을 결합해서 금속활자를 발명해 낸 그는 처음엔 가톨릭교회의 면죄부를 인쇄해서 팔기도 했다. 면죄부는 다음 단락에서 보다 자세히 이야기하겠다.

구텐베르크는 고딕 활자를 이용해 오늘날 『구텐베르크 성서』로 불리는 36행의 라틴어 성서를 인쇄하는 일에 성공한다. 1453년 그전 인

율리우스 휘브너, 『구텐베르크의 인쇄소』, 1850년경, 독일 마인츠 구텐베르크 박물관, © Shutterstock

쐐기보다 작고 알아보기 쉬운 활자로 글자를 개량한 그는 42행의 구약성경을 인쇄하기 시작한다. 1455년, 『구텐베르크 성서』를 대량 인쇄한 사건은 세계사에서 매우 중요한 전환점이 된다. 당시까지만 해도 성경 출간은 수작업으로 일일이 필사하여 복제하는 방식에 의존해왔다. 품이 많이 드는 일이었기 때문에 당연히 소수의 성직자만이 성경 필사본을 소유하고 읽을 수 있었다. 성경과 같은 중요한 책이 신속하고 저렴하게 대량 생산되어 보급된다는 건 한마디로 지식과 정보의 민주화가 열렸다는 것을 의미한다.

구텐베르크 덕분에 성경은 대량 인쇄되어 지위 고하를 막론한 유럽 각계각층 사람들에게 엄청난 속도로 전파되기 시작한다. 특히 라틴어 말고도 독일어, 영어, 프랑스어 등 다양한 언어로 번역된 여러 판본이 수많은 신자의 손에 들어가게 되었다. 그 이전까지 성경을 독점하던 성직자들은 성경의 해석까지도 독점하고 있었다. 하지만 이제 일반 신자도 성경을 읽고 해석할 수 있게 되면서 자연스럽게 성직자만의 권위와 특권도 무너져 내린다. 그들의 권위는 매우 빠른 속도로 대중을 향해 수평 이동한다. 이는 곧 로마 가톨릭 신앙과 이전까지 불공평하게 통용되던 몇몇 교리의 근본에 금이 가기 시작했다는 뜻이다.

특히 면죄부免罪符 판매는 최악의 범죄라는 사실이 신자들 사이에서 퍼져 나간다. 면죄부는 당시 로마 가톨릭교회에 관습처럼 이어져 온 것으로, 교황이 돈을 받고 죄를 지은 사람의 죄를 사하여 벌을 면하게 해준다는 일종의 증명서였다. 죄와 벌을 돈을 통해 결정할 수 있다는 행위는 죄는 오로지 하나님만이 사하여 줄 수 있고 신앙적 믿음만이 구원에 이르게 한다는 가르침에 정면으로 위배되는 것이었다.

종교개혁보다 먼저 시작된 르네상스

십자군 원정의 실패는 교회에 대한 신뢰도 떨어뜨렸다. 교회의 힘과 권위가 약해지면서 기독교 중심의 문화와 환경이 대거 무너진다. 사람들은 종교가 중심이 아닌 인간이 중심이 되는 고대 그리스 문화(헬레니즘)와 고대 로마 제국의 문화를 다시 꿈꾸게 된다. 이러한 배경하에 르네상스Renaissance 시대의 막이 열린다.

르네상스는 '재생', '다시 태어남, 부활'을 의미한다. 14세기 이탈리아에서 시작되어 16세기에 걸쳐 유럽 전역으로 퍼진 르네상스는 문화와 예술, 사상의 대변혁을 말한다. 구체적으로, 고전 문화의 부활과 그 부활을 바탕으로 인간과 세계를 새롭게 발견한 문예 부흥을 뜻한다. 르네상스는 서양 근대 문화의 신호탄이 되었다.

르네상스가 시작된 배경은 다음과 같은 여섯 가지가 있다. 첫째, 헬레니즘의 부활을 향한 기대가 상승했다. 십자군 원정 과정에서 이슬람 세력이 보유하던 라틴어 고전, 특히 플라톤과 아리스토텔레스, 키케로의 저작이 유럽으로 대거 유입되면서 고대의 인간 중심 철학에 깊은 관심을 가지기 시작한다. '인문주의 humanism'는 고대의 고전학, 즉 헬레니즘의 부활에서 출발했다.

둘째, 이탈리아와 유럽의 도시국가가 번성했다. 피렌체, 베네치아, 밀라노, 제노바는 십자군 전쟁과 지중해 무역을 통해 부유한 상업 도시로 성장했다. 피렌체의 메디치 가문 같은 상인과 금융 귀족들이 예술과 학문의 후원자로 나서면서 종교적 억압에서 자유로운 예술과 문화 활동이 빠르게 성장한다. 부유한 상인 가문이나 부와 명예를 지닌 귀족들이 예술, 문화를 후원하는 일을 가리키는 메세나 mécénat라는 말도 이 무렵 탄생한다. 로마 제국 초기의 대신으로 예술, 문화의 옹호자이며 문화 예술가들에게 지원을 아끼지 않았던 마에케나스로부터 유래되었다.

셋째, 앞서 언급했듯 동방의 문물이 유럽으로 대거 유입되었다. 특

답은 언제나 서양 철학

히 향신료와 종이 같은 재료나 물건뿐만 아니라 수학, 천문학, 의학 지식이 전파되어 르네상스를 촉발시킨다.

넷째, 금속활자의 발명과 새로 개발된 인쇄술로 이른바 지식 혁명이 일어난다. 구텐베르크의 금속활자 인쇄술로 성경은 물론 고전 문학, 인문학, 철학 서적들이 수많은 대중에게 광범위하고 신속하게 퍼져 나갔다. 종교개혁은 결정적 계기가 되었다.

다섯째, 1347년부터 1351년 동안 유럽을 강타한 흑사병은 유럽 사회의 구조와 사람들의 인식 체계를 근본적으로 바꿨다. 흑사병은 유럽 인구의 1/3을 죽음으로 몰고 갔다. 당시 유럽의 인구는 대략 8,000만 명 전후였다. 흑사병으로 사망한 사람이 2,500만 명에 이른다는 뜻이다. 살아남은 사람들은 무력하게 죽어간 가족과 친척, 친구, 이웃들을 보면서 교회와 봉건 영주에 대한 신망과 권위를 거둬들였다. 그리고 인간 존재에 대한 회의와 자각이 생겨나기 시작했다.

마지막 여섯째, 중세 스콜라 철학의 한계가 드러난다. 신학 중심의 스콜라 철학은 현실 문제를 대처하는 데 한계를 드러냈고 인간 중심적 학문을 향한 수요가 크게 높아졌다.

루터, 종교를 개혁하다

마틴 루터 Martin Luther, 1483~1546는 법학 공부를 중단하고 1505년 수

도사의 길을 선택한다. 이후 1512년 비텐베르크 대학에서 신학 박사 학위를 취득한 루터는 교수직을 맡고 있었다.

16세기에 이르러 로마 가톨릭교회가 부패하고 타락하자 비판의 목소리가 높아지면서 교회를 개혁하자는 주장이 여기저기서 고개를 든다. 이러한 상황에서 교황 레오 10세는 성 베드로 성당을 보수하는 데 필요한 비용을 마련하기 위해 면죄부를 판매한다. 이에 루터는 교황의 면죄부 판매를 비판하며, 1517년 비텐베르크 성職 교회 정문에 95개조로 구성된 반박문을 게시한다. 루터는 '95개조 반박문'을 통해 인간은 돈과 재물로 면죄부를 사서 죄를 사하고 구원받는 것이 아닌 오직 신앙과 하나님의 은총을 통해서만 구원받을 수 있다고 주장한다. 그는 돈과 재물에 지배받는 교회와 교황청의 사치, 향락, 부패를 정면으로 비난한다.

루터의 주장은 인쇄술의 발달에 힘입어 2주 안에 독일 전역으로 퍼져 나갔고 결국 전 유럽의 교회가 발칵 뒤집힌다. 루터는 면죄부 판매, 교황권의 독점과 남용 등 가톨릭의 타락을 신학적으로 조목조목 비판한다. 구원은 교회가 돈을 주고 판매하는 면죄부가 아닌 오직 믿음을 통해 이뤄지며 회개는 단순한 외적인 행위가 아닌 내면의 진정한 변화라는 점을 강조한다. 교황은 신이 아니기 때문에 인간의 죄를 사할 수 없고, 교회는 영혼을 구원하는 공동체이지 상업적 조직이 아니라고 강조한다.

루터의 95개조 반박문은 교회의 개혁을 요구하는 기폭제가 되었

페르디난트 파우벨스, 『마틴 루터가 95개조 반박문을 게시하는 장면』, 1872년경, 독일 드레스덴 역사 박물관

고, 더 나아가 종교개혁의 도화선이 되었다. 4년 뒤인 1521년 교황청은 보름스 제국의회를 열어 루터의 소환과 95개조 반박문의 철회를 결의했지만, 루터는 이를 단호히 거부했다. "여기에 제가 서 있습니다. 달라질 건 없습니다. 하나님이여, 나를 도우소서." 목소리 높여 외쳤다.

이러한 루터의 주장은 교회의 간섭을 싫어하던 독일 제후들의 지지를 받았다. 또한 교황청의 부패와 권력 남용을 비판적으로 바라보던 작센의 선제후 프리드리히 3세는 루터를 바르트부르크 성으로 피신시켜 보호한다. 1529년 가톨릭의 권력 남용과 부패에 반발한 제후들이 슈라이어에서 제국의회를 열었다.

이들은 '가톨릭 정책에 반발한다protest'는 의미에서 최초로 '항거자', 즉 '프로테스탄트protestant'라는 이름으로 불린다. 이듬해 루터파가 형성되었고 루터파의 정통 교리를 명문화하는 단계에 이르렀다. 1546년 루터는 사망했지만 9년 뒤인 1555년 아우크스부르크 화의和議, The Peace of Augsburg를 통해 루터파는 공식 인정되었다. 기독교가 통치자의 종교에서 국민의 종교로 전환하는 역사적인 순간이었다.

루터가 앞장선 종교개혁은 로마 가톨릭 중심의 기독교 체제를 붕괴시킨다. 루터파, 칼뱅파 같은 새롭게 뻗어나간 종교가 등장했고 이는 결국 개신교(프로테스탄트)의 탄생으로 이어진다. 루터는 교황청과의 갈등 끝에 파문당했다. 그러나 많은 사람의 지지를 받으며 루터파라는 세력을 형성했고, 오랜 투쟁 끝에 루터파 교회가 정식 종교로 인정받는 일까지 일어난다.

또한 95개조 반박문 이후 교황의 절대 권력과 성직자 중심주의는 결정적 도전을 받기 시작한다. 교황이 종교권력과 정치권력을 동시에 행사하던 것도 무너져 제후의 권한이 크게 강화된다. 근대 주권 국가의 개념도 빠르게 퍼져나간다. 시민 사회의 형성은 바로 이런 배경에서 시작되었다. 양심적인 신학자 한 명의 용감한 행동이 시대를 가르는 바람을 불어넣은 것이다.

여우와 사자

근대의 개막은 시대적 요구를 바탕으로 자연스럽게 이뤄진다. 신 중심 사상의 붕괴, 소수 군주가 누리던 권력 독점의 폐해가 바로 시대적 요구다. 그뿐만이 아니다. 중세의 긴 강을 건너면서 인간의 가치에 대한 폭넓은 인식 전환이 형성되고 촉발되었다. 강을 건널 무렵 오늘날까지 인류사에 뚜렷한 파문을 선보이는 책 한 권이 탄생한다.

목적이 수단을 정당화할까?

군주는 권력을 잡고 유지하기 위해서 수단과 방법을 가리지 말아야 한다. 필요하다면 비도덕적인 행동도 서슴지 말아야 한다. 우리 사회는 도덕적 인간이 이런저런 비도덕성 때문에 고통받는 곳이다. 따라서 군주는 비도덕적인 방법도 배워야 한다. 어떤 군주도 도덕적으로 착하게만 살면 반드시 망한다. 군주는 여우처럼 교활하고 사자와 같이 위협적이어야 한다. 부국강병을 위해 군주는 어떠한 수단도 가리지 않아야 한다. 따라서 도덕이나 종교조차 이로울 때만 가지면 되는 것이다.

할 수 있다면 착해져라. 그러나 필요하다면 주저 없이 사악해져라. 군주에게는 권력을 지키고 나라를 번영하게 하는 일이 가장 중요하다. 수단과 방법은 중요하지 않다. 나라를 번영시키기만 하면 위대한 군주로 추앙받는다. 착하고 정의롭게 통치해서 나라를 번영시킬 수 있다면 좋겠지만, 그건 이상일 뿐이다. 현실 정치는 모순투성이다. 혼란의 소용돌이를 헤치고 국가라는 가치를 지키기 위해 군주는 사악해질 필요가 있다.

르네상스 시대의 철학자 마키아벨리Niccolò Machiavelli, 1469~1527가 저서 『군주론Il Principe』에서 주장한 내용이다. 1513년에 세상에 나온 이 책은 500년이 지난 지금까지도 주요 정치학 도서에 포함된다. 책의 내용은 잊을만하면 뜨거운 감자로 떠오른다.

『군주론』은 역사와 당대 일어난 사건들을 통해 국가 권력자들이 어떻게 정권을 쟁취하고 잃었는지, 국가권력은 어떻게 유지하는지를 설명한 정치철학서다. 마키아벨리가 살았던 15세기 르네상스 시대,

산티 디 티토, 『니콜로 마키아벨리 초상화』, 1580년경, 이탈리아 피렌체 팔라초 베키오

이탈리아는 로마 교황국, 나폴리 공화국, 베네치아 공화국, 피렌체 공화국 등 여러 나라로 분열되어 누가 누구를 언제 침략할지 모르는 혼란스러운 상황이었다. 15세기 이탈리아는 마키아벨리의 사고관을 만든 살아있는 교과서였다. 당시 정권을 정당하게 잡은 통치자는 거의 없었다. 심지어 교황조차 부정하게 선출되는 일이 허다했다. 이탈리

아의 수많은 공국에서 권력을 쟁취한 자들은 잔혹한 방법으로 상대를 기만했고 배신을 밥 먹듯 했으며 자신의 뜻에 방해가 되거나 걸림돌이 된다는 생각이 들면 죽이는 일도 서슴지 않았다. 워낙 그런 일이 다반사로 일어나다 보니 권력 투쟁 과정으로 인해 충격 받는 사람도 드물었다.

따라서 마키아벨리는 정치적으로 성공하기 위한 방법이 평화롭고 안정적인 시대의 방법과는 근원적으로 다를 수밖에 없다고 판단한다. 그는 정권을 쟁취할 수만 있다면 권모술수도 미덕이라는 입장을 밝힌다. 군주가 거짓, 불의, 비도덕을 너무 의식하거나 죄악시하면 원하는 통치를 할 수 없다는 것을 현실 정치는 숱하게 보여주고 있다고 말한다.

오늘날의 시각으로 보면 마키아벨리의 사고관과 정치 철학은 논쟁을 불러일으킨다. 인간 한 명 한 명의 존엄성과 개인의 권리, 민주주의의 가치라는 측면에서 보면 『군주론』에는 도저히 수용할 수 없는 가치가 차고 넘친다.

마키아벨리는 어떤 인물이고 『군주론』은 구체적으로 어떻게 나오게 된 걸까?

그는 피렌체에서 변호사의 아들로 태어났다. 마키아벨리가 태어났을 무렵 피렌체는 플로렌스 왕국에 속해 있었고 왕국은 사보나롤라 Girolamo Savonarola, 1452~1498가 통치하고 있었다. 사보나롤라는 교회 개혁에 앞장섰고 시민적 자유와 종교적 도덕을 결합시키려고 노력한 인물

답은 언제나 서양 철학

이다. 마키아벨리는 그런 사보나롤라를 좋아했다. 1494년 프랑스 국왕 샤를 8세가 이탈리아를 공격해 왔다. 사보나롤라의 정적들은 기회라 여기고 프랑스 침략 세력과 내통해 새로운 헌법을 만들고 피렌체를 통치하기 시작한다. 사보나롤라는 그들의 손에 화형을 당했다.

이후 피렌체에는 농사가 아닌 당시 막 발전하기 시작한 상업에 종사하여 돈을 많이 번 가문 하나가 등장한다. 훗날 미켈란젤로, 레오나르도 다 빈치 등 역사에 이름을 남긴 예술가들을 포함해 문화, 예술, 철학, 과학 등 다양한 분야의 전문가들을 후원하며 피렌체를 르네상스의 중심지로 만든 이 집안의 이름은 바로 메디치Medici다. 십자군 전쟁 이후 14세기부터 막대한 부를 쌓은 메디치 가는 마침내 피렌체가 속한 플로렌스 왕국과 토스카나 왕국을 지배하게 된다. 메디치 가문은 이탈리아 나아가 유럽을 대표하는 귀족 가문으로 성장하며 수백 년에 걸쳐 피렌체와 토스카나 지방을 다스린다. 네 명의 교황, 두 명의 프랑스 왕비를 포함해 수많은 유럽 왕실과 혼인 관계를 맺어 유럽 왕실 곳곳에 메디치 가문의 사람들이 있었다.

마키아벨리가 『군주론』을 쓰기 전의 일이다. 그는 자국을 침공한 프랑스와 손잡고 정의도 윤리도 없이 어진 군주를 처단하는 정치의 냉혹한 현실에 큰 충격을 받는다. 사보나롤라가 맥없이 처형되는 것을 보면서 정치 지도자는 힘이 있는 사람과 없는 사람으로 양분되며, 힘없는 지도자는 아무리 어질더라도 사보나롤라처럼 실패한다는 것을 깨닫는다. 1512년 메디치 가문이 피렌체를 통치하게 되자 이듬해인 1513년, 마키아벨리는 관직에서 물러난다.

이후 책 집필에만 몰두한다. 그렇게 해서 쓴 책이 『군주론』이다. 마키아벨리는 이 저서에서 권력을 쟁취하고 유지하기 위해 권모술수, 동상이몽, 이율배반, 배신 등의 행동 또한 충분히 할 수 있는 행동이라고 규정한다. 거기서 한 발 더 나아가 어떤 군주나 지도자도 도덕과 윤리만을 앞세운다면 결국 반드시 멸망하는 게 정치의 속성이라고 역설한다. 도덕과 양심만을 앞세운 사보나롤라가 화형당하는 모습을 두 눈으로 지켜보면서 받은 큰 충격을 극단적 논리로 만들어낸 것이다. 후세 정치학자들은 그의 괴팍하고 비도덕적인 정치 철학을 '마키아벨리즘'이라 통칭한다. 안타까운 점은 오늘날의 정치에도 마키아벨리즘이 그대로 적용될 때가 심심찮게 있다는 것이다.

당시 이탈리아 사회로 돌아가 보자. 정치는 왕족이나 귀족의 몫이었다. 왕족들은 특히 그것이 신의 뜻이라며 절대 권력을 행사했다. 그런데 당시 교황과 왕족, 귀족의 관계는 분수령을 맞고 있었다. 교황이 종교와 정치 둘 모두를 거머쥐던 구조는 플로렌스와 베네치아의 거대한 자본이 등장하면서 흔들리고 있었다. 왕족과 귀족들은 교황에게서 정권을 돌려받기 위해 다양한 방법으로 노력하고 있었다. 그들은 정치권력과 통치권을 종교, 즉 교황으로부터 분리해 독자적으로 행사하고 싶어 했다. 마키아벨리즘은 정교분리의 이론적 토대를 형성하고 정당성을 부여하는 데 중요한 역할을 했다.

하지만 일반 시민들의 입장은 달랐다. 종교도 타락한 지 오래돼 그

폐해에 지칠 대로 지쳐있는데 『군주론』이라는 책이 등장해 이번엔 왕족과 귀족이 갑甲의 지위이자 가해자의 자리에서 자신들을 압박하는 일을 합리화한다고 생각했다. 시민들은 마키아벨리를 아주 위험한 사고를 지닌 사람이라고 생각했다. 한마디로 일반 시민들은 마키아벨리의 주장이 강자에게는 큰 힘이 되지만 약자에게는 위험천만한 사상이라는 사실을 잘 알고 있었다.

그러면 마키아벨리 본인은 권력에 대한 욕망이 강했던 사람일까? 그렇다고 할 수 있다. 마키아벨리가 『군주론』을 집필한 가장 큰 이유는 메디치 가문에 헌정하기 위해서였다. 쉽게 말해 메디치 가문에게 잘 보여 한 자리 얻기 위해서다. 메디치 가는 무역과 금융을 통해 힘을 키운 세력이다. 권력을 잡는 데 가장 필요한 두 가지, 돈과 칼을 갖고 있었다.

메디치 가문은 경제력과 군사력을 앞세워 이탈리아 중북부의 공국들을 차례로 지배하게 된다. 마키아벨리는 그러한 메디치 가문의 세력 확장과 지배력 그리고 통치가 정당하다는 것을 『군주론』을 통해 변호하려고 책을 저술했다. 또한 역사학자들은 메디치 가가 이끄는 플로렌스 공국에서 높은 직책에 오르려면 정치 철학으로 주목받는 일이 필요했을 것이라고 이야기한다.

마키아벨리가 메디치 가의 환심을 사려 한 건 분명하지만 한편으로는 더 큰 그림을 위해 책을 썼을 것이란 분석도 유력하다. 정권을 장악한 과정에 대한 시비를 없애고 정당성을 확보한 메디치 가에서 마키아벨리 자신이 의미 있는 역할을 수행하고, 여러 공국으로 쪼개진 조국 이탈리아의 통일을 위해 앞장서겠다는 포부다. 이웃 국가인 프랑스나 스페인은 이미 통일 왕국을 형성해 막강한 국력을 대내외에 보여주고 있었지만, 여러 공국들로 나뉜 조국 이탈리아는 사사건건 분란과 갈등을 빚고 있었기 때문이다.

하지만 안타깝게도 그의 메시지에 메디치 가는 아무런 대답도 하지 않는다. 『군주론』을 헌정받은 피렌체 공화국의 통치자 로렌초 데 메디치는 그 책을 들춰보지도 않았다고 한다. 메디치 가의 인정을 받아 공직에 복귀하려던 마키아벨리의 뜻은 끝내 좌절되고 만다. 실망에 빠진 마키아벨리는 다음 책인 『로마사 논고』에서 고대 로마의 공화정을 이상적이고 모범적인 국가 체제로 추켜세우며 다음과 같은 말을 남긴다. "군주제는 열등한 체제이며, 최대한 좋은 나라로 키우려면 공화제를 채택해야 한다".

『군주론』과 『로마사 논고』 모두 마키아벨리 생전에는 빛을 보지 못했다. 그는 한두 차례 오늘날의 공무원에 해당하는 임시 관리직을 맡아 외교 사절 일을 수행했으나 바라던 고위직은 얻지 못했다. 말년에는 성벽을 관리하는 하위직으로 공직 생활을 연명한다.

그런데 성벽 관리라는 미관말직은 끝끝내 마키아벨리의 발목을 잡으며 그의 운명을 조롱하기까지 한다. 1527년 메디치 정권이 무너지고 공화정이 재건되었다. 『로마사 논고』를 통해 메디치 가문이 시행한 군주제보다는 공화제의 우월성을 주장한 마키아벨리는 메디치 정권 때 성벽 관리라는 말직을 수행한 전력이 문제가 되었다. 그 때문에 마키아벨리의 희망과는 달리 공화정이 시작되고 나서 그 어떤 공직도 맡을 수 없었다. 정치의 세계는 냉정했다.

실의에 빠진 마키아벨리는 공화정이 재건되고 얼마 지나지 않아 숨을 거뒀다. 비극적인 사실은 지금까지도 그의 무덤이 어디에 있는지 아무도 모른다고 한다. 오랜 시간이 흐르고 피렌체에 세워진 그의 기념비에는 이러한 문장이 적혀 있다. "어떤 묘비명도 이 위대한 이름에 어울리지 않는다".

마키아벨리라는 이름은 사후 오랫동안 위대한 이름 근처에도 가지 못했다. 1559년 교황청은 마키아벨리의 책들을 금서 목록에 집어넣었다. 종교개혁을 이끈 사람들은 『군주론』 같은 악마의 책을 읽는 자들이 가톨릭의 악행을 자행했다고 비판한다. 계몽 군주로 유명한 프로이센의 프리드리히 2세는 "마키아벨리는 틀렸다. 국가보다는 국민의 행복이 중요하다"라며 본인이 직접 『반군주론反君主論』이라는 책을 집필하기도 했다. 이후 마키아벨리즘이라고 하면 '목적을 달성하기 위해 수단과 방법을 가리지 않는 비열함'이라는 뜻으로 해석된다.

하지만 18세기 무렵부터 새로운 평가가 나타나기 시작한다. 권력을 잡기 위해 악행도 서슴지 말라는 마키아벨리의 주장을 당시 분열된 조국의 암담한 현실을 어떻게든 타개해 보려는 애국자의 고민으로 이해하는 관점이 나타난 것이다. 이와 함께 "시민들의 덕이 그 국가의 유지와 번영의 관건이다"라는 구절은 민주적인 사상이라고 해석되었다. 이 해석은 마키아벨리의 사상이 장 자크 루소에게 영향을 줘 프랑스혁명으로 이어졌다는 분석과도 맥이 닿는다.

마키아벨리의 사상은 논쟁거리지만, 그의 철학은 이탈리아 통일을 향한 열정에 닿아 있다는 면에서 긍정적인 평가를 받는다. 마키아벨리는 힘과 권력을 지닌 군주만이 이탈리아의 통일도 이뤄낼 수 있다는 신념 아래 『군주론』을 펴냈다. 『군주론』은 결과적으로 시대를 관통하는 정치 고전이 되었다. 동서고금을 막론하고 정치와 국제 관계에서 힘이 최우선적인 가치라는 것을 인류 역사가 몸소 증명한다. 21세기에도 여전히 그 법칙은 유효하다. 심지어 때로는 강력하게 발동되는 모습까지 목격할 수 있다.

경험과 이성

중세의 낡은 철학이 종식되고 인간 중심적이고 논리에 기반한 근대 철학 시대가 열린 과정에는 코페르니쿠스, 뉴턴, 케플러로 이어지는 과학의 발전이 있다. 근대 철학의 정거장에 이르면 서양 철학사는 두 개의 큰 줄기로 나눠진다. 영국의 경험론과 대륙의 합리론이다.

경험론은 영국의 철학자, 사상가들이 체계를 세운 이론으로 베이컨이 시작해 홉스와 흄으로 이어진다. 반면 합리론은 데카르트를 필두로 스피노자, 라이프니츠가 중심이 되어 발전시킨 다. 두 철학 산맥은 상반된 논리로 무장한 한편 동일한 목표도 갖고 있다. 그것은 바로 지성을 통해 새로운 지식과 진리를 발견하는 일이다. 목표는 같지만 세부적인 인식에서 큰 차이를 드러낸다. 먼저 경험론자들은 사유와 지식의 근원을 후천적 경험이라고 말했다. 반면 합리론자들은 선천적 이성이라고 주장한다. 지식을 얻는 과정도 다르게 보았다. 경험론자들은 관찰과 실험을 통해 획득되는 지식만을 온당하게 취급했다. 반대로 합리론자들은 지식을 얻기 위해서는 논리와 추리만큼 적절한 수단은 없다고 생각했다.

두 이론의 차이는 결국 '귀납'과 '연역'이라는 중요한 개념을 낳는다. 경험론과 합리론을 본격적으로 탐구하는 일에 앞서 서로 상반된 개념인 귀납과 연역은 어떻게 다른지부터 짚어보자.

귀납법은 영어로 induction, 연역법은 deduction이다. induction의 동사인 induce는 '유도하다' 또는 '이끌어내다'라는 뜻이다. 반면 deduce는 '추론하다' 또는 '연역演繹하다'로 번역된다. 연역은 도대체 무슨 뜻일까? 한자로 '연演'은 펴다, 자세히 설명하다 혹은 헤아리다 등의 의미가 있다. 그러면 한자 '역繹'은 무슨 뜻일까? 풀다 또는 끌어내다 등의 뜻이다. 때론 해석하다의 의미로도 쓰인다. 연역을 풀어쓰면 '펴서 푼다' 또는 '자세히 설명해 풀어낸다'라는 뜻이 된다.

귀납법歸納法, induction은 개별적인 사실이나 원리에서 일반적인 결론을 이끌어 내는 추론 방법이다. 반면 연역법演繹法, deduction은 보편적인 사실이나 명제에서 특수한 결론을 이끌어내는 추론 방법이다. 귀납법은 특히 인과 관계를 확정하는 데에 사용된다. 연역법은 경험에 근거하지 않고 논리상 필연적인 결론을 내게 하는 것으로, 삼단 논법이 대표적인 예다.

귀납법과 연역법의 정확한 차이를 이해하기 위해서는 '개연 蓋然'과 '필연 必然'의 차이부터 먼저 알아야 한다. 구체적인 상황으로 비교해 보겠다. 먼저 귀납법으로 접근하는 논리 체계를 소개한다.

1. 내 무릎은 흐린 날 쑤신다.

2. 내일은 흐리다는 예보가 있다.

3. 그러므로 내일, 내 무릎은 쑤실 것이다.

여기서 1번은 논리적으로 개연성이 있는 명제다. 1번은 '흐린 날 주로 내 무릎이 쑤시지만, 꼭 그렇지 않을 수도 있다'라는 전제도 품고 있다. 2번은 실제로 일어난 것이므로 변함없는 사실이다. 즉 내일 흐리다는 예보가 나온 것은 진실이다. 논리적 개연성과 사실을 통해 추론하여 결론에 다다른 3번은 확률적으로 맞을 가능성이 높다. 경험론자들은 이런 논법(말이나 생각을 논리적으로 전개해 나가는 방법)을 주로 사용한다. 또한 결론을 내릴 때 과학적인 실험, 통계, 자연의 법칙 등을 가장 좋은 방법으로 여긴다.

귀납법은 이미 기원전 300년대 중반에 아리스토텔레스가 쓰고 있었다. 아리스토텔레스는 일반적인 진리를 밝힐 때 쓰는 추리 과정으로 귀납법을 사용했다. 그러나 귀납법을 본격적으로 체계화하고 대중에게 설명한 사람은 프랜시스 베이컨이다. 귀납적 추리는 오늘날 사회과학은 물론 자연과학, 의학에서도 광범위하게 사용한다. 여론조사처럼 관찰이나 투표 후, 실험의 결과를 토대로 새로운 진리를 찾아내는 일이 바로 귀납법에 해당한다. 실험용 쥐에게 동물성 고지방 음식을 장기적으로 투입했더니 쥐가 혈관 비만에 걸린다는 결론을 찾아낸 것처럼 몇몇 사실을 통해 일반화할 수 있는 추론 방법이 바로 귀납법인 것이다.

귀납은 연역과는 달리 사실적 지식을 확장해 준다는 장점이 있다. 즉 새로운 지식이나 진리를 논리적으로 발견하는 데 좋은 방법이다. 하지만 전제가 결론의 필연성을 논리적으로 확립해 주지 못한다는 한계를 지닌다. 특수 사례만을 근거로 전체에 적용하는 '귀납적 비약'을 통해야지만 결론에 다다를 수 있다는 한계가 있다. 따라서 귀납법을 통해 얻은 결론은 필연적인 것이 아니라, 단지 일정한 개연성을 지닌 일반적 명제, 혹은 가설에 불과한 면이 있다.

버트런드 러셀의 '칠면조의 역설'을 들려주겠다. 이는 철학 세계에서 귀납법을 설명할 때 유명한 이야기다.

한 농장에 칠면조가 살고 있었다. 매일 아침 농부가 와서 먹이를 준다는 사실을 이 칠면조는 경험으로 알고 있었다. 1월 1일 아침에 먹이를 받았다. 1월 2일 아침에도 먹이를 받았다. 계속해서 11월 26일 아침에도 받았다. 그날은 추수감사절 전날이었다.

칠면조는 다음 날 아침에도 지금까지처럼 먹이를 받을 걸로 생각했다. 다음 날 아침, 칠면조의 생각과는 달리 농부는 칠면조를 죽였다. 추수감사절 요리로

쓰기 위해 칠면조를 죽인 것이다.

칠면조는 농부가 11월 27일(추수감사절) 아침에도 먹이를 줄 것이라는 결론을 귀납적으로 내릴 수 있다. 늘 그랬듯이 말이다. 매우 개연성 있는 논증이다. 하지만 칠면조의 기대와는 달리 농부는 그날 아침, 먹이를 주기는커녕 키우던 칠면조를 죽인다. 러셀은 귀납법에서 결론은 언제든지 거짓이 될 가능성과 위험을 내포하고 있다는 점을 강조하기 위해 '칠면조의 역설'을 제시했다.

이번에는 연역법의 논리 체계를 알아보자.

1. 모든 사람은 죽는다.

2. 공자는 사람이다.

3. 고로 공자는 죽는다.

경험론자들이 귀납법을 즐겨 쓴 것과 달리 합리론자들은 연역법을 주로 사용한다. 합리론자들은 필연적으로 앞의 논리를 '풀어내고 펼쳐서' 자연스럽게 결론에 도달하는 연역의 방법이야말로 세상을 이해하고 새로운 지식이나 진리를 발견하는 데 가장 적합한 방법이라고 보았다.

위의 명제에서 1번은 일반 원리다. 2번은 개별적인 사례다. 명제 가운데 1번과 2번은 참이다. 그리고 1과 2가 참이라는 전제가 있을 때,

결론인 3번도 참이 된다. 이를 통해 필연적 전제는 필연적 결론을 낳는다고 바꿔 말할 수 있다. 그렇다면 연역법에서 전제가 참이 아닐 경우, 어떻게 될까? 다음의 세 단계를 보자.

1. 모든 새는 난다.
2. 펭귄은 새다.
3. 고로 펭귄은 난다.

1번 전제부터 틀렸다. 모든 조류가 날지는 않는다. 펭귄은 조류지만 날지 못하는 바다새다. 날개가 있지만 물속에서 헤엄치는 용도로 쓴다. 이처럼 전제가 틀리면 잘못된 결론을 내릴 위험이 있다. 연역법의 한계를 여실히 드러내는 사례다.

연역법은 진리를 보존하는 특성을 지닌다. 이는 전제가 참이면 결론의 참이 보장된다는 의미다. 연역은 전제에 없었던 새로운 사실과 지식의 확장을 가져오지는 못한다. 하지만 이미 전제 속에 포함된 정보를 명확하게 증명하는 역할을 한다. 특히 연역적 추리deductive inference는 논리적 일관성과 체계를 갖추고 있기에 일상생활에서도 널리 쓰인다. 어떤 행위가 옳고 그른지를 가늠하는 윤리적 판단 대부분은 연역법에 기초한다.

아리스토텔레스로 대변되는 고전 논리학에서는 귀납법보다 연역법이 우세했다. 원인이 확실하지 않은 사실을 말하는 것보다 타당한

답은 언제나 서양 철학

사실을 논리적으로 추론하는 일이 더 진리에 가깝기 때문이다. 연역법은 오랜 세월 철학과 논리학의 유력한 전통이 되었다. 하지만 전통도 깨지기 마련이다. 바로 귀납법의 가치와 위상을 높여준 인물 덕분이었다. 프랜시스 베이컨이 그 주인공이다.

함정에 빠지고 만 인간

귀납법은 논쟁을 부를 수 있다. 그 이유는 이론 자체가 가진 허점도 크지만 이 방법론을 주도하고 발전시킨 베이컨이란 인물이 논쟁을 불러일으킬 만한 요소를 갖고 있기 때문이다.

프랜시스 베이컨 Francis Bacon, 1561~1626은 런던 최고의 가문에서 태어나 자랐다. 어릴 때부터 귀족이었고 국사 國事를 논하는 환경에 있었다. 그의 아버지는 영국에서 왕 다음 가는 신분인 '국새 상서 國璽 尙書, Lord Keeper of the Great Seal'였다. 국새 상서는 쉽게 말해 왕을 대신해 국새(국가의 권위를 나타내는 도장)를 관장하는 최고위 관직이다.

베이컨은 엘리자베스 1세 여왕 1533~1603이 재임하던 시절에는 빛을 보지 못했다. 그러다 제임스가 왕위를 계승한 다음부터 출세가도를 달린다. 1617년 베이컨은 아버지에 이어 국새 상서에 올랐다. 대를 잇는 영광이었다. 이듬해엔 대법관이 되었다. 하지만 영광도 오래 가지는 못했다. 대법관 시절 뇌물을 받은 일이 문제가 되었다. 참고로 17세기 영국의 법정에서 판사는 원고와 피고 양측 모두에게서 뇌물을 받는 일이 일종의 관행이었다. 뇌물을 받지 않거나 뇌물을 받았어도 재판을 뇌물과 무관하게 진행하고 판결하면 명판관 소리를 듣는 시대였다. 베이컨은 재판 자체는 공정하게 했지만 뇌물을 받았고, 이 사실을 시인했다. 결국 그 바람에 공직에서 물러나게 된다.

공직에 있을 때부터 그는 철학과 과학에 심취해 관련한 많은 책을 쓴다. 베이컨의 저서들은 서양 철학사의 흐름을 이해하는 큰 도움을 준다. 그중에서도 『학문의 진보Advancement of Learning』와 『신 기관Novum Organum』은 자못 중요한 자리를 차지하고 있다.

1605년 베이컨은 『학문의 진보』를 발표한다. 그는 이 책에서 "학문은 인간의 정신을 개선하고, 인격을 강하게 해주며 국가와 시민을 고상하게 해주는 원천"이라고 말한다. 베이컨은 학문이 인간의 능력과 즐거움, 효용을 극대화하는 힘이기도 하다고 강조한다. 그러면서 "아는 것이 힘이다"라는 명언을 남겼다. 이 명언은 베이컨의 『학문의 진보』에 실려 있다. 하지만 어쩌면 그 이전 시대부터 쓰던 관용적 표현일 수도 있다.

베이컨은 중세 철학에 대한 불만을 제기한다. 중세 사람들이 이를 비판 없이 받아들인 것을 애석해 한 그는 철학과 신학은 철저히 분리

익명의 화가, 『세인트 올버니 경, 프랜시스 베이컨』, 1618년경, 영국 런던 내셔널 포트레이트 갤러리

되어야 한다고 주장했다. 특히 스콜라 철학을 비판했으며, 철학은 오로지 이성에 의존해야 한다고 강조했다. 인간이 지식을 잘 이용하면 자연의 질서에 순응하는 한편 자연을 지배할 수 있다고 이야기했다. 그는 자연을 지배하기 위해선 자연을 알고 '자연 법칙'을 이해하는 일

이 우선이라고 생각했다. 베이컨은 당시 사람들이 자연 법칙을 제대로 파악하지도 않은 채, 인간 중심적 사고로 지배하려 한다고 판단했다. 이는 새로운 자연 법칙을 발견하는 일을 방해하는 결정적인 원인이라고 주장한다.

베이컨은 귀납법을 신봉했다. 하지만 그 스스로 귀납의 허점을 잘 알고 있었다. 버트런드 러셀의 칠면조의 역설과 비슷한 오류가 또 있다. 바로 '열거의 오류'다. 훗날 베이컨은 열거의 오류에 관한 실증적인 사례를 제시한다.

> 웨일스 한 마을에 그곳의 인적 사항을 조사하기 위한 인구 조사원이 도착한다. 그는 마을 주민의 이름을 전부 기록하는 일을 필두로 조사를 시작한다.
>
> 그가 맨 먼저 물어본 사람의 이름은 윌리엄 윌리엄스였다. 두 번째로 물어본 사람의 이름도 윌리엄 윌리엄스였다.
>
> 그런데 그가 이름을 물어본 사람 모두가 윌리엄 윌리엄스라고 말했다. 똑같은 이름이 반복, 열거되자 조사원은 '이 동네 사람들 이름은 모두 윌리엄 윌리엄스인가 보다'라 생각하고는 그렇게 이름을 기재했다.
>
> 그러나 존 존스라는 이름의 주민이 딱 한 사람 살고 있었다.

귀납법을 무조건 강조하고 신뢰하다가는 이러한 오류에 빠지고 만다고 베이컨은 지적했다. 이를 '열거의 오류'라고 한다. 베이컨은 귀납법이 지닌 열거의 오류를 극복하기 위해 노력했고 알맞은 방법을 찾는 일에 열중했다.

베이컨의 귀납법은 '가설'을 충분히 세우지 못한 채 진행된다는 결점을 안고 있다. 그는 자료를 순서대로 배열하기만 하면 올바른 가설이 명백히 세워진다는 희망을 품었지만, 그러한 일은 거의 생기지 않았다. 가설은 사실을 모으기 위해 필요한 예비 단계이기도 하다. 사실이라고 믿고 선택한 일이 결론과의 관련성을 보장할 수 없다는 맹점이 있다.

프랜시스 베이컨의 철학은 '귀납법'과 '아는 것이 힘'이라는 격언으로 요약할 수 있다. 그리고 여기에 하나가 더 추가된다. 바로 '우상의 유형'이다. 이는 인간의 중요한 약점을 예리하게 지적하고 있는데, 오늘날에 대입해도 좋은 이론이다.

베이컨이 말하는 '우상 Idol, 偶像'은 사람의 나쁜 정신과 나쁜 습관을 의미한다. 나쁜 정신과 습관은 사람들이 오류에 빠지도록 만드는 주된 원인이다. 구체적으로, 인간의 이성 속에 깊이 자리한 '편견'은 자연을 연구하는 일에 방해가 된다. 편견은 곧 마음의 우상이다. 사람은 네 가지 우상을 버려야 새로운 지식을 얻을 수 있다. 베이컨은 저서 『신 기관』에서 네 가지 우상을 명료하게 밝힌다. 바로 '종족의 우상 The idols of the tribe', '동굴의 우상 The idols of the cave', '시장의 우상 The idols of marketplace', 그리고 '극장의 우상 The idols of the theatre'이다.

첫째, 종족種族의 우상은 '인간이라는 종種이 공통으로 지닌 편견으로, 감각과 이성의 본질적 한계에서 비롯된다. 인간은 사실을 왜곡하

답은 언제나 서양 철학

려는 충동을 자주 갖는다. 인간 내면에 있는 허영심과 자만 때문이다. 쉽게 말해 베이컨은 인간이라는 이유만으로 빠지기 쉬운 착각, 모든 현상을 인간 중심적인 시각에서 해석하려고 하는 경향을 종족의 우상이라 지적했다. 베이컨은 인간이 늘 감정과 개인적 의지에 이끌려 잘못된 판단을 한다고 생각했다. 종족의 우상은 인간 본성에 내재하며, 우리의 성질 안에 깃든 매우 위험한 충동이기에 경계해야 한다고 주장했다.

베이컨에 따르면 자연 현상과 질서를 인간 멋대로 추측하고 그것이 진리인양 믿는 일 또한 종족의 우상이다. 우리는 자연을 보고 실제 이상의 것을 기대하는 습관이 있다고도 했다. 태양은 매일 동쪽에서 뜨니까, 지구가 멈춰 있고 태양이 지구 주위를 돈다는 생각이 바로 전형적인 사례다. 인간과 인간이 사는 세상이 우주의 중심이라는 자만이 그런 착각을 불러왔다는 것이다.

둘째, 동굴洞窟의 우상이다. 개인의 주관적 경험, 환경, 성향 등이 만들어내는 편견을 의미한다. 인간은 각자 자신만의 '동굴' 속에 갇혀 세상을 바라본다. 각 사람은 저마다 극단적인 주관성에 얽매여 진리를 인정하지 않으려 할 때도 있다. 학연이나 지연 등 자신이 속한 집단은 항상 옳다고 생각하는 오류도 동굴의 우상 가운데 하나다.

동굴의 우상은 앞서 고대 철학 편에서 소개한 플라톤의 동굴 이야기와도 하나의 뿌리로 연결돼 있다. 횃불이 만든 그림자를 진짜 세상으로 아는 죄수가 바로 우리들이다. 베이컨은 이 죄수의 편견이 곧 동굴의 우상이라고 말한다.

셋째, 시장市場의 우상이다. 이는 언어 사용에서 비롯되는 오류로, 단어나 표현의 의미가 불분명하거나 잘못 사용되어 실제와 다른 잘못된 인식을 낳는 경우다. 예를 들어 시장 상인이 물건을 팔기 위해 손님에게 과장된 설명을 하는 일, 기사의 헤드라인이나 내용을 자극적으로 써서 왜곡된 이미지가 형성되는 일이 시장의 우상에 해당한다. 언어 자체가 내재한 한계와 부적절한 사용이 현실 인식에 결함을 만든다. 베이컨은 이와 같은 언어의 횡포를 통렬하게 비판했다. 언어가 인간을 기만하는 수단이 되고 진리에 다가서지 못하도록 족쇄를 채우는 순간이 있다고 경고한다.

마지막 네 번째는 극장劇場의 우상이다. 이는 전통, 권위에 대한 맹목적인 신뢰와 비판 없는 수용이 불러오는 오류다. 권위자의 말이나 권위 있는 학설, 옛사람들의 사유 체계를 의심 없이 받아들여 왜곡된 인식이 생기고 사회 발전을 저해하는 일들을 말한다.

베이컨은 셰익스피어의 연극을 바탕으로 극장의 우상 개념을 도입했다고 한다. 일부 연극 관람객들은 작가의 상상력으로 빚어진 세계를 마치 실제 현실처럼 느끼며 자신도 모르게 연극 세계의 지식과 정보를 검증도 하지 않고 진실로 받아들였다. 오늘날 영화나 드라마를 보며 감독과 작가의 창작으로 만들어진 극중 내용을 현실의 내용과 오차 없이 받아들이는 모습 또한 마찬가지다. 현대에서는 특히 소셜 미디어의 영향 아래, 권위자나 인플루언서의 의견을 맹목적으로 따르는 현상, 가짜뉴스 확산 등이 극장의 우상에 속한다. 이처럼 비판적 사고의 부재가 사회적 편견과 정보 왜곡을 심화시키는 요인이 된다. 또한 진리 발견, 혁신적인 아이디어의 출현을 가로막는다.

프랜시스 베이컨은 과학자는 아니었지만, 자연과학을 활용해 새로운 기계를 발명하는 일이 꿈이었다. 그가 남긴 책에서 비행기, 잠수함, 인공 강우, 합성 금속과 같은 이야기가 무수히 등장한다. 그가 상상의 산물로 묘사한 수많은 기계와 교통수단이 실제로 발명, 개발되어 오늘날 우리가 쓰고 있다는 면에서는 경이롭기까지 하다.

민주주의 교향곡의
첫 음표

토머스 홉스^{Thomas Hobbes, 1588~1679}는 17세기 영국을 뒤흔든 풍운아다. 청년 시절에는 프랜시스 베이컨의 비서로 일했다. 그는 훗날 근대 국가의 기틀을 세우고 자유주의, 민주주의, 개인주의, 자본주의 이 네 가지 이념의 샘물이 된 사회계약론을 설파한 위대한 철학자이자 정치학자가 된다.

토머스 홉스는 1588년 영국 서남부 맘스베리 ^{Malmsbury} 근처의 작은 마을에서 태어났다. 그의 아버지는 목사로 성미가 급하기로 유명했다. 어머니는 당시 스페인 무적함대가 영국 남해안을 침공한다는 소문에 놀라 토머스 홉스를 임신한 지 7개월 만에 조산했다. 이 칠삭둥이가 훗날 '맘스베리의 토머스 홉스'라는 필명으로 서양 근대 철학사와 세계 정치사의 한 획을 그은 홉스이다. 성미 급한 홉스의 아버지는 다른 목사와 멱살잡이를 한 뒤 마을을 떠났다. 홉스는 그 후 두 번 다시 아버지를 볼 수 없었다. 다행히 부유한 삼촌 프랜시스 홉스의 도움으로 정규 교육을 무사히 받을 수 있었다.

홉스는 영리했고, 열다섯 살 때 옥스퍼드 대학교에 들어간다. 옥스퍼드에서 주로 아리스토텔레스 공부에 심취한다. 하지만 중세의 잔재인 스콜라 철학이 상아탑을 지배하자 그에 대한 염증을 느껴 유럽 여행길에 나선다. 그는 가정교사 일을 하며 번 돈을 여행 경비로 쓴다.

존 마이클 라이트, 『토머스 홉스의 초상화』, 1669년경, 영국 런던 내셔널 포트레이트 갤러리

그가 가정교사로 가르친 제자 가운데는 후일 영국의 왕이 되는 찰스 2세도 있었다. 찰스 2세는 청교도혁명으로 처형된 비운의 군주 찰스 1세의 아들이다. 홉스는 여러 차례 유럽 여행을 하며 이탈리아에선 갈릴레이, 독일에선 케플러를 만났다. 파리에선 '기하학'이라는 새로운 학문의 문을 연 유클리드를 만나 깊은 영향을 받기도 했다.

홉스는 청교도혁명이 일어났을 때, 왕자(훗날 찰스 2세)의 가정교사였다는 이유로 청교도들에게 미움을 받아 어쩔 수 없이 프랑스로 망명한다. 그런데 이게 전화위복의 계기가 된다. 천성이 부지런했던 홉스는 파리에서 철학과 정치 연구에 더욱 몰두했고 이후 제자였던 찰스 2세가 영국 왕이 되자 자연스레 영국으로 돌아올 수 있었다.

절대왕정

절대왕정 Absolute Monarchy은 왕에게 권력이 집중되는 정치 체제이자 어떠한 법률이나 기관에도 구속받지 않는 왕권을 누리는 체제를 뜻한다. 중세 봉건 시대에서 근대로 넘어오는 과도기 200~300년 동안 유럽 각국의 왕실은 강력한 군주제로 국가를 이끌었다. 즉 '절대주의絶對主義, Absolutism'는 절대적 권력을 앞세워 시민권을 억누른 군주제의 이념이다. 말 그대로 무소불위의 권한을 가진 왕은 일반 시민은 물론 토지 영유권을 지닌 귀족과 교회 또한 자신의 발아래 종속시킨다. 절대왕정 시대는 중앙집권적 통일 국가라는 점에서 중세 봉건 국가와 차별화를 이루지만, 시민에게 권리를 나눠주지 않았고 신분적 계층이 매우 뚜렷했기에 근대 국가와도 분명히 구별된다.

절대왕정을 향한 시민들의 불만은 고조될 수밖에 없었다. 따라서 불만을 억누를 사상적 토대가 필요했고 절대왕정을 지켜주는 논리로 '왕권신수설王權神授說, Divine Right of Kings'이 등장한다. 왕권신수설은 국왕의 권리는 신에게서 받은 절대적인 것으로, 시민이나 의회가 이를 제한할 수 없다는 설이다.

홉스가 태어나기 전 잉글랜드와 아일랜드는 튜더 왕조가 지배했다. 스코틀랜드는 스튜어트 왕조가 14세기부터 지배했다. 그러던 중 튜더 왕조의 손孫이 끊어지면서 스튜어트 왕조의 제임스 1세가 잉글랜드와 아일랜드의 왕까지 겸하게 된다. 바야흐로 영국에서 스튜어트 왕조의 시대가 열린 것이다. 제임스 1세는 절대왕권을 휘둘렀고 사사건건 영국 의회와 충돌하게 된다. 제임스 1세는 의회의 견제를 제압하기 위해 왕권신수설을 주요 내용으로 하는 글을 발표한다. 핵심은 네 가지다.

1. 왕은 하나님의 대리자이므로 왕권을 모독하는 일은 곧 신성모독이다.
2. 왕권은 가부장적이다. 가정에서 아버지가 리더이듯 국가에서 왕은 우두머리다.
3. 왕권은 절대적이다. 왕은 자신의 말과 행동에 대해 누구에게도 설명할 필요가 없다.

4. 왕권은 합리적이다. 왕의 말은 신의 말씀이므로 합리적이지 않을 수 없다.

이 독선적이고 모순투성이인 네 가지 논점을 통치의 얼개로 삼는다. 그러면서 그는 '왕권에는 제한이 없으므로 의회의 힘은 왕에게 권고하는 것에 그쳐야 한다'라고 강조했다.

비슷한 시기 프랑스에선 앙리 4세라는 왕이 부르봉 왕조를 세운다. 앙리 4세는 프랑스 절대왕정 체제인 '앙시앵 레짐Ancien Régime의 기틀을 마련한다. 앙리 4세가 프랑스 왕위를 이어받는 과정에서 프랑스는 신교(프로테스탄트, 프랑스 내에서는 이들을 '위그노'라 부른다)와 구교(가톨릭) 간의 갈등으로 종교전쟁까지 발생한다.

그는 전쟁을 끝내고 종교의 화합을 이뤄내기 위해 신교에서 구교로 개종까지 하는 관용적 태도를 실천한 왕으로도 유명하다. 개종 이후 앙리 4세는 위그노와 가톨릭 세력 모두를 포용하며 평화로운 통치에 힘쓴 한편, 절대왕정을 확립시켜 나간다. '짐은 곧 국가', '태양왕'으로 유명한 루이 14세가 바로 앙리 4세의 손자다. 할아버지가 문을 연 절대 왕정은 손자 시대에 정점에 오른다.

또한 스페인은 카를 5세에서 펠리페 2세로 이어지는 절대왕정을 열었다. 영국은 훗날 '영국과 결혼한 여왕'이라는 별명을 얻게 된 엘리자베스 1세가 해가 지지 않는 나라를 펼쳐 나간다.

권리청원, 청교도혁명 그리고 왕정복고

절대왕정은 애초에 오래갈 수 없었다. 중세와 종교개혁을 지나 시민의식이 막 싹트던 무렵이었고 왕권신수설을 앞세운 절대왕정이 순조롭게 통치 기반을 다지는 건 불가능에 가까웠다. 영국에서는 찰스 1세가 제임스 1세의 뒤를 이어 왕권을 물려받았다. 그는 의회의 승인도 없이 관세를 징수했고 선박세를 부과했다. 또한 헌금과 공공 기부를 강제로 요구했다. 세금 납부와 기부 등을 포함해 왕실의 뜻에 불응하는 자는 무조건 투옥시켰다. 그뿐만 아니라 왕이 조직한 군대의 병사는 민가에 무료 숙박을 시켰고 군법을 일반인에게까지 적용했다.

1628년 마침내 영국 의회는 큰 결심을 한다. 의회는 왕의 횡포를 막고 국민의 권리를 수호하기 위해 '권리청원^{權利請願, Petition of Rights}'을 왕에게 제출한다. 청원은 '간절히 청해서 바란다'라는 뜻이다. 말 그대로 왕에게 "제발 지켜 달라" 하고 부탁하는 문서였다. 권리청원은 다음과 같은 네 가지의 핵심 내용을 담고 있다. 첫째, 의회의 동의 없는 과세를 금지한다. 둘째, 불법적인 체포와 구금을 금지한다. 셋째, 군대의 병사가 민가에 강제로 투숙할 수 없다. 넷째, 평화 시에는 계엄령을 선포하지 않는다.

권리청원을 받은 찰스 1세는 마지못해 이에 동의했으나 사실상 무시해 버린다. 찰스 1세는 이듬해인 1629년 아예 의회를 해산하고 이후 11년 동안 의회 없는 통치를 이어간다. 찰스 1세는 권리청원에 동조한 청교도^{淸敎徒, Puritans}에 대한 탄압도 혹독하게 이행했다.

스코틀랜드와의 전쟁 비용을 마련하기 위해 11년 만에 의회가 소집되었고, 의회는 왕의 전제정치를 비판하고 과세 요구를 거부한다. 마침내 1641년 영국 남부와 동부를 중심으로 세력을 형성한 의회파와 중북부를 중심으로 한 왕당파 간의 전투가 벌어진다. 청교도혁명이 시작된 것이다. 의회파 군대는 올리버 크롬웰이 지휘를 맡았다. 그는 강직한 성품의 청교도였다. '철기군'이라 불렸던 크롬웰 군대는 전쟁에 임하기 직전, 경건하게 기도를 올리고 적진으로 용감히 진격했다. 크롬웰은 자신의 휘하 병사들을 진심으로 위해주고 따뜻하게 대해 존경을 한 몸에 받았다. 크롬웰이 이끄는 의회파 군대가 연전연승했다. 찰스 1세는 스코틀랜드로 달아난다. 스코틀랜드는 크롬웰과 불편해지는 것을 두려워한 나머지 40만 파운드를 받고 찰스 1세를 크롬웰에게 넘겨줬다.

1649년 1월 30일 찰스 1세는 국민들이 보는 앞에서 공개 처형되었고, 영국에는 공화정이 선포된다. 영국 역사상 최초로 군주의 신분을 가진 왕이 국민에 의해 공식 재판을 받고 처형된 사건이었다. 군주의 절대 권력과 왕권신수설은 이 처형을 계기로 힘을 잃었다. 영국 국민들은 왕이라는 최고위 신분이나 지위를 가진 인물도 제멋대로 패악을 부리고 해악을 끼치는 정치를 하면 처형으로 끝날 수 있다는 엄연한 현실을 자각하기 시작했다. 혁명의 완벽한 마무리였다.

청교도혁명으로 나라를 안정시킨 크롬웰은 1653년 스스로 '호국

경 護國經, Lord Protector of the Commonwealth of England, Scotland and Ireland'의 자리에 올라 잉글랜드 연방을 수립한다. 호국경은 혁명 정부에서 최고 권력을 가진 지위였다. 크롬웰은 해상 무역을 발전시켰으나 칼뱅주의 청교도의 정신을 살려 엄격한 정치를 폈다. 독재를 했고 국민들에게 지나치게 금욕적인 생활을 강요했다.

극단은 곧 또 다른 불만을 낳았다. 크롬웰의 엄격한 정치에 영국의 일반 시민들은 오래지 않아 싫증을 느끼기 시작한다. 크롬웰이 사망하자 영국 국민들은 다시 국왕을 추대하는 '왕정복고'를 도모했고 그 결과 찰스 2세가 왕위에 올랐다. 홉스가 가정교사로 가르쳤던 바로 그 왕자다.

명예혁명과 권리장전

왕정복고로 권좌에 오른 찰스 2세는 의회와의 충돌을 최대한 피하려고 애쓴다. 청교도혁명으로 아버지가 단두대에서 처형된 일을 잊지 않고 조심스럽게 처신했다. 찰스 2세는 후사가 없었기에 동생인 제임스 2세가 왕위를 계승한다. 그러나 제임스 2세는 형과는 달리 전제 정치를 강화하고 가톨릭 교회를 부활시키려고 한다. 결국 의회와 국민의 반감을 사기 시작했고 1688년 혁명이 일어난다.

의회는 제임스 2세를 프랑스로 추방하고, 제임스 2세의 딸 메리와 그의 남편인 네덜란드 총독 윌리엄을 영국의 새로운 왕으로 공동 추대한다. 그런데 의회는 단순히 왕을 바꾸는 것으로 끝내지 않았다. 새로운 왕이 반드시 지켜야 할 조건을 붙였는데, 그것이 바로 '권리장전 Bill of Rights'이다. '장章'은 조항, 단락을 뜻한다. '전典'은 법이나 규범을 의미한다. 즉 권리장전은 '법적 조항을 모아둔 문서'라는 뜻이다. 권리장전의 핵심 내용은 다음의 다섯 가지다.

첫째, 의회의 동의 없이 법을 정지하거나 세금을 거둘 수 없다.

둘째, 의회의 동의 없이 상비군을 유지할 수 없다.

셋째, 의회의 자유로운 선거와 정기적인 소집이 보장된다.

넷째, 국민은 청원할 권리를 가지며, 의회 안에서 발언의 자유가 보호된다.

다섯째, 과도한 보석금이나 잔혹한 형벌은 금지된다.

즉 왕이 의회의 뜻을 벗어나 독단적인 권력을 남용하지 못하도록 법적인 제재를 가한 것이다. 1689년 메리와 윌리엄은 권리장전을 완전히 수락하고 왕위에 오른다. 제임스 2세의 국외 추방부터 권리장전의 통과까지 피를 흘리지 않고 이룬 혁명이라 하여 '명예혁명1688~1689'이라고 부른다.

국왕과 의회가 정치의 주도권을 놓고 거의 100년 가까운 시간 동안 대립해 온 역사의 최종 결론인 셈이다. 권리장전으로 인해 영국에 왕과 의회가 공존하는 입헌군주제가 정착된다. 이러한 역사를 통과하며 영국은 점차 절대왕정에서 벗어나 의회 중심의 정치 체제를 확립했고, 현대 민주주의 발전의 기틀을 닦는다.

또한 권리청원을 시작으로 청교도혁명과 권리장전으로 이어지는 영국의 정치 혁명은 후일 미국의 독립[1776]과 프랑스 혁명[1789]의 이론적이고 철학적인 토대가 된다. 프랑스 혁명은 특히 영국의 권리장전과 더불어 볼테르, 루소, 몽테스키외 같은 철학자들의 계몽주의 철학에 힘입은 바가 크다. 프랑스 국민들은 경쟁 국가이자 이웃 국가인 영국에서 왕이 처형되고 의회가 정치를 주도하다가 다시 왕이 복위된 후, 마침내 인간의 자유와 존엄성을 보장하는 권리장전이 채택되는 격변의 한 세기를 직접 보고 전해 듣고 깨달음을 얻는다. 그들은 자유롭고 평등한 사회로 가기 위해선 결국 혁명 말고 다른 수단이 없다는 사실을 자각하게 된다.

국가의 탄생

『리바이어던 Leviathan』은 토머스 홉스의 사상을 집대성한 책으로 서양 정치 철학사를 뒤흔든 저작 중 하나다. 이 책은 혼란스러운 자연 상태에서 벗어나 강력한 주권 국가를 세워야 하는 이유와 그 내용을 논리적으로 제시한다.

인간은 함께 살아가야 하는 존재다. 그런데 함께 살다 보면 충돌과 갈등이 생긴다. 홉스는 『리바이어던』의 〈시민론 De Cive〉편 첫머리에 'Homo homini lupus'라고 쓴다. 라틴어 경구로 '사람은 사람에게 늑대다'라는 뜻이다. 사람은 자연 상태에서 야생 늑대들이 경쟁하는 것처럼 행동한다는 의미를 표현하기 위해 이 말을 썼다. 모든 인간은 생존을 위해서 다른 사람보다 우월하다는 것을 증명하려고 한다. 우월성을 증명하는 가장 효과적인 수단은 힘이고 사람들은 그 힘을 더 많이 획득하려고 싸운다. 그러한 투쟁 상태는 곧 전쟁이란 비극으로 격화된다. 홉스는 인간의 투쟁을 자연적인 현상이라고 보았다. 홉스는 인간이 가진 투쟁의 본능을 통제하려면 강력하고 절대적인 주권 국가가 필요하다고 말한다.

홉스는 인간 본성이 선하지 않기에 자연 상태의 인간은 서로 경쟁하고 생존을 위해 남을 해칠 수밖에 없다고 주장했다. 그것을 홉스는 '만인의 만인에 대한 투쟁 Bellum omnium contra omnes'이라고 정의한다. 그는 결국 모든 개인은 무사히 살아남아 평화롭게 살기 위한 목적으로 '한 사람 또는 하나의 정부'를 주권자로 세운다고 말한다. 주권자에게 자신들의 권리를 일정 부분 포기하고 양도함으로써 강력한 국가(리바이어던)를 수립하고 평화와 안전을 확보한다고 말한다. 이러한 사회적 계약을 맺으며 국가가 탄생했다고 이야기한다. 이 모든 게 홉스가 주장한 사회계약설의 핵심 내용이다.

홉스는 『리바이어던』에서 만인의 만인에 대한 투쟁을 다음과 같이 설명한다.

답은 언제나 서양 철학

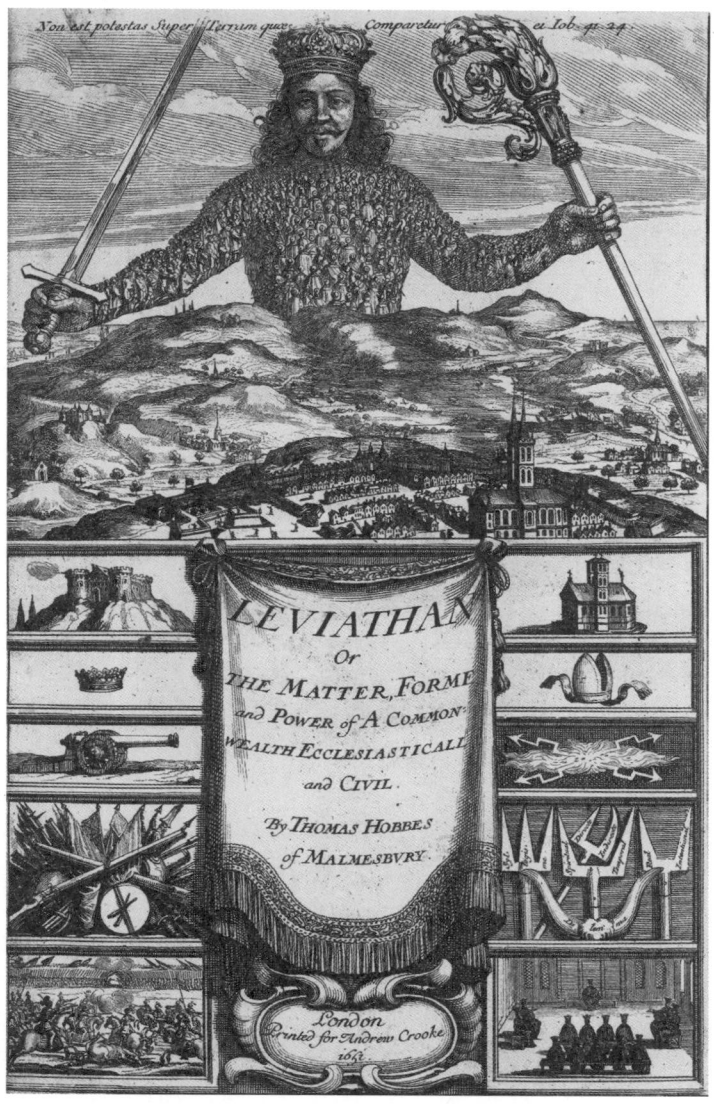

토머스 홉스의 저서 『리바이어던』 초판본 표지, 1651, 영국 런던 브리티시 라이브러리

인간은 모두를 두렵게 하는 '공통의 힘'이 없이 사는 동안에는 투쟁의 상태에 있으며, 그러한 투쟁은 만인의 만인에 대한 투쟁이라고 할 만하다.

그는 이런 투쟁이 발생하는 이유를 인간 본성에서 찾았다. 구체적으로 경쟁심과 자신감 부족, 명예욕 때문이다. 경쟁심은 원하는 자원을 얻기 위해 타인을 침략하게 만들고, 자신감의 결여는 안전을 위해, 명예욕은 명성을 위해 타인을 침략하게 만든다고 했다.

책의 제목이기도 한 '리바이어던'은 구약성경 욥기에 나오는 '죽지 않는 바다 괴물'이다.

그 입에서는 횃불이 나오고 불꽃이 튀어 오르며, 그 콧구멍에서는 끓는 가마에서 나오는 연기처럼 연기가 뿜어져 나오고, 그의 숨결은 숯불을 지피고 그의 입에서는 불꽃이 솟아난다.

- 〈욥기〉 41:19~21

인간의 어떤 무기로도 리바이어던을 제압할 수 없다. 칼, 창, 작살, 화살 등 모든 무기가 그에게는 지푸라기나 썩은 나무처럼 여겨진다.

- 〈욥기〉 41:26-29

이러한 묘사들은 리바이어던이 단순한 동물이 아니라, 인간의 힘으로는 도저히 대적할 수 없는 초자연적이고 거대한 괴물임을 나타낸

답은 언제나 서양 철학

다. 욥기에서 리바이어던은 불을 토해내지만 창조주 하나님의 숨결 앞에선 한 줌의 연기일 뿐이다. 그의 심장은 돌처럼 굳어 있고 무겁지만 하나님의 손바닥 아래에서는 먼지처럼 가볍다. 결국 욥은 하나님의 창조 능력과 주권을 다시 한 번 느끼며 하나님의 전지전능함을 깨닫게 된다.

홉스는 국가를 하나의 거대한 초자연적 존재, 즉 리바이어던으로 보았다. 리바이어던은 '강력한 국가권력'을 상징한다. 사람들은 누구도 리바이어던을 사랑하거나 존경하지 않지만, 필요하기 때문에 의존한다. 바꿔 말해서 국가의 존재 의미는 개인의 생존과 안전을 지켜주는 역할에 있다. 홉스는 국가권력과 법은 구성원들의 안전 보장에 도움을 줄 때만 정당화된다고 보았다.

또한 홉스는 군주의 이익을 곧 백성들의 이익으로 보았다. 주권자에게 좋은 건 당연히 국민에게도 좋은 것이라는 시각이다. 그런데 군주나 주권자가 총애하는 사람들은 언제나 많은 집단이 아니라 단지 몇몇 측근에 불과하다. 홉스는 바로 이러한 이유 때문에 파벌주의로 빠질 염려를 경고한다.

영국의 일반 국민들은 청교도혁명을 일으켰고 이전까지 하늘의 대리자나 다름없는 존재라 여겼던 왕을 단두대에서 처형했다. 하지만 당시 영국 학자들은 정치와 사회 발전에 참여하지 않고 수수방관했다. 홉스는 『리바이어던』을 통해 이러한 학자들을 비판했다. 홉스를 통해 힘을 얻은 영국의 자유주의는 학자들의 사회 참여를 이끌어 냈다. 홉스의 자유주의 철학에 영향을 받은 영국 사람들은 이후 논쟁이 벌어졌을 때 상대와 원만히 협의하고 타협하는 법을 배웠다.

홉스는 『리바이어던』에서 국가를 생명을 지닌 한 사람에 비유하기도 한다. 국가라는 한 명의 인간은 인위적으로 만들어졌으나, 개개인들이 모인 자연 상태의 인간에 비교할 수 없이 강하고 거대하다. 주권은 생명 활동에 필수적인 호흡이다. 정치인들과 사법, 행정에 종사하는 관리들은 관절이고, 국민에게 내리는 상과 벌은 신경이다. 국민 한 사람 한 사람의 부와 재산은 힘, 법은 이성, 화합은 건강, 소란은 병, 내란은 죽음이다.

『리바이어던』은 전체 4부로 구성돼 있다. 1부는 인간 본성과 심리를 살피고 자연 상태에서 인간의 삶을 분석한다. 2부는 사회 계약을 맺고 국가를 형성하는 과정에 대해 알려준다. 3부에서 홉스는 자신의 정치 철학이 기독교 신앙과 충돌하지 않도록 노력하는 한편, 국가권력이 종교 권력보다 위에 있어야 한다고 역설한다. 4부에서는 당시 사회에 만연했던 미신, 잘못된 철학, 교회의 권력 남용 등을 '어둠의 왕국'이라 규정하고 비판한다. 국가의 안정을 해치는 요인들을 제거해야 좋은 국가로 나아갈 수 있음을 말하고 있다.

홉스는 『리바이어던』의 3부와 4부에서 국가는 로마 교회로부터 독립해야 함을 강조했고, 신앙은 단지 내면의 문제이며 국가는 이를 구속하거나 강제할 수 없다고 주장한다. 로마 가톨릭 교회가 지상의 국가들을 총지휘하는 원인은 바로 성경의 잘못된 해석 때문이라며 로마 교회를 통렬히 비판한다.

우리가 『리바이어던』에서 주목할 지점은 다음과 같다. 주권자는 반드시 국민을 보호할 수 있는 압도적인 권력과 국민들의 동의를 얻어야 한다. 만약 주권자가 힘을 잃거나 더 이상 국민들의 안전을 지켜주지 못하는 상태에 이르면 국민들은 계약을 파기하고 다시 새로운 주권자를 선택해 계약을 체결할 수 있다. 선거와 민주주의의 기본 정신이 이 내용 안에 담겨 있다는 이야기다.

책은 그와 동시에 국민이 지닌 힘을 깨닫게 한다. 또 하나, 사회 계약의 중요성을 말한다. 홉스는 『리바이어던』에서 사회 계약은 국가 통치의 기본 원리가 되어야 한다고 강조했다. 이는 곧 근대 국가의 개념으로 연결된다. 근대 국가를 지탱하는 자유주의, 민주주의, 개인주의, 자본주의 이 네 가지 이념이 사회 계약을 샘물로 하여 성장했기 때문이다.

홉스는 95살 넘게 살았다. 요즘 시대로 따져 봐도 장수한 셈이다. 홉스가 살았던 90여 년의 세월은 중세와 근대의 교차로로 혼란 그 자체였다. 영국 정치사는 물론 세계사에도 큰 영향을 끼친 굵직굵직한 사건들이 그 시기에 차례로 일어났다. 절대왕정에서 비롯된 권리청원 1628, 청교도혁명1649, 명예혁명1688, 권리장전1689 등이다. 아마도 이러한 혼란스러운 시대 상황이 홉스로 하여금 믿을 만한 주권자가 통치하는 안정된 나라를 꿈꾸게 했을 것이다.

홉스는 철학사와 정치사 모두에 심대한 영향과 뚜렷한 족적을 남긴다. 왕권신수설과 같은 전통적인 이론에서 벗어나 국민들이 사회 계약을 통해 국가를 형성했다는 이론을 제시하며 근대 국가의 기틀을 다졌다. 그뿐만 아니라 17세기 사회상을 뛰어넘어 국가의 역할과 책임, 주권의 절대성, 사회 질서와 정치적 안정의 중요성을 구체적으로 제시하며 근대 정치로의 도약을 한층 앞당겼다.

3장

열매를
맺기 시작한
철학

새하얀 도화지로
태어나서

프랜시스 베이컨에게서 출발한 영국의 경험론이 어떤 흐름으로 전개되고 완성되었는지를 이해하기 위해서는 존 로크와 데이비드 흄의 철학을 알아야 한다. 로크와 흄의 철학은 어떤 면에서 경험주의 철학이라는 하나의 정거장 안에 포함하는 일이 부적절할 수 있다. 두 사람은 각자 독립된 사상을 펼쳤기 때문이다. 이제부터 이를 차근차근 알아보자.

백지설

존 로크 John Locke, 1632~1704는 근대 자유주의와 민주주의 이론에 지대한 영향을 끼친 인물이다. 그의 삶도 내전, 왕정복고, 명예혁명으로 점철된 격동의 시대를 무대로 한다.

로크는 1632년 잉글랜드 서머싯 주에서 태어났다. 아버지는 변호사이자 청교도 신자였다. 그는 웨스트민스터 스쿨에서 라틴어와 고전을 익혔고 옥스퍼드 대학교에 입학해 고전 철학, 의학, 자연과학을 공부한다. 의학 공부를 열심히 해 탁월한 외과의사가 된 로크는 사경을 헤매던 샤프츠베리 백작을 수술해 목숨을 구해준다. 이후 유력한 정치인이었던 백작의 주치의 겸 조언자 역할을 하게 된다. 왕정복고에 반대한 백작과 함께 정치적 박해를 받게 된 로크는 네덜란드로 망명해 그곳에서 주요 저작들을 집필하기 시작한다. 그 후, 명예혁명을 계기로 영국으로 돌아온 로크는 권리장전을 제정하는 주역을 맡는다.

로크는 자신의 사상을 『인간오성론 An Essay Concerning Human Understanding』과 『관용에 관한 편지』 등 여러 권의 책을 통해 남겼다. 로크의 사상 가운데 두 가지는 반드시 기억하고 넘어가야 한다. 그 두 사상을 요약하면 아래와 같다.

첫째, 권력은 시민에게 돌려줘야 한다.

둘째, 인간은 태어나면서 백지 상태다.

권리장전의 기본 취지는 현대 정치에도 살아 숨 쉬고 있다. 특히 정부와 국회의 관계가 그중 하나로, 둘은 현대 민주주의에서 서로 견제와 균형의 역할을 한다. 권리장전은 의회의 승인 없는 과세 금지, 의회 내 발언의 자유, 의회의 동의 없이 왕은 법을 만들 수 없다는 조항뿐만 아니라 선거와 언론 자유의 보장까지 포함하고 있다. 권리장전의 내용은 민주주의의 핵심 가치로 연결되어 이후 330년 이상 서구 민주주의의 근간이 되어왔다.

존 로크의 철학이 권리장전에 반영되었고, 그의 사상이 민주주의 정치 제도에 성공적으로 자리를 잡으며 오늘날까지 이어진다는 점을 기억해야 한다. 물론 청교도혁명이라는 사건과 영국 국민들의 왕권신수설에 대한 피로도가 극에 달했던 시절이라 로크가 주도하지 않았어도 권리장전과 유사한 무언가가 나왔을 것이다. 하지만 권리장전이 오늘의 정치까지 이어지는 배경에는 인간 본성에 대한 로크의 깊이 있는 통찰과 인식이 담겨있기 때문이다.

1776년 미국이 독립할 당시 토머스 제퍼슨Thomas Jefferson은 로크의 『정부론Two Treaties of Government』에서 핵심 사상을 직접 가져와 재구성했다고 밝혔다. 미국 독립선언서의 정신에 로크의 철학이 담겼다는 이야기다. 인간은 선천적으로 권리가 있으며 정부는 각 개인의 권리를 위임받은 기관이라는 사상도 그대로 반영되었다. 정부의 목적은 국민 자유와 권리 보장에 있다는 로크의 사상은 근대 민주주의의 핵심 원리가 되었다.

존 로크의 '백지설 tabla rasa'은 사람의 마음이 태어날 때 아무 관념이나 지식 없이 하얀 종이처럼 깨끗한 상태라는 주장이다. 백지설을 뜻하는 라틴어 '타불라 라사tabula rasa'는 '지워진 서판書板' 혹은 '빈 서판'을 의미한다. 이는 데카르트와 같은 합리론자들이 이성, 신, 도덕과 같은 관념이 사람 안에 본래부터 내재한다고 본 것과 정면으로 대립하는 관점이다. 로크에 따르면 사람의 마음은 아무 글씨나 흔적이 없는 깨끗한 서판이자 빛이 들어와야만 물체를 볼 수 있는 깜깜한 방과 같다. 사람이 후천적으로 겪는 경험이 모든 관념과 지식의 원천이 된다. 또한 로크는 경험이 오는 경로를 두 가지로 생각했다. 바로 감각과 반성이다.

'감각sensation'은 외부의 대상들이 인간의 오감(시각, 청각, 후각, 미각, 촉각)을 통해 마음에 인상impressions을 남기는 걸 말한다. 예를 들어 붉은빛을 보거나 간이 센 음식을 먹거나 특정 음악을 듣거나 물건의 표면을 만졌을 때 우리 마음 안에 새겨지는 느낌이다. 감각의 결과 곧바로 빨갛다, 짜다, 부드럽다, 거칠다와 같은 관념을 얻는다. 이런 관념을 로크는 '단순 관념 simple ideas of sensation'이라 불렀다.

사람은 감각 경험을 통해 얻은 정보를 내적으로 성찰하고, 이를 분석하고 결합하여 새로운 지식을 형성한다. '반성 reflection'은 감각 경험으로 발생한 마음의 상태나 상황을 되돌아보고, 사고와 판단을 형성한다. 또한 정신적인 활동을 관찰함으로써 얻는 경험이다. 예를 들어 생각하고 있다는 걸 아는 것, 슬퍼하고 있다는 인식, 무언가를 원하는

답은 언제나 서양 철학

마음을 깨닫는 것 등이 여기에 해당한다. 인간은 이러한 반성을 통해 지각, 사고, 의지, 기억, 믿음, 슬픔, 사랑 같은 관념을 얻을 수 있다. 로크는 감각과 반성을 통해 어떤 사안이나 사물의 느낌을 세우는 행위 또한 단순 관념으로 보았다.

다시 말해, 단순 관념은 마음속으로 직접 들어오는 가장 기본적인 관념이자 더는 분석할 수 없는 관념을 말한다. 단순 관념의 맞은편에 '복합 관념 complex ideas'이 있다. 복합 관념은 마음이 단순 관념들을 능동적으로 조합하고, 비교하고, 추상화하여 형성해 내는 관념을 말한다. 로크는 복합 관념을 세 가지로 구분하는데, 바로 양태 modes, 실체 substances, 관계 relations다.

'양태'는 우선 단순양태와 복합양태로 나뉜다. 단순양태는 감각 관념의 반복적인 조합으로 파생되는 관념이다. 숫자 3은 숫자 1이라는 단순 관념의 반복으로 생긴다는 걸 예로 들 수 있다. 로크는 시간, 공간, 지속 그리고 아름다움, 감사와 무한까지 단순양태로 보았다. 복합양태는 서로 다른 단순 관념의 혼합으로 나타나는 관념이다. 대표적인 예로 의무, 위선, 신성모독, 살인 등이 있다.

이런 예들의 공통점이 있다. 특히 살인 같은 경우, 이 사건을 실제로 경험하기는 어렵지만 우리는 이 관념을 얻는 일이 가능하다. 뉴스 기사, 경찰 발표와 같은 여러 단순 관념들의 혼합을 통해 해당 관념이 충분히 전달될 수 있기 때문이다.

'실체'는 강아지, 금 gold, 사과 apple처럼 독립적으로 존재하는 관념이다. 마지막으로 '관계'는 두 개 이상의 관념들을 서로 비교하거나 조합하여 얻는 관념이다. 예를 들자면 '아버지'와 '아들' 혹은 '딸'이 여기에 해당한다. 아버지라는 관념은 결코 독립적으로 존재할 수 없고 아들이나 딸이라는 관념이 있어야 존재할 수 있기 때문이다.

존 로크의 백지설에 담긴 중요한 의미를 알아보자.

첫째, 지식이 선천적으로 주어진다는 생각을 부정한 것에 의의가 있다. 로크는 모든 지식은 경험해서 나온다는 인식을 세웠다. 이는 당시 프랑스를 중심으로 유럽 대륙을 지배한 본유적本有的(본래부터 또는 나면서부터 가지고 있는 것) 관념론인 합리론을 비판하고 경험론의 손을 들어준 중요한 논거다. 선천적 지식의 부정은 로크 이후 조지 버클리, 데이비드 흄 등으로 이어지는 영국 경험론의 출발점이 된다.

둘째, 교육의 중요성이 강조되기 시작했다. 인간은 태어날 때부터 모든 것이 정해져 있지 않고, 경험과 환경을 통해 지식과 인격이 형성된다는 주장은 교육의 중요성을 크게 높여주었다. 이는 좋은 환경과 양질의 교육을 통해 훌륭한 시민을 양성할 수 있다는 긍정적인 견해로 이어졌다.

셋째, 근대 정치가 발전하는 데 큰 역할을 했다. 모든 사람이 태어날 때 동등하고 백지 상태로 시작한다는 것은 인간의 존엄성을 근원적으로 인정하는 철학이다. 타고난 신분이나 혈통 상관없이 인간은 태어나면서 평등하며 누구도 남과 다른 특권이 있을 수 없다는 평등사상으로 이어진다. 나아가 사회계약론과 자연권 사상으로 연결된다.

자연권은 국가와 그 법률에 앞서서, 사람이 태어날 때부터 자연적으로 가지는 권리를 말한다. 로크는 생명, 자유, 재산권을 자연권에 포함한다. 자연권은 '천부인권'이라고도 한다. 로크의 이론은 올바른 경험과 교육을 통해 합리적인 존재로 성장한 개인들이 합리적인 사회를 구성하고 좋은 정부를 형성한다는 논리로 발전한다.

넷째, 모든 지식과 도덕이 경험에서 온다면, 보편적인 도덕 원리가 존재할 수 있는가에 대한 논란을 불러일으킬 수 있다. 즉 도덕적 상대주의 논란을 야기할 가능성이 있다. 도덕적 상대주의란 보편적이며 불변하는 가치는 존재하지 않고, 한 사회 안에서도 개인의 행동을 규제할 어떤 근거도 없기 때문에 도덕 문제에 관한 한 누구에게나 동일하게 적용되는 규범은 없다는 견해다. 하지만 존 로크는 사람은 합리적인 존재이기에 이성을 통해 자연법을 발견하고 적용한다고 주장한다. 로크가 말한 자연법은 '인간에 대한 신의 의지'이며 더 정확히 해석하면 '인간의 행동에 관해 신이 내린 도덕 규범'을 의미한다. 로크에게 자연법은 정치적인 법이라기보다 도덕적인 법이다.

이상 네 가지는 로크의 백지설이 왜 서양 철학사에서 인식론을 넘어 교육과 정치사상에까지 지대한 영향을 미친 이론이었는지를 확실히 알려준다.

경험론의 완성자

데이비드 흄David Hume, 1711~1776은 영국의 가장 위대한 철학자 중 한 사람이다. 영국의 경험론은 로크를 거쳐 흄에 도달해 그 정점에 이른다. 흄은 인간의 도덕적 판단과 행위의 중요한 요인은 이성이 아니라 감정이라고 주장했다. 도덕에서는 무엇보다도 실천이 중요한데 감정은 행동을 끌어내는 동기가 되기 때문이다. 반면, 이성은 행동까지 끌어내기가 어렵고 단지 감정을 도울 뿐이라 생각했다. 심지어 흄은 이성에서 비롯되는 절대적 과학의 세계도 인과관계에 심각한 의문의 여지가 있다고 말한다. 이로써 과학도 의심받는 대상이 되기 시작한다.

흄은 스코틀랜드와 잉글랜드의 왕위 다툼으로 팽팽한 긴장 속에 놓여있던 시기에 스코틀랜드 에든버러에서 지방 공무원의 아들로 태어났다. 에든버러 대학교 법학부를 나온 뒤 잠시 취업했다가 프랑스로 건너갔다. 1734년의 일이다. 흄은 파리에서 루소와 만나 가까운 친구 사이가 된다. 흄은 10년 뒤 에든버러 대학교의 교수 자리를 희망했지만, 무신론자라는 이유로 거절당했다. 후일 정계로 진출한 그는 차관을 지내고 은퇴한다.

흄은 사람에게는 타인의 행복과 불행을 함께 느낄 수 있는 공감 능력이 있다고 보았다. 공감 능력이 다수에게 유익을 줄 때 또는 기쁨과 행복을 느끼게 할 때 바로 그것이 선善이라고 말한다. 흄의 이러한 윤리설은 사회적 이익을 부각하는 계기가 되어 훗날 공리주의가 탄생하

알렉산더 스토다트, 『데이비드 흄의 동상』, 1997년, 스코틀랜드 에든버러, © Shutterstock

는 한 동인이 된다. 공리주의는 '최대 다수의 최대 행복'을 추구하며 공리功利는 '공공의 이익'이 아니라 '효용utility'을 의미한다.

흄이 주장한 '신에 대한 관념'을 알아보자. 인간은 신神이 있다는 것을 경험을 통해 알 수 있을까? 이 사실을 알 수 있다면 문제는 간단하다. 종교에서는 경험 대신 마음 안에 있는 믿음으로 믿어야 한다고 말한다. 하지만 흄은 신에 대한 관념도 경험을 통해서 알 수 있다고 주장한다. 버클리는 모든 경험적 지식은 감각 경험을 통해 얻어진다고 했다. 또한 감각은 사람의 정신을 거쳐 지식이 된다고 했다.

흄은 사람의 정신을 통해서 다른 것도 얻을 수 있다고 봤다. 정신의 한 예로, 사람에게만 존재하는 '상상력'을 들 수 있다. 흄은 나아가 지금 세상에 존재하지 않는 어떤 것도 상상이나 공상을 통해 있는 것으로 만들 수 있다고 이야기한다. 거기서 연장하면 결국, 신에 대한 관념 또한 사람이기에 신을 직접 보거나 만나는 등 경험하지 않더라도 얻을 수 있다.

이와 관련해 『필로소피컬 저니』의 저자 서정욱 교수는 이렇게 비유한다.

검은 구름이 지나가면 비가 올 것이다. 항상 그랬으니까 우리는 그렇게 될 거라 예상할 수 있다. 그렇다면 비가 오는 것은 검은 구름 때문인가? 아니면 경험 때문인가?

과학 문명이 발달하기 전, 옛날 어느 날의 일이다. 오늘날처럼 슈퍼컴퓨터에 의한 기상 예보가 발달하기 전에 어떤 사람이 더운 여름날 나무 아래에 잠을 자려고 누웠다. 그런데 하늘에 때마침 검은 구름이 지나갔다. 그걸 개의치 않고 그는 잠에 빠져들었다. 잠시 후 그가 맞은 건 소나기 빗물이었다.

그로부터 며칠 뒤 같은 상황을 만났을 때 그는 그 나무 아래에서 잠을 편히 잤을까? 아니다. 하늘에 검은 구름이 보이면 곧 자신에게 비를 뿌리리라는 것을 경험으로 알았기 때문이다. 그렇다면 비를 뿌리는 원인이 검은 구름이라는 것을 그 어리석은 사람은 알았을까, 몰랐을까?

그는 과학적으로 비와 구름의 관계는 모르지만, 경험적으로 검은 구름이 비를 뿌린다는 것을 알았다. 흄은 이 일화에서 먹구름과 비의 관계를 인과법칙으로 얻은 지식이 아니라 '경험으로 얻은 지식'이라고 주장했다.

『필로소피컬 저니』 p.347

답은 언제나 서양 철학

사람들은 상상을 통해 이 세상에 존재하지 않는 어떤 개념을 만들 때, 원인과 결과보다는 경험을 더욱 중시한다. 이런 방법으로 흄은 로크와 버클리가 미처 생각하지 못한 부분을 논리적으로 잘 보완해 영국 경험론을 완성된 철학 체계로 만들었다는 평가를 받는다. 흄의 철학을 온전히 이해하기 위해서는 앞서 나온 경험과 관념에 더해 인상, 인과성, 자아 그리고 회의주의에 대한 주장을 알아야 한다.

그는 모든 지식의 근원은 경험이라고 생각했다. 우리의 모든 지식과 관념이 감각적 경험에서 비롯된다고 주장했다. 흄은 감각적 경험이 가져오는 깨달음을 '인상印象 impression'이라 불렀다. 인상은 사람이 현재 경험하는 일로, 뜨겁거나 파랗거나 단 것 같은 감각적으로 생생하고 강렬한 지각을 뜻한다. 관념은 인상을 바탕으로 기억이나 상상을 통해 만들어지는 지각을 의미한다. 관념은 인상보다는 덜 생생하지만, 반드시 인상에서 유래한다. 예를 들어 과거에 상처받은 일을 생각하거나 어제 본 드라마의 한 장면을 떠올리는 일이 관념이다. 단순 관념은 인상 자체가 단순하거나 감각을 통해 얻은 가장 기본적인 아이디어다. '사과', '초록색'처럼 구체적이고 명확한 개념을 의미한다. 복합 관념은 여러 단순 관념이 연합되어 형성된 더 복잡한 생각이다. 모든 단순 관념은 그에 상응하는 단순 인상에서 파생된다는 말이 있다. 이 말은 직접 경험하지 않은 것은 상상할 수 없다는 뜻이기도 하다.

흄의 인과성은 인과관계casualty가 인간의 경험과 습관에서 비롯된 신념일 뿐, 객관적 실체가 아니라는 입장을 의미한다. 우리는 어떤 사건 A가 결과 B를 일으킨다고 생각한다. 하지만 흄은 A와 B 사이에 우리가 직접 관찰할 수 있는 필연적인 연결은 없다고 말한다. 우리가 인과관계를 믿는 이유는 단지 A와 B가 우연히 연이어 발생하고 함께 나타나는 일을 반복적으로 경험했기 때문이다. 이런 반복 경험은 우리 마음속에 '습관'을 형성시킨다. 흄은 그 습관이 미래에도 A가 발생하면 B가 뒤따를 것이라는 '기대'를 만들어낸다고 지적했다. 따라서 해가 동쪽에서 뜨는 것은 우리가 항상 그렇게 봐왔기 때문에 믿는 것이지, 논리적으로 반드시 그래야만 하는 필연적 진리는 아니라는 이야기다.

흄은 영원불변하고 일관된 '자아'나 '영혼'은 존재하지 않는다고 말한다. 그는 우리가 '나'라고 부르는 자아도 경험으로 확인할 수 있어야 한다고 주장했다. 우리가 경험하는 건 순간순간의 지각perceptions일 뿐이다. 감각, 생각, 감정, 기억 같은 끊임없이 변화하고 연속적인 지각들일 뿐, '고정된 나'라는 실체는 경험할 수 없다. 따라서 자아는 '지각의 다발bundle of perceptions'에 불과하다. 마치 극장의 무대가 계속 전환되고 장면들이 바뀌듯이 우리의 자아도 유동적인 지각들의 흐름일 뿐이라는 이야기다.

흄의 철학은 인간 지식에 대한 깊은 회의를 불러일으킨다. 우리는 오로지 경험을 통해서만 지식을 얻을 수 있으며, 그 경험마저도 우리의 상식을 뒤흔든다. 흔히 생각하는 인과관계로 이루어진 경험이 아니고 자아의 본질 또한 뿌리부터 다르기 때문이다. 그러나 흄은 극단적 회의주의자는 아니었다. 그는 우리가 삶을 살아가기 위해서 '신념 belief'에 의존할 수밖에 없다고 생각했다. 이 신념은 이성적인 추론보다는 습관과 감정에 기반한 것이지만, 실천적 삶을 가능하게 하는 중요한 요소다. 예를 들어, 우리는 내일 아침에 해가 뜰 것이라고 믿고 계획을 세우거나 자연스럽게 행동한다.

마지막으로 흄의 이론을 정리하고 다음 여정으로 나아가자.

우리의 모든 지식은 경험에서 비롯된다. 우리가 당연하게 여기는 인과관계나 자아 같은 개념도 사실은 경험을 통해 형성된 습관과 기대에 불과하다. 참으로 혁명적인 주장이 아닐 수 없다. 흄의 경험론은 이후 서양 철학에 깊은 영향을 주었고, 그중에서도 칸트 철학에 중요한 전기를 마련해 주었다.

의심의 힘

유일한 가치

'위그노 전쟁'이라 불리는 프랑스의 종교 전쟁은 1562년부터 1598년까지 무려 36년 동안이나 이어졌다. 이 전쟁은 로마 가톨릭을 상징하는 구교와 개신교를 의미하는 신교 사이의 전쟁이다. 동시에 '앙시앵 레짐 ancient regime'이라 불리는 구체제와 신흥 부르주아 세력 간의 전쟁이기도 하다. 위그노는 프랑스의 개신교 신자를 가리키는 말로 이들 다수가 상공업에 종사했다. 이들은 장 칼뱅의 '직업소명설'을 추종한다.

직업소명설은 장 칼뱅이 주장한 직업윤리로, 모든 직업이 하나님의

프란스 할스, 『르네 데카르트 초상화』, 1649년경, 프랑스 파리 루브르 박물관, © Shutterstock

거룩한 부름에 따른 거룩한 일이라는 사상이다. 성직자나 왕족, 귀족 뿐만 아니라 농부나 상공업자 등 모든 직업이 하나님 앞에서 동등하게 거룩하며, 자신의 직업에 충실하고 최선을 다하는 태도가 하나님의 뜻을 이루는 방법이라는 생각이다. 이와 같은 칼뱅의 생각은 그들에겐 새로운 세계를 향한 희망의 메시지이자 복음이었다. 그러나 로마 가톨릭을 추종하는 구교 세력들은 이를 단호히 배척했다. 기득권을 유지하기 위해서였다. 숱한 사람의 생명을 앗아간 위그노 전쟁은 1598년 앙리 4세의 낭트칙령 선포로 마침내 끝을 맺는다. 낭트칙령은 칼뱅주의와 프랑스 내 개신교 신도들의 종교적 자유를 인정하는 것을 주요 골자로 한다.

전쟁의 후반부였던 1596년, 오늘의 주인공 르네 데카르트 Rene Descartes, 1596~1650가 태어났다. 귀족 가문에서 태어난 데카르트는 훗날 '현대 철학의 창시자' 또는 '현대 철학의 아버지'로 불리는 영광의 칭호를 얻는다. 근대 서양 철학자 가운데서 가장 깊이 있고 체계 있는 철학을 세운 공로 덕분이다.

르네 데카르트는 프랑스 투렌의 라 에이에서 태어났다. 어린 데카르트에게 불운이 따랐는데, 그의 어머니가 두 살도 되기 전에 몸이 아파 세상을 떠난 것이다. 데카르트는 여덟 살 때 예수회에서 운영하는 라 플레슈 왕실 고등기술학교에 입학해 그곳에서 8년간 교육을 받는다. 이 학교는 당시 유럽 최고의 명문 학교 가운데 하나였다. 그곳에서 데카르트는 고전, 수사, 역사, 물리, 수학, 그리고 철학을 폭넓고 깊이 있게 공부한다.

그러나 데카르트는 학교에서 배운 지식에 깊은 의심을 품었다. 그는 특히 당시 지배적 가르침이었던 스콜라 철학의 추상적이고 논쟁적인 방식에 불만을 느꼈다. 스콜라 철학은 아리스토텔레스의 철학을 기반으로 기독교 신학을 옹호했지만, 데카르트는 여기서 진정한 지식을 배울 수 없었고 오히려 혼란만 느낀다. 그는 훗날 당시를 회상하며 "모든 과목에서 만족을 얻지 못했고, 그저 나 자신의 무지를 깨달았을 뿐"이라고 회고할 정도였다.

답은 언제나 서양 철학

완벽한 만족에 이르지는 못했지만 라 플레슈 시기에 데카르트가 감명 받은 과목이 하나 있었다. 수학이었다. 수학의 명쾌하고 확실한 추론 방식은 모호한 해석이 많은 다른 학문과는 모든 게 달랐다. 데카르트는 수학이야말로 진리에 이르는 유일한 길이라고 생각하기 시작한다. 데카르트가 수학에 빠진 일은 훗날 그의 철학 체계에서 '명증성明證性 Clarity and Distinctness'을 최우선 가치로 삼는 데 큰 영향을 미친다.

데카르트의 아버지는 그를 법률가로 키우려고 한다. 라 플레슈를 졸업한 데카르트는 대서양과 면한 푸아티에 대학교에서 법학을 공부하고 1616년, 학위를 받는다. 아버지의 뜻에 따른 학위였지만, 그는 이내 법학은 자신이 갈 길이 아니라는 확신을 깨닫는다. 데카르트는 세상을 많이 여행하고 탐험하는 일이 자신의 불완전한 지식 체계를 성장시킬 수 있다고 판단했다. 세상 구경을 위해 청년 데카르트가 택한 인생은 군인의 길이었다. 1618년 네덜란드 명문 집안인 오라니에 가문의 군대에 들어갔고 1620년엔 프라하 전투에도 참전한다. 군에서 자주 명상에 잠긴 그는 훗날 자신의 철학 사상인 방법론의 기초가 되는 많은 것들을 터득했다.

군 생활 중이던 1619년 11월, 데카르트는 인생의 전환점이 되는 세 가지 꿈을 꾼다. 이 꿈들은 그에게 '모든 지식을 수학적 방법으로 통일해야 한다'는 강렬한 영감을 주었다. 세 가지 꿈은 데카르트에게 수학적 방법으로 통일된 지식이야말로 인류가 직면한 모든 문제에 명쾌한 답을 준다는 확신을 선사한다. 이 꿈 이야기는 데카르트의 저서에서 직접 언급되지는 않는다. 다만 데카르트의 전기 작가(한 개인의 생애와 활동, 업적 따위를 작품으로 쓰는 사람)인 아드리앙 바이예^{Adrien Baillet}의 기록을 통해 찾아볼 수 있다.

데카르트는 군에서 나온 뒤 1628년부터 21년 동안 네덜란드로 가서 철학자, 지식인들과 폭넓은 교류와 소통을 했다. 이후 많은 책을 쓰기 시작하는데, 『정신 지도를 위한 규칙』, 『방법서설』, 『성찰』과 같은 위대한 저서들을 연이어 출간한다. 데카르트의 세 가지 꿈은 단순한 환상이나 체험에 의미 부여를 한 것이 아니다. 데카르트의 내면에서 끓어오르던 지적 갈증과 시대적 고민이 응축되어 표출된 상징적 결과물이다. 동시에 데카르트의 철학을 이해하는 데 있어 중요한 전환점으로 평가된다.

『정신 지도를 위한 규칙^{Regulae ad Directionem Ingenii}』은 미완성 책이다. 다만 주목해야 할 사실은 데카르트가 이 도서를 통해 자신의 철학 사상이 된 방법론적 탐구를 시작했다는 점이다. 그는 복잡한 문제를 단순한 부분으로 나누고, 명백하게 증명 가능한 것에서부터 분명하지 않은 것으로 나아가는 분석적 방법의 중요성을 강조하기 시작했다. 중요한 철학 개념도 이때 등장한다.

먼저 '회의^{Skepticism}'를 체계화한다. 데카르트가 세운 회의는 자신이 믿는 바의 진실성 여부에 대해서 의심하는 체계적인 방법으로, 철학의 특징적인 방법으로 발전한다. 기존 지식에 대한 의심을 단순히 무지로 여기는 게 아니라 진리에 도달하기 위한 하나의 방법으로 활용하게 된다.

그리고 '보편 수학Mathesis Universalis'이라는 학문을 구상한다. 이는 특정 학문에 국한되지 않고 모든 지식을 다룰 수 있는 하나의 학문을 의미한다. 다시 말해서 모든 문제는 동일하고 보편적인 수학적 방법으로 해결할 수 있다는 생각이다. 보편 수학은 현대에는 '해석 기하학'으로 불린다. 그는 또한 진리에 도달하는 두 가지 주요 방법을 '직관Intuition'과 '연역Deduction'으로 제시한다. 여기서 직관은 명징하고 확실하게 느낀 것을 뜻하고 연역은 확실한 전제에서 출발해 논리적으로 결론을 도출하는 일을 의미한다.

1643년 데카르트의 철학적 성찰은 기존 네덜란드 철학계와 신학계의 기반을 흔들었고 공공연한 비난을 샀다. 그러나 당시 스웨덴의 크리스티나 여왕은 이 철인의 가치를 알아보고는 1649년 데카르트를 자신의 스승으로 모시기 위해 스톡홀름으로 초청한다. 그러나 데카르트는 안타깝게도 그곳에서 오래 머물지 못한 채 1650년 2월, 폐렴으로 세상을 떠난다.

나는 생각한다, 고로 존재한다

데카르트는 군인 시절부터 명상을 지속한 끝에 철학의 출발점이 되는 첫 번째 원리를 발견한다. '모든 것을 의심할 수 있고 일체가 허위라고 생각할 수 있어도 그렇게 의심하고 생각하는 우리의 존재 자체는 의심할 수 없다'라는 명제가 그것이다. 라틴어로 '코기토 에고 숨 Cogito, ergo sum'인 이 말을 한 번 이상 들어본 사람들이 많다. 나는 생각하기 때문에 존재한다는 삼단논법으로서의 명제가 아니다. '나는 생각한다'는 말에 '나는 존재한다'는 의미가 내포된 것이자 서로 직관적으로 연결된 것이다. 여기서 '생각'과 '의심'은 똑같은 가치이다.

데카르트는 철학사에 길이 남은 저서 『방법서설 Discourse of the Method 』을 통해 철학의 방법과 학문의 방법에 대한 고찰의 결과를 자세히 안내한다.

그는 첫 번째 규칙이 가장 중요하다고 강조한다. 즉, 내가 아는 모든 것들을 일단 의심하고 회의하는 것에서 시작해야 한다고 말한다. 기존의 고전, 역사, 수학, 신학, 도덕, 철학을 무비판적으로 수용하지 말고 일단 회의부터 해야 한다. 그리하여 도무지 의심할 수 없는 지점에 도달했을 때, 그때가 바로 학문의 시작이라고 주장한다. 데카르트는 우리가 알고 있는 모든 것이 꿈과 환상에 불과하거나 우리를 지배하는 악한 세력에게 속고 있는 건 아닐까, 라는 일종의 가설까지 세워가며 의심하고 회의한다.

이렇게 모든 걸 의심하는 사이에도 내가 의심하고 있다는 것, 내가 이렇게 의심하면서 스스로 그것을 의식하고 있다는 것, 스스로 의식하는 '나'는 분명히 여기에 있다는 것, 바로 그것만큼은 더 이상 의심할 수 없을 뿐 아니라 가장 확실하게 알 수 있는 단순한 사실이라는 결

답은 언제나 서양 철학

론에 이른다.

그는 구체적으로 명증성의 규칙, 분해의 규칙, 종합의 규칙, 열거의 규칙이라는 이 네 가지 규칙으로 모든 것을 의심해서 참으로 신뢰할 수 있는 지식에 도달할 수 있다고 말한다.

'명증성의 규칙'이란 명시적으로 참이라 판명된 것 외에는 그 무엇도 참으로 받아들이지 말라는 규칙이다. 우리의 속단과 편견이 진리에 도달하는 일을 방해한다고 본다. '분해의 규칙'은 어려운 문제들을 잘 풀 수 있도록 가능한 한 작은 부분으로 나눠서 의심하고 분석하라는 것이다. '종합의 규칙'은 계단을 오르듯 가장 단순하고 알기 쉬운 대상에서 시작해 차곡차곡 단계를 올려 가장 복잡한 문제들까지 인식하고 공부해 진리에 도달하라는 것이다. 순서가 없는 대상들도 순서를 정해 나아가라고 독려한다. 그래야 의심을 놓치지 않고 진리에 이를 수 있다고 말한다. 마지막으로 '열거의 규칙'은 아무것도 빠뜨리지 않았다는 확신이 들 때까지 완벽한 열거와 늘 어느 상황에서나 전반적인 검사를 행해야 한다는 것이다.

데카르트는 참으로 판명 나 완전히 신뢰해도 되는 지식을 얻기 위해서 이와 같은 방법으로 탐구해야 한다고 주장했다. 이전 시대 사람들은 탐구의 대상에 따라 각기 다른 방법을 적용해야 한다고 봤지만, 데카르는 대상이 다르더라도 반드시 이 방법을 적용해야 한다고 강조했다.

데카르트가 쓴 『방법서설』은 크게 '방법', '형이상학', '자연학', 세 편으로 나뉜다. '형이상학' 편에서 그 유명한 '방법적 회의 ^{方法的 懷疑, methodical} doubt'가 등장하고 '나', '신^神'의 가치와 의미도 자세히 서술해 놓았다. 한마디로 데카르트는 의심과 회의에서 출발해 결국 신의 존재를 증명하는 철학의 고리를 완성한 철인이다.

데카르트는 다음과 같은 업적을 남긴다.

중세의 몰락에도 불구하고 여전히 힘을 발휘하던 스콜라 철학에 대한 제대로 된 비판이 가능해졌다. 또한 기존 상식과 전통, 오랜 시간 인정받아온 지식조차 맹목적으로 받아들이지 말고 의심이 필요하고, 의심이라는 행위가 얼마나 중요한 가치인지 알려주었다. 데카르트의 철학 덕분에 개인의 주관적 편견을 구분할 수 있게 되었다. 무엇보다도 전제나 가설을 의심하고 오류를 발견할 수 있는 문화가 형성되었다. 오랜 기간 권위로 인정받은 전통과 관습은 시공간을 초월한 소수의 진리를 제외하고는 모두 오류가 있을 수 있으며 아무런 변화 없이 그대로 전승할 가치는 아니라는 인식을 심어줬다. 한 마디로 틀을 깨고 궤도 밖에서 생각할 수 있도록 이끌었다.

데카르트는 연역법에 새 생명을 불어넣은 사람이기도 하다. 앞서 이야기했듯 귀납법은 개별적인 사건을 종합하고 경험에 근거해 일반적이고 보편적인 진리를 추론하는 방법이다. 개개의 사건을 관찰하거나 실험하는 일은 비교적 정확한 지식을 가져다주긴 하지만 그렇게 해서 얻는 지식이 너무나 귀하고 적다. 따라서 보편적이고 일반적인 진리로 나아가기까지 험난하다. 따라서 데카르트는 귀납법을 배척한다. 그는 심지어 수학적 진리마저 의심할 여지가 있다고 보았다.

지식에 다가가는 방법론을 개척하고 기존의 패러다임을 바꾼 철학의 공로를 높이 사, 앞서 말했듯 '현대 철학의 아버지'라는 멋진 칭호가 주어졌다. 거기에 더해 데카르트에게는 '마지막 중세인이자 최초의 근대인'이라는 별명도 따라다닌다. 그의 철학은 무작정 의심하는 일보다는 의심하는 방법과 과정이 더 중요하다는 걸 보여준다. 그리고 그와 같은 여정 속에 보편적 철학이 존재하고 진리에 다가서려는 인간의 참되고 아름다운 모습이 존재한다는 사실을 알린다.

오늘날 수많은 분야에서 실험실의 작은 결과와 얕은 지식들이 마치 영구불변의 진리인 양 미화되고는 한다. 이를 보면 데카르트의 방법적 회의는 학문과 연구를 하는 데 있어 당시는 물론 현대 사회에서도 심중한 의미로 존재한다는 걸 계속 생각하게 된다.

스스로 선택한 고행

근대 철학을 주도한 데카르트는 인간이 생각하는 존재라는 것에서 의미를 발견한다. 그리고 이를 통해 진리에 다가가는 방법론을 제시했다. 신 중심의 세계에서 자아는 회의를 거듭하며 인간으로서 어떻게 존재 가치를 가질 것인지, 어떻게 앎의 본질로 다가갈 것인지를 알게 된다. 유럽은 데카르트 철학이라는 하나의 커다란 산맥을 형성했고 20세기까지 그 흐름을 이어갔다. 이로 인해 근대 철학의 뿌리를 데카르트로 보는 시각도 있다.

그런데 훗날 등장하는 또 한명의 철학자, 헤겔이 데카르트만큼이나 높이 평가한 위대한 근대 철학자가 있다. 바로 스피노자다. 스피노자를 향한 헤겔의 인식은 다음 한 마디에 녹아있다.

답은 언제나 서양 철학

모든 근대 철학자는 스피노자주의자이거나 아니면 아예 철학자가 아니거나 둘 중 하나다.

러셀은 한 걸음 더 나아갔다.

스피노자는 위대한 철학자로, 고결하고 사랑받을 만한 인물이다.
지적으로 스피노자를 능가한 철학자는 몇몇 있었지만, 윤리적으로 스피노자는 최고 수준에 도달했다.

스피노자Baruch Spinosa, 1632~1677는 길지 않은 삶을 살았다. 사는 동안에도 핍박받고 궁핍했지만, 사후 100년까지도 사악한 인물로 여겨졌다. 바로 그의 철학 때문에.

스피노자는 네덜란드 암스테르담의 부유한 유대인 가정에서 태어났다. 아버지는 아들을 유대교 랍비로 만들기 위해 어릴 때부터 히브리어와 유대교 경전을 공부하게 했다. 그러나 아들은 코페르니쿠스와 데카르트의 철학에 깊이 빠졌다.

결국, 유대인 부잣집 아들로서의 안락한 길을 버리고 전통 유대교 대신 자유를 선택했다. 스피노자는 유대인들에게 민족과 가문의 종교를 등진 괘씸한 무신론자이자 사악한 이방인이란 낙인이 찍혔다. 가문에서 파문돼 쫓겨났고 부친의 많은 재산을 상속받는 것도 포기해야만 했다. 그는 마흔다섯 젊은 나이에 생을 마감할 때까지 유리를 깎아

스피노자의 376번째 생일을 기념하여 세워진 동상으로, 스피노자가 태어난 장소 근처에 있다. 동상 옆의 정이십면체는 렌즈 세공사로서 렌즈를 깎고 다듬는 일을 했던 스피노자의 직업과 그의 철학적 사고를 상징한다. 받침대에는 스피노자의 명언 "국가의 목적은 자유다"가 새겨져 있다.
니콜라스 딩스, 『스피노자 기념비』, 2008년, 네덜란드 암스테르담 시청 근처, © Shutterstock

서 렌즈를 만드는 일로 생계를 이어갔다. 일찍 생을 마감한 까닭은 오랜 세월 유리를 깎는 과정에서 발생했는데, 바로 유리 먼지를 마시면서 생긴 폐 질환 때문이었다.

 스피노자는 그가 속한 사회와 가정에서 추방당했지만, 자신의 선택을 후회하지 않았다. 스피노자의 철학은 당시로서는 정말 혁명적이었다. 스피노자는 신은 곧 '자연'이라고 말했다. 저 멀리 하늘 위에서 인간을 심판하고 상벌을 주관하는 초월적인 존재가 아닌 지금 우리를 둘러싼 이 세상, 즉 자연 그 자체를 신으로 보았다. 우주를 움직이는

답은 언제나 서양 철학

법칙과 질서가 바로 신의 본질이라고 주장한다. 세상에 존재하는 모든 것, 떨어지는 돌멩이 하나에서부터 복잡한 인간의 마음까지도 거대한 자연이라는 신의 일부라고 생각했다. 이러한 그의 생각은 당시 종교계에 큰 충격을 주었고, 그는 자신이 속한 공동체에서 파문당하는 아픔을 겪는다.

또한 그는 신은 자연이자 곧 '자유'라고 보았다. 신은 세계를 움직이는 존재이자 다른 어떤 것에도 의존하지 않는 존재이기 때문이다. 스피노자가 자유이자 자연으로 정의한 신은 무질서가 아닌 가장 정확한 법칙에 따라 움직이는 존재이기도 했다. 스피노자는 자연 현상이 어떤 법칙에 따라 움직인다고 보았기 때문이다. 그는 인간의 정신 또한 자연 현상과 같이 어떤 법칙에 따라 움직인다고 생각했다.

스피노자의 자유는 그의 사후 출판된 『윤리학Ethica』에 자세히 나온다. 스피노자는 유대교를 탈퇴했고 인간 위의 신, 예수를 중심에 둔 기독교를 부정했다. 신에 대한 스피노자의 핵심 사고는 『윤리학』에 등장하는 다음의 한 문장에 온전히 담겨 있다. "신은 우주와 자연, 즉 세계 전체이다. 모든 것에는 원인이 있다. 신이 만물의 원인이라면, 신도 어떤 원인에 의해 만들어졌을 것이다. 그러므로 원인에 따른 창조주로서의 신은 거짓이며 그런 신은 없다".

스피노자에 따르면 신은 원인을 물을 수 없는 우주 전체이자 세계 전체를 의미한다. 이처럼 우주 전체가 신인데 기독교는 인격신을 만들었고 성서에 나오는 이야기들은 과학적으로 오류임이 증명되었기에 기독교는 잘못된 종교라고 생각했다. 계속해서 스피노자는 이렇게 주장한다. "우주 전체에는 질서가 있다. 그 질서가 바로 신이다. 인간의 마음에도 신이 있다. 인간이 가진 여러 특성 중에 신과 가장 비슷한 게 있다면 지성이다. 인간은 물리적으로 우주의 끝에 닿을 수는 없지만, 사유를 통해 우주의 시작과 끝에 갈 수 있다". 이 사유할 수 있는 능력과 지성을 갖춰야만 인간은 비로소 자유로워진다는 게 스피노자의 판단이었다.

데카르트와 스피노자의 차이는 이 지점에서 드러난다. 데카르트는 세 가지 실체를 인정했다. 바로 신과 정신, 물질이다. 데카르트는 신을 실체로 인식했으며 나아가 정신과 물질보다 근원적인 실체로 해석했다. 그는 신을 정신과 물질을 창조했으며 정신과 물질을 없애는 권능도 가진 존재로 여겼기 때문이다. 창조주로서의 신, 기독교 세계관과 궤를 같이한 견해였다.

그러나 신을 우주와 자연인 동시에 세계 전체로 인식한 스피노자는 기독교적 사고와 세계관의 틀에서 벗어나 신을 바라본 것이다. 인간의 마음에는 무한한 자유가 살아 숨 쉰다. 그렇기에 인간은 사유를 통해 우주 어디든 자유롭게 갈 수 있다. 이와 같은 스피노자의 자유와 신의 의미는 서로 맞닿아 있다. 또한 그는 인격을 가진 신인 예수를 부정한다. 스피노자의 철학은 유일신 하나님을 만물의 창조주로 받드는 헤브라이즘, 즉 유대인들의 정서에서 보면 이단이자 사악함 그 자체였다. 그가 기독교계에서 추방당하고 사후 100년이 지나는 시점까지 거론조차 해서는 안 될 악한 인물로 평가받은 이유가 바로 여기에 있다.

"내일 지구의 종말이 온다 해도 나는 오늘 한 그루의 사과나무를 심겠다."

흔히 스피노자가 한 말로 알려진 명언이다. 결론부터 말하자면 이 말을 스피노자가 했다는 근거와 기록은 그 어디에도 없다. 종교개혁을 이끈 마틴 루터가 한 말이라는 설도 있지만, 이 또한 근거가 없다. 다만 스피노자의 철학을 깊이 있게 이해하고 나면 이 명언의 진정한 의미가 와 닿는다. 인간의 마음에 있는 무한한 자유의 정신으로 세상의 종말이 오는 시점까지도 심지 굳게 자신이 가고자 하는 길을 걸어가야 한다는 뜻에서. 자연을 이해하면 자유를 얻게 된다. 이를 깨닫고 지금 당장 내가 할 수 있는 최선의 길, 사과나무를 심는 일이든 청소를 하는 일이든, 무엇이든 유의미한 행동을 해야 한다. 스피노자의 세계관과 이 명언은 일맥상통한다.

스피노자의 자유는 동양 철학에 나오는 장자의 자유^{自由}와도 상응한다. 장자는 자유를 '배움을 통해 진정으로 깨달음을 얻는 경지'로 보았다. 장자의 〈소요유^{逍遙遊}〉 편에 나오는 붕새 이야기는 동양 철학에서 매우 유명한 대목이다.

중국의 전설 속 새인 붕새는 날갯짓 한 번으로 9만 리를 오른다고 한다. 9만 리라고 하면 감이 잘 안 오는데 달리 말하면 지구 둘레의 3배를 의미한다. 또 붕새는 쉬지 않고 무려 6개월을 날 수 있다고 한다. 어느 날 매미와 비둘기가 붕새를 보고 비웃으며 이렇게 말했다고 한다. "(우리는) 온 힘을 다해 날아도 겨우 박달나무의 가지에 다다르거나 그것도 때로는 이르지 못하고 바닥에 떨어지건만, 무슨 이유로 붕새는 9만 리나 솟구쳐 남쪽으로 가는 걸까?" 즉, 붕새를 이해하지 못하고 쓸데없는 짓을 한다고 생각한 것이다.

"근교의 들판에 가는 사람은 세 끼 먹을 음식만 가지고 가도 집에 돌아올 때까지 배가 부르겠지만 천 리 길을 가는 사람은 석 달 전부터 식량을 준비해야 하니, 이 벌레와 새가 무엇을 알겠는가?"

매미와 비둘기를 향한 붕새의 대답이다. 우주를 유영하는 붕새와 고작 박달나무가 한계인 매미와 비둘기는 그릇과 포부가 큰 사람이 되어야 한다는 메시지를 담고 있다. 또한 그릇이 큰 사람을 이해하기 위해서는 우리 스스로 붕새가 되어야 한다는 뜻이다. 장자가 붕새 이야기에 담은 더 깊고 진정한 의미는 다음과 같다. 현실에 국한되지 않는 사고를 지향하고, 현실을 초월해 여유롭고 자유로운 마음을 가져야 한다.

장자는 우리 인간이 붕을 비웃는 매미나 비둘기와 같다고 애석해한다. 인간이 진짜 자유를 얻지 못하는 까닭도 거기에 있다고 말한다. 우리는 흔히 편협한 지식이나 속 좁은 마음의 틀에 갇혀 타인을 온전히 이해하려 시도하지도 않고 비판하고는 한다. 우리의 이런 모습은 바로 장자가 말한 자유의 경지에 이르지 못하는 전형적인 인간의 모습이다. 장자는 편협한 잣대와 인식의 오류, 속 좁은 마음에서 벗어나는

답은 언제나 서양 철학

것을 자유라고 했다.

스피노자는 필생의 역작인 『에티카』를 1675년에 완성했으나 유대인 사회에서 추방당한 신분이었기 때문에 출간할 수 없었다. 유대인 거부의 아들로 태어났지만 창조주 하나님이 세상을 만들었다는 당시로썬 절대적 진리나 다름없었던 기독교 세계관을 부정한 스피노자. 그러한 인식의 밑바탕에는 로마 가톨릭과 예수회로 상징되는 기독교의 일그러진 모습 탓도 있었다. 그가 살았던 시대의 환경으로 볼 때 자칫 잘못하다가는 생명의 위협까지 받을 만한 혁명적 세계관이었음에도 불구하고 자신의 신념을 꺾지 않은 용기가 대단하다. 어떤 어려움도 굴하지 않고 자신의 철학을 설파한 스피노자에게 한 차례 기회가 찾아온다. 독일 하이델베르크 대학교에서 교수직을 제안한 것이다. 하지만 그는 단호히 거절한다. 대학이 제도권 교육에 속해있을 수밖에 없는 기관이자 자신의 철학을 마음껏 펼칠 수 없는 공간이라고 생각했기 때문이다. 무엇보다도 그는 하이델베르크 대학교도 기독교의 권위로부터 자유롭지 않다고 여겼다.

데카르트는 정신과 육체가 다르다는 이원론을 폈다. 스피노자는 이를 부정하고 일원론을 주장한다. 이원론은 세계, 인간, 물질, 사상 등을 독립적인 두 원리로 설명하는 이론이다. 반면 일원론은 그 이름에 걸맞게 세상의 모든 존재가 하나의 실재로 귀결된다는 관점이다. 그렇다면 왜 이원론에서 일원론으로 나아갔을까? 세계의 근본을 두 가지로 나누면, 그 둘이 어떻게 연결되는지 설명하는 데 어려움이 생긴다. 구체적으로 예를 들어보겠다. 데카르트가 말한 대로 정신과 육체가 서로 다르면 이 둘이 사람 안에서 각각 따로 놀기만 하고 결합되어 또 다른 무언가를 형성할 수 없다. 스피노자가 신이 곧 자연이자 자유라고 했듯이 일원론은 모든 것을 하나의 근본 원리에서 설명한다. 따라서 더 통일된 체계를 세울 수 있다.

스피노자의 사상은 훗날 등장하는 철학 중 하나인 독일의 관념론에 큰 영향을 미친다. 또 18세기, 계몽주의가 형성되는 씨앗이 되기도 한다. 동시에 이 시대에 광범위하게 퍼진 성서에 대한 비판 문화도 스피노자가 한 세기 앞서 초석을 세운 셈이다. 스피노자의 철학은 '신은 죽었다'고 선언한 니체의 생각과도 직접 맞닿아 있다. 열악한 환경에서 안경 렌즈 깎는 일로 생계를 유지하면서도 앞선 어떤 인물도 해내지 못한 세계관을 만든 스피노자는 우주 전체로서의 신, 자유의 총합으로서의 신을 설파하는 데 온힘을 기울였다. 또한 이 세상 모든 것은 시작에서 끝이 결정되어 있고 다만 우리는 그 과정을 배우며 따라갈 뿐이라는 결정론적 세계관을 주장한다.

20세기 철학자 질 들뢰즈 Gilles Deleuze, 1925~1995는 '스피노자는 철학의 왕자'라고 말한다. 우리가 기억해야 할 것은 스피노자 철학은 우주 전체의 거대한 법칙에 무게를 둔 철학이라는 사실이다.

답은 언제나 서양 철학

별보다 더 반짝이는 마음

우리는 왜 선하게 살아야 할까?

1724년의 어느 날, 독일 쾨니히스베르크에서 임마누엘 칸트 Immanuel Kant, 1724~1804가 태어난다. 쾨니히스베르크는 지금은 사라진 지명이다. 독일과 폴란드가 하나의 국가였던 옛 프로이센 시절, 중세시대부터 근대까지 프로이센의 수도가 바로 쾨니히스베르크이다. 제2차 세계 대전이 끝난 후, 포츠담 협상에서 이 도시는 독일도 폴란드도 아닌 소련으로 넘어갔다. 현재 이 도시의 이름은 칼리닌그라드다. 칼리닌그라드는 북쪽은 리투아니아, 남쪽은 폴란드, 서쪽은 발트해와 접하며 러시아 본토와는 떨어진 땅이다.

크리스토프 베첼, 『임마누엘 칸트』, 2000년, 독일 브란덴부르크-프로이센 박물관

제1차 세계 대전이 끝난 후, 칼리닌그라드는 독일과의 육로 연결이 끊어졌다. 또, 제2차 세계 대전 과정에서 영국군의 폭격으로 역사적인 건축물과 귀중한 문화재들이 파괴되고 만다. 전쟁이 끝난 후, 37만 명의 독일인들로 가득 찼던 이 도시의 인구는 무려 5만 명으로 줄어든다. 1945년 봄 무렵의 일이다. 그 뒤 1948년, 소련 정부는 남아 있는 독일인 모두를 완전히 추방하고 만다. 그리고 소련 붕괴 후, 칼리닌그라드는 러시아 본토와 떨어진 고립 지역이 된다.

답은 언제나 서양 철학

칸트는 평생을 이 역사적 도시에서만 살았다. 대학교도 이곳에서 나왔고 자신이 졸업한 쾨니히스베르크 대학교에서 생애 마지막까지 후학을 가르쳤다. 칸트가 산책을 통해 많은 깨달음을 얻은 장소도 이곳이다.

'서양 철학은 칸트 이전과 이후로 나뉜다'라는 말이 있을 만큼 뛰어난 명성을 자랑하는 칸트. 그는 인류에게 삶의 평생 지침을 가르쳐 주고 떠났다. 칸트의 또 다른 별명은 커다란 호수다. 유럽 대륙의 합리론과 영국의 경험론이 칸트라는 호수에 들어와 한데 녹은 후, 결국 '독일 관념론'으로 완성됐다는 면에서 그렇게 불린다.

'인식론認識論, epistemology, the theory of knowledge'을 쉽게 풀어쓰면 인간이 무엇을, 어떻게 인식하고 사는지 진중하게 고찰하는 철학이다. 인식론은 다시 합리주의와 경험주의로 나뉜다. 지식의 근원은 합리주의와 경험주의를 통해 얻을 수 있는데, 경험주의는 경험에서 지식이 온다고 보고 합리주의는 이성에 근거한다고 본다. 임마누엘 칸트는 데카르트와 스피노자, 라이프니츠로 이어지는 대륙의 합리론과 홉스와 로크, 흄으로 이어지는 영국의 경험론이라는 두 줄기의 인식론 가운데서 장점은 취하고 단점은 버려 비판적 인식론이라는 새로운 철학으로 완성한 인물이다.

칸트 철학의 본질로 다가가 깊은 지혜를 얻으려면 다양한 용어와 기본적인 이해가 필요하다. 그래서 본격적으로 칸트 철학의 문지방을 넘기 전에 꼭 먼저 알아야 할 주요 개념부터 짚어보고자 한다.

직관 없는 개념은 공허하고, 개념 없는 직관은 맹목적이다.

　철학을 잘 모르는 사람들조차 한 번 이상 들어본 칸트의 대표작『순수이성비판』에 나오는 말이다. 개념을 알아야 이해가 시작되고 답이 보이기 시작한다.

　먼저 '이성 理性, reason'이란 무엇인가? 우리가 익히 잘 아는 용어라고 생각할 수 있다. 그러나 막상 정의하려고 하면 쉽지 않다. 이성은 직관적으로 감성 또는 감정의 반대 개념이다. 또, 인간만이 가진 고유한 사고 능력을 표현할 때 쓰이기도 한다. 일반적으로 이성은 보고 들어서 아는 감각적인 능력의 대응하는 의미로, 개념을 먼저 이해한 뒤 그 바탕 위에서 하는 사유 思惟의 능력이다. '인간은 이성적 동물이다'라는 말은 바로 이런 뜻에서 나왔다.

　'직관 直觀, intuition'은 무엇인가? 사전적 정의는 '감각기관의 작용으로 직접 외계의 사물에 관한 구체적인 지식을 얻음'이다. 말이 단순하지는 않다. 칸트는 '대상이 부여하는 한계에서 생기는 것이 직관이며 대상이 없으면 직관이 탄생할 수 없다'라고 말했다. 쉽게 표현하자면 이렇다. 인간의 눈과 귀, 코 등의 기관을 통해 외부의 대상을 바라보는 순간 머리와 마음속에 생기는 정보가 바로 직관이다. 대상이 어떤 방식으로든 의식을 촉발하면 그 순간 직관이 가능하다. '감성 感性, sensibility'은 자극이나 자극의 변화를 느끼는 성질로, 직관을 가능하게 만드는 인간의 능력에 속한다.

직관은 우리 마음속에서 형태를 드러낸 대상을 받아들이는 능력이기도 하다. 대상은 감성을 통해 제일 먼저 우리에게 전달된다. 다시 말해서 감성이 우리에게 직관을 부여하는 셈이다.

'오성悟性, understanding'은 지성이나 사고의 능력을 의미한다. 또 감성이 전해 준 정보들을 바탕으로 대상을 새롭게 구성해내는 능력이다. 한마디로 다 이해한 상태, 혹은 이해하는 힘이다. 오성이 이뤄지면 다음 단계에서 대상에 대한 '개념槪念, concept'을 얻을 수 있다.

'순수이성'은 칸트 철학에서 사물을 올바르게 인식하는 인간의 능력으로, 경험과 독립적으로 작용하는 이성을 가리킨다. 정리하면 감성은 시공간 안에서 사물을 직관하고 오성은 '범주範疇, category'에 따라 사물을 이해하고 파악한다. 인간은 감성과 오성을 모두 거쳐 최종적으로 대상, 혹은 사물을 인식한다.

다시 풀어보자. 직관이란 감각기관을 바탕으로 어떤 대상을 직접적으로 파악하는 것이다. 반면 개념은 구체적인 것들을 일반화하여 만들어낸 지식 혹은 관념을 뜻한다. 만약 당신이 바퀴 네 개가 달려있고 엔진으로 움직이는 어떤 사물을 봤다고 하자. 당신이 그 사물을 보는 순간 직관이 이루어진다. 그리고 그 사물을 '자동차'로 이름 짓고 비슷한 사물을 모두 똑같이 명명하는 것은 개념을 부여하는 행위다. '직관 없는 개념'은 공허하다는 말이 있다. 이 말은 직접적인 관찰이나 경험 없이 개념만 갖고 있다면 그 개념은 텅 빈 것이나 마찬가지라는 뜻이다.

반대로 '개념 없는 직관'도 있을 수 있다. 1900년대 초반, 남미 오지

쾨니히스베르크 대성당. 원래는 프로이센 왕국의 수도이자 임마누엘 칸트의 고향인 쾨니히스베르크에 세워졌다. 현재 쾨니히스베르크의 지명은 러시아의 칼리닌그라드이며, 이 성당은 칼리닌그라드의 대표적인 관광 명소가 되었다. 칸트의 묘소가 성당 옆에 자리하고 있다. © Shutterstock

답은 언제나 서양 철학

의 원시 마을에 사는 사람들은 바퀴 네 개가 달려있고 엔진으로 움직이는 물체에 자동차라는 개념을 부여할 수가 없다. 바퀴 네 개 달린 물체 자체를 처음 보는 사람에게는 그 대상의 모든 게 낯설 뿐이다. 오성을 가질 수 없고 당연히 개념도 얻을 수 없다. 따라서 개념 없는 직관은 맹목적일 수밖에 없다.

칸트는 직관 없는 개념과 개념 없는 직관 모두 공허하게 여겼으며 이를 함께 지적하면서 둘을 아우르려고 했다. 직관 없는 개념은 대륙의 합리론이 지닌 한계를 비판하는 표현이다. 그리고 개념 없는 직관은 영국의 경험론이 지닌 한계를 비판하는 말로 둘 모두 칸트식 표현이다.

이제 '분석 판단'과 '종합 판단'의 차이를 알아보자. 분석 판단은 이미 알려진 내용을 바탕으로 대상을 확인하거나 분리하는 판단이다. 종합 판단은 경험과 이성을 결합해 새로운 사실을 도출하는 판단이다. 어떤 대상에 관한 새로운 정보의 여부와 참, 거짓의 여부가 그 둘을 구분한다.

먼저 '분석 판단'에 대해 알아보자. 이미 알려진 사실을 한 번 더 확인하는 것이며 새로운 정보나 지식이 추가되지 않는다는 점을 기억하면 된다

총각은 결혼하지 않은 남자다

이 문장에서 '총각'이라는 단어 안에는 이미 '결혼하지 않은 남자'라

는 뜻이 포함되어 있다. 즉 총각이란 단어의 의미를 사전적으로 풀어
낸 것일 뿐, 총각에 대한 기존 의미에서 벗어나 새로운 정보나 사실을
알려주는 게 없다.

"삼각형은 세 개의 각을 가진 도형이다" 혹은 "아버지는 남성 부모
이다"라는 문장도 주어 속에 이미 의미를 담고 있다. 이렇게 주어에
포함된 내용을 설명하는 문장은 '분석 판단'에 해당한다.

이번엔 이런 문장을 살펴보자.

이 책상은 무겁다

어제 서울에는 비가 내렸다

'책상'이라는 개념 자체에 무겁다는 특성이 반드시 포함되지는 않
는다. 세상에는 가벼운 책상도 있기 때문이다. 따라서 무겁다는 특성
은 '이 책상'에 새롭게 더해진 정보이자 사실이다. 이 문장을 통해 우
리는 이 책상만큼은 무겁다는 새로운 정보와 지식을 얻을 수 있다.
"어제 서울에는 비가 내렸다"라는 문장도 마찬가지다. 서울은 사계절
이 뚜렷한 도시로 맑은 날, 흐린 날, 비 오는 날, 눈 오는 날이 다양하
게 찾아올 수 있다. 이 문장은 어제, 서울은 비가 왔다는 특정하고 새
로운 정보를 던져준다. 이렇게 새로운 정보와 지식을 추가해 주는 문
장은 '종합 판단'에 해당한다.

이번엔 '선험적先驗的, a priori 판단'과 '후험적後驗的, a posteriori 판단'의 차

이를 알아보자. 선험적 판단은 경험 이전의 이성적 판단을 말한다. 후험적 판다는 경험에 기반한 판단이다. 앞서 종합 판단의 예로 제시한 "이 책상은 무겁다"라는 문장으로 잠깐 돌아가 보자. 해당 책상을 직접 움직여봐야 무거운지 가벼운지를 알 수 있다. 이렇게 반드시 경험을 해봐야 알 수 있는 걸 후험적 판단이라 한다. 바꿔 말해서 오감으로 관찰하는 일이 됐든 뭐가 됐든 직접 경험하는 일이 필수적이며 경험을 한 후에야 참인지 거짓인지를 알 수 있는 판단이다. 따라서 대부분의 종합 판단은 후험적 판단이다.

후험적 종합 판단은 경험이나 관찰을 통해 얻은 정보를 바탕으로, 새로운 지식이나 결론을 도출하는 판단이다. 후험적 종합 판단의 반대편엔 어떤 개념이 있을까? "총각은 결혼하지 않은 남자다"라는 문장을 접한 사람은 경험과 무관하게 그것이 보편적이고 필연적으로 참이라는 사실을 알 수 있다. 이성적으로 판단이 가능하다. 세상 모든 총각을 만나서 한 명 한 명, 결혼했는지 안했는지 물어보는 경험을 굳이 하지 않아도 '총각'이라는 단어와 '결혼하지 않은 남자'는 같은 뜻임을 누구나 알 수 있다. 이렇게 경험하지 않아도 참이라는 사실이 확인 가능한 분석 판단은 선험적 판단에 해당한다.

결론적으로 모든 분석 판단은 선험적이다. 따라서 이를 '분석적 선험 판단'이라고 부른다. 분석적 선험 판단은 경험과 무관하게 항상 참이며, 주어 개념 안에 서술어 개념이 이미 포함된 판단이다. 칸트 이전 철학자들은 판단에는 후험적 종합 판단과 선험적 분석 판단 두 가지

밖에 없다고 생각했다.

　여기서 칸트가 놀라운 의문을 던진 것이다. 그는 이 세상에 '선험적 종합 판단'도 존재한다고 주장했다. 칸트는 주장의 근거로 수학과 과학의 근본 원리를 이야기한다. 선험적 종합 판단은 경험 없이 알 수 있는 판단인 한편, 새로운 정보까지 추가로 준다. 다음과 같은 간단한 수학의 덧셈 문장을 살펴보자.

7 + 5 = 12이다

　이 문장은 종합 판단이다. 왜 종합 판단일까? '12'라는 개념은 '7'이나 '5' 또는 '더하기'라는 개념 속에 포함돼 있지 않기 때문이다. 7과 5를 더하는 '종합적' 사고 과정을 거쳐야 '12'라는 새로운 결론에 도달하는 경우다. 지식이 확장된 것이다.

　그런데 이 문장은 선험적이기도 하다. 우리는 사과 일곱 개와 다섯 개를 매번 모아서 세지 않아도 그것이 열두 개임을 안다. 경험과 무관한 이성의 원리가 작동되기 때문이다.

　"모든 사건에는 원인이 있다"라는 문장을 살펴보자. 이는 종합 판단으로 다가온다. '사건'이라는 개념 속에 '원인'이라는 개념이 반드시 들어있지는 않기 때문이다. 원인이 있다는 건 사건이라는 개념에 덧붙여진 새로운 정보다. 그런데 이 문장은 선험적이기도 하다. 왜 선험적일까? 우리는 세상의 모든 사건을 경험해 보지 않았지만, 어떤 사건을 마주하면 이 사건이 일어난 이유가 무엇일까?, 생각한다. 우리는 인생을 살며 세상을 이해하는 틀로 경험 이전에 이미 '원인이 있어야 결과가 나오는' 일종의 인과법칙을 사용해 왔기 때문이다.

칸트는 이 지점에서 결론적으로 "우리가 어떻게 경험도 없이 새로운 지식(종합적 선험 판단)을 알 수 있을까?"라는 질문을 던졌다. 그리고 그 답을 다음과 같이 제시한다. "우리 이성 안에 시간, 공간, 인과관계와 같은 선험적인 인식의 틀이 이미 갖춰져 있기 때문이다".

영국 중심의 경험론과 데카르트에게서 시작된 대륙 중심의 합리론 모두 타당한 측면이 있지만 둘 모두 분명한 약점을 지니고 있다. 칸트는 이러한 사실에 주목했고, 이는 칸트가 선험적 종합 판단이라는 개념을 제시한 배경이 되었다. 기존의 합리론으로 얻는 지식은 항상 옳지만, 새로운 지식을 얻을 수는 없다. 경험론으로는 새로운 지식을 얻을 수 있지만, 그 지식이 항상 옳다고 할 수 없다. 칸트는 바로 이러한 이유에서 선험적 종합 판단이 필요하다고 생각했다. 칸트는 선험적 종합 판단이야말로 항상 옳으면서도 새로운 지식을 탄생시키는 판단이며, 이 판단이 가능할 때 지적 성장을 이룰 수 있고 세상에 대한 종합적인 이해도 가능하다고 보았다.

이성, 직관, 감성, 오성, 분석 판단, 종합 판단, 선험적 판단, 후험적 판단 등의 용어가 지닌 의미를 하나하나 살펴보았다. 칸트 철학을 아는 데 필요한 다음 개념은 '범주範周, Category'다.

테이블 위에 한 개의 사과가 놓여 있다고 생각해 보자. 대개 "둥근 사과가 여기 있네" 혹은 "사과가 한 개 있네", "빨갛고 맛있어 보인다!" 와 같이 생각할 것이다. 혹자는 사과의 맛을 바로 연상해 입안에 침이 고일 수도 있다. 우리는 사과를 보면서 둥글다는 이미지, 개수가 하나 라는 생각, 맛이 좋을 거라는 생각, 먹고 싶다는 생각 등을 할 확률이 높다. 사과를 보면서 갖는 인식이다. 사람은 누구나 인식이 가능한 존 재고, 저마다 인식의 형식을 지니고 있다. 칸트는 이러한 인식의 형식 을 범주라고 규정한다. 또한 인식은 과정별로 이루어진다. 인식의 과 정은 사람이 경험을 통해 들어온 현상을 판단하는 단계다.

칸트는 인간이 세계를 인식하는 형식으로 시간과 공간 그리고 총 열두 가지의 범주를 제시한다. 열두 범주는 먼저 '하나', '복수', '전체' 의 3개가 묶인 양量이 있다. 그리고 '긍정', '부정', '제한' 3개가 묶인 성 질性質이 있다. 다음으로 '본질', '원인', '공통' 이 세 가지의 관계關係가 있다. 마지막으로 '가능', '존재', '필연'이라는 양상樣相이 있다. 칸트는 이렇게 12범주를 크게 네 가지 관점으로 분류한다. 그리고 인간이라 면 누구나 자연스럽게 시간과 공간을 인식하고 열두 개의 범주를 통해 세계를 분석한다고 보았다. 이때 분석을 도와주는 것이 바로 경험이 다. 칸트는 '지식은 시간과 공간, 범주에 따라 종합된 것'이라는 결론 을 내린다.

지금까지 칸트 철학을 이해하는 데 열쇠가 될 주요 용어의 의미와 개념을 짚어보았다. 이제부터 칸트는 왜, 무엇을, 어떻게 생각하고 말 하려 했는지 하나씩 구체적으로 살펴보고자 한다.

도대체 칸트의 철학과 사상이 어떤 절대적이고 독창적인 내용과 가치를 담고 있기에 당대는 물론 250년이 지난 오늘날까지 끊임없이 거론되고 애독되고 있는지 한번 알아보자. 이를 위해 우리는 칸트 철학의 정수가 담긴 명작『순수이성비판』으로 나아가야 한다.

그걸 위해 우리는 칸트 철학의 정수인 3대 비판의 세계에 다가가야 한다.

순수이성비판

1781년은 서양 지성사의 한 획을 긋는 해로 꼽힌다. 임마누엘 칸트의『순수이성비판Critique of Pure Reason』이 출간된 해이기 때문이다. 칸트는 루소의 책들을 탐독했는데 그중에서도『에밀』은 그에게 큰 충격을 준 명저였다. 칸트는 매우 규칙적인 생활을 한 사람으로도 유명하다. 그는 매일 정해진 시간, 오후 3시 30분에 똑같은 길을 산책했고 쾨니히스베르크 동네 사람들은 칸트가 산책하는 모습을 보면서 시간을 알 수 있었다고 한다.

그런 칸트가 평생 단 두 차례 산책 시간을 놓친 적이 있는데, 그중 한 번이『에밀』을 읽느라 시간 가는 줄 몰랐을 때다. 다른 한 번은 1789년 프랑스에서 혁명이 발발했다는 소식을 듣고는 혁명 관련 뉴스를 조금이라도 빨리 알기 위해 산책을 거르고 신문이 배달되는 곳으로 달려간 날이었다고 한다. 칸트는 『에밀』을 읽으면서 인간의 존엄성에 대해 새로운 자각을 하게 되었다고 술회했다. 또한 도덕의 근원에 대한 통찰도 그 책을 통해 얻었다고 말한다.

『순수이성비판』을 통해 칸트는 무엇을 말하려고 했을까?

먼저 칸트는 대체 왜 이 책을 썼을까 하는 의문부터 풀어보자. 칸트가 살던 시대, 철학계는 경험론과 합리론이라는 두 거인이 팽팽하게 맞서고 있었다. 합리론Rationalism은 "지식은 오직 '이성'을 통해서만 얻을 수 있고 '경험'은 우리를 속일 수 있다"라는 문장으로 압축된다. 데카르트가 합리론의 원류다. 경험론Empiricism은 "오직 '경험'을 통해서만 지식을 얻을 수 있다. 인간은 백지 상태로 태어난다"라는 문장으로 요약된다. 영국의 흄이 대표 주자다.

합리론과 경험론의 싸움은 끝이 나지 않았고, 특히 경험론자인 데이비드 흄은 이성이나 경험 모두 확실한 근거를 가질 수 없으며 인간의 인식은 제한적임을 강조했다. 흄은 한 걸음 더 나아가 "인과관계 같은 것도 실은 인간이 반복적으로 느껴서 생긴 습관일 뿐이며, 그것이 세상에 반드시 존재한다는 보장은 없다"라는 파격적인 주장까지 편다. 만약 흄의 주장이 맞다면 인과법칙은 물론 실험 결과를 통해 드러난 과학 법칙조차도 단순한 습관에 불과할 수도 있다. 뉴턴의 물리학도 수학의 확실성도 모두 무너질 수 있다는 이야기다.

흄의 이 주장에 칸트는 큰 충격을 받는다. 동시에 인식의 한계를 성찰하기 시작한다. 칸트는 "흄이 독단의 잠에서 깨어나게 했다"고 고

답은 언제나 서양 철학

백한다. 칸트는 "경험에만 의존하지 않으면서도 세상에 대해 뭔가 확실하게 알 방법은 없을까?"라고 생각하다가 "인간 이성이 확실히 알 수 있는 영역과 알 수 없는 영역의 경계선을 명확하게 긋는 게 좋겠다"라는 지점으로 나아간다. 이것이 바로 『순수이성비판』을 쓰게 된 동기다.

책은 제목 그대로 '순수이성'을 '비판'하는 내용이다. 경험과 뒤섞이지 않은 순수한 이성 그 자체를 해부해서 과연 이성이 무엇을 할 수 있고, 무엇을 할 수 없는지, 그 한계를 명백히 밝히겠다는 목표로 집필했다. 달리 말하면 지식을 획득하기 위해 합리론의 허점과 경험론의 오류를 모두 극복한 새로운 방법론을 제시하고자 하는 목표로 『순수이성비판』을 썼다.

우리는 세상을 볼 때, 대상을 있는 그대로 인식하고 받아들이는 것이 옳은지 아니면 대상을 우리의 인식 틀에 넣고 받아들이는 게 옳은지 헷갈린다. 칸트 이전의 사회에서는 대상을 있는 그대로 바라보는 게 대세였다. 그러나 칸트는 대전환을 이루어낸다. 즉, 대상(세상)을 우리의 인식 틀에 맞춰서 봐야한다는 관점을 세운다. 옛날 사람들이 지구가 중심이고 태양이 지구 주위를 돈다고 생각했지만, 코페르니쿠스가 태양이 중심이고 지구가 태양 주위를 돈다고 관점을 바꾼 것처럼, 칸트도 인식의 중심을 대상에서 주체인 인간으로 옮겨온 것이다.

지금 검은색 선글라스를 꼈다고 생각해 보자. 두 눈에 비친 세상은 온통 어둡게 보일 것이다. 이로 인해 '세상은 원래 검은색이다'라고 말할 수는 없다. 그게 아니라 '검은 선글라스를 끼고 있어서 세상이 어둡게 보인다'는 게 바로 칸트의 사고방식이다. 여기서 '검은 선글라스'는 인간에게 미리 장착된 '인식의 틀'이다.

이어서 칸트는 인간의 마음을 '인식 공장'에 비유한다. 그는 인식 공장이 돌아가는 원리와 과정을 세 단계로 나눠 분석했다. 첫 번째는 재료를 받아들이는 단계로, 인간은 '선험적 감성론'을 통해 재료를 얻을 수 있다. 여기서 선험적 감성론이란 경험 이전의 인식 조건인 시간과 공간이 인간의 인식 능력에 미치는 영향을 설명하는 이론으로 칸트 철학의 핵심 사상이다.

공장이 돌아가기 시작하면 외부에서 원재료를 받아야 한다. 이와 같이 인식의 원재료도 필요한데, 인식의 원재료는 오감을 통한 데이터의 총합이다. 이 데이터는 그냥 마구잡이로 들어오는 게 아니라 반드시 '시간'과 '공간'이라는 두 개의 틀을 거쳐서 들어온다. 이 시간과 공간은 인간이 벗을 수 없는 '검은 선글라스'라는 틀이다. 인간은 시간과 공간이라는 형식 없이 그 어떤 것도 경험할 수 없다. 예를 들어 '공간을 차지하지 않는 사과'나 '시간의 흐름 속에 있지 않은 사건'은 상상할 수 없다.

시간과 공간은 세상에 원래부터 존재하는 게 아니다. 경험에 앞서 우리에게 주어진 형식이기 때문에 수학이라는 학문이 보편타당한 지식이 된다. 또한 수학은 크게 산수와 기하로 나눌 수 있는데 산수를 시간, 기하를 공간으로 인식하면 옳다.

두 번째 단계는 선험적 분석론으로 재료를 가공하고 정리하는 단계다. 시간과 공간이라는 틀을 통해 들어온 날것의 데이터들을 그냥 두면 아무 의미가 없다. 공장의 기계가 이 재료들을 분류하고, 조립하고, 제품으로 만들어야 한다. '오성 Understanding'이 바로 이런 역할을 한다. 오성 안에는 일종의 소프트웨어가 있다. 더 쉽게 풀어보겠다. 폴더 12개가 미리 설치되어 있다고 생각하면 된다. 이 열두 개의 폴더가 바로 앞서 말한 칸트의 12범주이다. 12범주는 감각 데이터를 잘 정리해서 우리가 충분히 받아들이고 이해할 수 있는 '생각'이나 '판단'으로 만들어 준다.

12범주에는 단일성, 다수성, 전체성, 실재성, 부정성, 무한성, 실체성, 인과성, 상호작용성, 가능성, 현실성, 필연성이 있다. 칸트는 12범주 중에서도 인과성, 실체성, 단일성, 다수성, 전체성을 중요한 범주로 꼽는다. 인과성은 원인과 결과의 관계, 즉 어떤 현상이 필연적으로 다른 현상을 불러일으킨다는 규칙적인 특성을 의미한다. 실체성은 '어떤 것의 본질적 독립성'을 뜻하며, 다른 것의 존재에 의존하지 않고 스스로 존재하는 근본을 의미한다.

단일성은 지성이 대상을 인식할 때 여러 존재나 사물을 하나로 통일해 파악하는 능력을 의미한다. 다수성은 하나의 대상이 여러 개로 존재하거나, 여러 요소가 함께 존재하는 성질을 말한다. 예를 들어 여러 사과가 한 바구니에 담겨 있을 때, 이 바구니는 다수성을 가진다. 전체성은 사물이나 현상을 부분적으로가 아니라 전체 맥락에서 이해하는 지성 능력을 뜻한다. 이 개념은 칸트 철학에서 사물의 본질을 종합적으로 파악하는 데 핵심적인 역할을 한다.

세 번째 단계는 궁극적인 질문을 던지는 단계다. 인간의 이성은 쉽게 멈추지 않고 끊임없이 '왜?'라는 질문을 던진다.

이 세상의 궁극적인 원인은 무엇일까?

내 존재의 근원은 무엇일까?

이 세계 전체는 어떤 모습일까?

칸트 이전 철학자들은 위의 세 질문에 각각 신神, God, 영혼靈魂, Soul, 세계世界, Universe라는 개념들로 답을 풀어 설명했다. 그러나 문제는 신이나 영혼, 세계 같은 개념들은 우리가 경험할 수 없는 영역에 있다는 것이다. 우리의 인식 공장은 경험이라는 재료가 있어야만 감성과 오성이 작동하며 비로소 가동된다. 그러나 재료도 없이 기계를 억지로 돌리려고 하면 공장이 잘 돌아갈까? 칸트는 만약 그렇게 무리해서 공장을 운영하면 오류가 발생한다고 보았다.

칸트는 이성이 자신의 한계를 넘어 경험할 수 없는 영역에 대해 억지로 답을 찾으려 할 때, '이율배반二律背反, Antinomy'이라는 모순에 빠진다고 설명한다. 예컨대 다음의 두 가지 상반된 명제들은 해결이 불가능한 질문이다. 또한 이성으로 억지로 답을 찾을 수도 없다.

답은 언제나 서양 철학

세계는 시작이 있다 vs 세계는 시작이 없다

세상에는 자유가 있다 vs 세상에는 자유가 없고 모든 것은 인과법칙에 따른다

위의 두 상반된 가치는 입증하기가 어려운 한편, 인간의 이성으로 양쪽 모두 부정도, 긍정도 가능하다. 신이나 영혼, 세계와 같은 형이상학적 문제들은 인간의 이성이 알 수 있는 범위를 넘어선다. 이성은 이런 질문들을 던질 수는 있지만 답을 얻을 수는 없기에 전통적으로 형이상학은 하나의 학문으로 자리하기가 어렵다.

칸트는 『순수이성비판』에서 우리가 알 수 있는 것과 알 수 없는 것을 현상계와 물자체로 구분해 설명한다. 현상계現象는 우리가 알 수 있는 세계를 말한다. 우리의 인식 틀(시간, 공간, 12범주)을 통해 구성된 세계다. 우리는 이 현상 세계 안에 존재하는 수학과 과학의 힘을 빌려 객관적이고 보편적인 지식을 얻을 수 있다. 칸트에 따르면 인간은 감성과 오성 두 가지 능력을 통해 사물을 인식하는데, 우리가 인식할 수 있는 것은 경험이 가능한 세계로 한정된다. 즉, 시간 그리고 공간적으로 규정된 물질이나 사물에 국한해 인식이 가능하다고 여겼다. 이렇게 인간이 인식할 수 있는 세계를 현상계로 지칭한다.

물자체物自體는 우리가 결코 알 수 없는 세계를 말한다. 신이나 영혼, 사후 세계가 그 예다. 우리의 인식 틀을 거치기 이전, '날것 그대로의 세상'이 과연 어떤 모습인지는 아무도 알 수 없다. 마치 검은색 선글라스를 벗을 수 없으니 진짜 세상의 진짜 색깔을 알 수 없는 것과 같다.

다시 말해서 경험할 수 없는 세계이자 사물 자체가 바로 물자체다. 결론적으로 우리는 물자체를 인식할 수 없다. 그러나 인식할 수 없음에도 불구하고 우리 이성은 물자체가 존재한다는 것을 알고 있다. 대표적인 예로 '신'을 꼽을 수 있다. 신을 직접 인식할 수는 없지만 우리 이성은 신이 존재한다는 걸 알고 있다. 칸트는 이렇게 신처럼 물자체가 속한 세계를 가상계 혹은 예지계라고 불렀다. 후세 철학자들은 칸트의 인식론이 물자체라는 개념을 세우고 물자체의 존재를 명확히 인정했다는 사실에 의미를 부여한다.

『순수이성비판』은 현상계와 물자체에 대한 정리로 압축된다. 위에서 말한 현상계와 물자체를 다시 한 번, 철학적으로 정의하겠다. 현상계는 우리가 경험하는 모든 사물과 사건으로 시간과 공간, 감각을 통해 인식되는 대상이다. 물자체는 인간의 인식과 무관하게 존재하는 사물 자체로, 우리가 직접적으로 알 수 없는 본질적 실재를 뜻한다. 칸트는 사물이 시공간이나 물리적 법칙에 따라 인식된다고 보았으며, 물자체는 이러한 인식 틀을 거치기 전의 본래 모습이다. 그는 물자체를 통해 인식과 이성의 한계를 분명히 그었다. 칸트는 우리가 경험의 세계 안에서 확실한 지식을 탐구할 수 있지만 경험을 넘어서는 신, 영혼, 자유, 세계의 본질과 같은 문제에 대해 알 수 없다는 점을 겸허히 인정해야 한다고 말한다.

이로써 칸트는 과학의 확실성을 지키는 동시에 이성이 모든 것을 알 수 있다는 오만한 독단으로부터 철학을 구해냈다. 그런 한편, 인간

답은 언제나 서양 철학

칸트의 산책길

인식의 한계를 넘어서려는 시도에 의미가 있다는 걸 강조한다.

18세기 후반, 유럽에 낭만주의가 등장한다. 낭만주의는 18세기 말부터 19세기 초 유럽 전역에서 일어난 예술·문학·철학 운동으로, 규범적인 고전주의와 이성을 강조하는 계몽주의에 대한 반발로 일어난 흐름이다. 이성에 대한 신뢰를 거부하며 계몽주의에 도전장을 내민 낭만주의는 감성, 개성, 상상력, 자유분방함, 창의성을 강조한 것이 특징이다. 유럽 낭만주의는 이성 중심의 사회에서 감성의 해방과 개인의 자유를 예술과 문학에 반영한 혁명적 흐름으로 평가받는다.

칸트의 『순수이성비판』은 바로 이 무렵, 세상에 나왔다. 칸트는 낭만주의를 비판하며 계몽은 계속되어야 한다고 주장했다. 낭만주의는 이성에 대한 신뢰를 비판했다. 그러한 낭만주의의 허점을 짚기 위해서라도 이성을 비판하는 한편 이성을 제대로 사용하는 방법을 알려야 했다. 이를 위해 칸트가 꺼낸 카드가 바로 '이성 비판理性批判, Critique of Reason'이다. 칸트는 계몽주의의 신조를 '과감하게 알려고 해라', '따져 봐라'라고 말한다. 이성 비판이란 바로 과감하게 알기 위해서 이성 또한 열심히 따져 보는 논리적 행위다. 인간의 지적 능력을 통칭하는 이성이 어떻게 일어나는지 자세히 분석하고 평가해 보라는 의미다.

그 맥락에서 칸트는 차례로 세 권의 '이성 비판' 서적을 내놓았다. 1781년 『순수이성비판』을 출간한 지 7년 후인 1788년에 『실천이성비판』, 1790년에 『판단력비판』을 잇달아 출간한다. 세 권 모두 본질적으로 '인간이란 누구인가?'에 대한 답변이다. 구체적으로, 『순수이성비판』은 인간은 무엇을 알 수 있는지에 대한 답을 제시한 책이다. 『실천이성비판』은 인간은 무엇을 해야 하는지, 그 답을 모색한 책이다. 마지막으로 『판단력비판』은 인간은 무엇을 희망해도 좋은지를 다룬다.

실천이성비판

『실천이성비판Critique of Practical Reason』은 우리는 어떻게 행동하며 살아가야 할지를 이야기하는 책으로 사람의 행동과 도덕에 관해 다뤘다.

도대체 '착한 일'이란 무엇일까? 사람들은 보통 어떤 행동이 착하다,

선하다 또는 도덕적이다라고 말할 때, 저마다 다른 기준을 잣대로 적용한다.

거짓말해서 친구를 위기에서 구해준 경우 "결과가 좋으면 착한 거지"
감정 "내 마음이 편하고 행복하면 좋은 거지"
외부의 명령 "법이나 종교 교리가 그렇게 하라고 하니까 하는 거지"

칸트는 위의 예시와 같은 것들은 진정한 도덕 기준이 될 수 없다고 생각했다. 왜냐하면 상황이나 감정, 사회 변화에 따라 언제든지 바뀔 수 있는 내용들이기 때문이다. 칸트는 그래서 '누가, 언제, 어디서든' 변하지 않는 절대적인 도덕 법칙을 찾고자 했다.

여기서 바로 '정언명령 定言命令, Categoricl Imperative'과 가언명령 假言命令, Hypothetical Imperative이란 개념이 등장한다. 정언명령은 조건 없이, 무조건 지켜야 하는 도덕 명령을 말한다. 가언명령은 정언명령의 반대 개념으로, 조건이나 상황에 따라 적용되고 요구되는 도덕 명령을 의미한다. 즉 조건부 명령으로, 만약 어떤 걸 얻거나 행하고 싶으면 어떤 행동을 하라는 명령이다. 목적 달성을 위한 수단으로 명령을 수행하는 경우다.

만약 시험에 합격하고 싶다면, 열심히 공부해라
건강해지고 싶다면, 일주일에 3번 이상 꾸준히 운동해라 칸트는 이렇게 어떤 목적의 달성을 위해 조건부로 명령을 수행하는 것은 진정한 도덕이 아니라고 주장한다. 건강이나 합격 같은 의도된 다른 목적을 위한 행동일 뿐이기 때문이다. 조건 없는 명령인 정언명령은 목적, 결과와도 상관없이 그 행동 자체가 옳은 일이므로 무조건 따라야 하는 도덕 법칙을 뜻한다. 칸트는 정언명령이야말로 진정한 도덕의 목소리라고 말했다.

칸트의 정언 명령에는 세 가지 공식이 있다. 정언명령을 완전히 이해하기 위해선 이 공식들을 알아야 하는데, 칸트는 세 공식 중에서도 첫 번째와 두 번째 공식이 중요하다고 이야기했다.

정언명령의 첫 번째 공식 당신의 행동이 모든 사람의 규칙이 되게 하라.

이 공식의 또 다른 이름은 '보편화 가능성의 원칙'이다. 쉽게 풀어서 설명하겠다. "당신이 지금 하려는 행동을 이 세상 모든 사람이 똑같이 따라 해도 괜찮을지 자문해보고 그 결과 조금도 거리낌이 없다면 그 행동을 해도 좋다. 그리고 이게 바로 정언명령에 해당하는 행동"이다. 돈이 급해서 친구에게 내일 꼭 갚겠다고 거짓말을 하고 돈을 빌리려는 상황을 생각해보자. 이때 스스로 질문해 본다. "세상 모든 사람이 돈이 필요할 때마다 갚을 생각도 없이 거짓 약속을 해도 괜찮을까?" 괜찮지 않다는 결론을 쉽게 내릴 것이다. 만약 괜찮다면 '약속'이라는 개념 자체가 무너지고 아무도 다른 사람의 말을 믿지 않게 될 것이다.

그렇게 되면 사회는 유지되기 어렵다. 따라서 '거짓 약속'은 보편적인 규칙이 될 수 없으므로 그것은 해서는 안 될 비도덕적인 행동이다.

정언명령의 두 번째 공식 인간을 수단이 아닌 목적으로 대하라.

둘째 공식은 '인간 존엄성의 원칙'이다. 앞선 공식에서 나온 친구에게 거짓말해서 돈을 빌리는 것은 '돈'이라는 내 목적을 위해 '친구의 인격과 신뢰'를 수단으로 이용하는 행위다. 여기서 친구는 존엄한 인격체가 아닌 목적을 이루기 위한 도구로 전락한다. 따라서 칸트는 이런 행동을 비도덕적이라고 비판했다.

정언명령의 세 번째 공식 외부의 동기가 아닌 자신의 이성에 의해서만 행동하라.

셋째 공식은 '자율성의 원칙'이다. 이성이 스스로 세운 도덕 법칙에 따르는 자유를 뜻한다.

그렇다면 우리는 왜 도덕적이어야 할까?

칸트의 대답은 놀랍도록 단순하다. 어떤 행동의 도덕적 가치는 그 결과가 아니라 동기에 있다. 칸트는 결과적으로 손해를 보더라도 오직 옳다는 이유로, 마땅히 해야 할 의무이기 때문에 하려는 마음이야말로 이 세상에서 유일하게 선한 것이라고 말한다. 이 마음을 '선의지善意志, Good Will'라고 했다. 다시 말해 선의지는 이성의 소리인 도덕 법칙에 따르는 의지를 말한다. 또한 칸트는 모든 선 가운데에서 최고의 것을 최고선이라고 명명한다. 선의지는 최고선에 이르기 위한 요소가 된다.

『순수이성비판』에서 칸트는 인간이 자유의 존재 여부를 증명할 수는 없다고 했다. 하지만 칸트는 '도덕 법칙의 존재가 바로 우리가 자유롭다는 가장 강력한 증거'라고 강조한다. 만약 우리가 모든 행동이 정해진 기계와 같다면, 애초에 무엇을 해야 할지 고민할 필요도 도덕적 의무를 느낄 필요조차 없을 것이다.

해야 한다면, 할 수 있다 You ought, therefore you can

자유의 가치가 살아있는 말이다. 도덕 법칙을 따를 의무를 느낀다는 것 자체가 우리에게 그것을 따를지 말지, 선택할 자유가 있다는 뜻이다.

칸트는 『순수이성비판』에서 '자유', '신의 존재' 그리고 '영혼의 불멸'을 이성으로 알 수 없는 물자체라고 규정한다. 칸트는 이를 『실천이성비판』에서 다시 끄집어냈다. 이 세상에서 도덕적으로 완벽해지는 일은 불가능하다. 하지만 우리는 끊임없이 도덕적 완성을 향해 나아가야 할 의무가 있다. 이 의무를 위해 우리 영혼은 죽지 않고 계속해서 나아갈 수 있다는 믿음이 있어야 한다. 영혼의 불멸을 이성으로 알 수는 없다. 그러나 우리가 끊임없이 도덕적인 삶을 지향하는 한 우리 영혼이 죽지 않는다는 믿음을 가질 수 있다.

칸트는 영혼과 신을 증명하는 일에 몰두할 게 아니라 궁극적으로 도덕적 삶에서 의미를 찾아야 한다고 이야기한다. 또한 그 의미를 얻기 위해서 우리에게는 실천적으로 믿어야 할 '도덕적 신앙' 즉 '도덕적 믿음'이 필요하다고 역설한다.

『실천이성비판』은 결과나 감정이 아닌, 보편적이고 절대적인 도덕 법칙을 이야기한다. 그 법칙은 "모든 사람이 따라 해도 좋을 규칙에 따라 행동하고, 인간을 절대로 수단으로 삼지 말며, 외부의 동기가 아닌 자신의 이성에 따라 행동하라"는 것이다. 그리고 이런 도덕 법칙을 따르려는 선의지야말로 진정으로 선하며, 도덕 법칙의 존재 자체가 우리가 자유로운 존재임을 증명하는 것이라고 설파한다. 칸트는 인간이 위대한 이유는 어떤 외적인 보상 때문이 아닌 오직 그것이 옳다는 이유만으로 스스로 이성이 명령하는 도덕 법칙을 따르는 데 있다고 주장한다.

이로써 칸트라는 큰, 철학의 산을 넘었다. 이 산은 헤겔이라는 또 다른 산으로 이어진다

생각하면 할수록 경탄과 경이로 내 마음을 충만하게 하는 두 가지가 있다.
내 머리 위의 별이 빛나는 하늘과 내 마음에 깃든 도덕 법칙이다

우리 마음 속 선한 도덕은 별이 빛나는 하늘보다 더 아름답고 찬란하다. 칸트가 떠난 지 200년이 훨씬 지난 지금도 우리에게 귀하게 다

가오는 진리다. 후세 인류에게 선하고 순수한 마음으로 세상을 살아야 한다는 가치를 전한 칸트는 영원히 반짝이는 별처럼 위대한 현자다.

4장

비판이
발전이 된
현대 철학

인간은 작은 우주

독일 관념론의 완성자로 꼽히는 헤겔은 칸트부터 피히테, 셸링으로 이어진 관념론의 도도한 물줄기를 어떻게 계승하고 변화, 발전시켰을까? 헤겔의 삶을 먼저 챙겨보자.

게오르크 빌헬름 프리드리히 헤겔 Georg Wilhelm Friedrich Hegel, 1770~1831 은 칸트와 더불어 독일 관념론의 양대 산맥과도 같은 철학자로, 서양 철학사에 지대한 영향을 미친 거인ᵀˢ이다. 그는 프랑스혁명과 나폴레옹 전쟁이 발발한 시기, 격동의 시대에 학문을 향한 열정과 끊임없는 철학적 탐구로 일관하는 삶을 살았다.

헤겔은 1770년 독일 남서부의 슈투트가르트 Stuttgart에서 공무원의 아들로 태어났다. 어릴 때부터 학문에 특출 난 재능을 보였으며, 열여

덟 살에 명문 튀빙겐대학교 신학대에 입학했다. 튀빙겐 신학교에서 보낸 5년은 그의 지적 성장에 결정적인 시기였다. 헤겔은 다섯 살 어린 천재 셸링과 기숙사 생활을 함께하며 깊은 우정을 나눈다. 고대 그리스 문화와 예술에 대한 열정을 공유하고 당대 사회와 종교의 경직성을 비판하며 함께 새로운 시대정신을 논의했다.

1789년 헤겔이 튀빙겐 신학교 2학년일 때 프랑스혁명이 발발한다. 혁명은 헤겔에게 '이성의 힘으로 세계를 바꿀 수 있다'라는 신념을 심어줬다. 신학교 졸업 후, 헤겔은 성직자의 길을 포기하고 스위스 베른과 독일 프랑크푸르트에서 가정교사로 일하며 생계를 유지한다. 이 시기 그는 서른여섯 살 위의 대선배 칸트가 남긴 철학을 깊이 연구했다. 동시에 기독교와 역사에 대한 자신만의 관점을 발전시키며 철학자로서 기틀을 다졌다.

1801년 헤겔은 친구 셸링의 도움으로 예나대학교의 강사 자리를 얻으며 본격적인 학문 활동을 시작한다. 예나^{Jena}는 독일 튀링겐 주에 있는 도시로, 당시 독일 관념론의 중심지였다. 헤겔은 예나대학교에서 학생들을 가르치며 그의 첫 저술이자 가장 중요한 저서인 『정신현상학』(1807)을 완성한다. 이 책은 의식이 감각적 확신이라는 가장 낮은 단계에서부터 시작하여 자기의식, 이성, 정신을 거쳐 절대정신까지 도달하는 기나긴 여정을 그려낸 저술이다.

책을 막 탈고했을 때, 나폴레옹이 이끄는 프랑스군이 예나를 점령한다. 여기서 유명한 일화가 있다. 말을 타고 위풍당당하게 행진하는

1806년 예나에서 나폴레옹과 헤겔의 상징적 만남을 묘사하는 그림이다.
에드먼드 J. 설리번, 『예나에서 두 철학자가 만나다』, 1895년경, 역사 도서의 삽화로 제작, 영국 내셔널 라이브러리 및 디지털
아카이브에서 확인 가능.

나폴레옹을 본 헤겔은 '말을 탄 세계정신'이라고 감탄하며 극찬한다. 헤겔은 나폴레옹을 시대정신의 집행자이자 낡은 시대를 끝내고 새로운 이성적 세계를 여는 상징적인 인물로 여긴다.

전쟁으로 예나대학교가 문을 닫자 헤겔은 뉘른베르크고등학교의 교장으로 부임한다. 안정적인 환경 속에서 그는 학생들을 가르치며 자신의 철학 체계를 더욱 정교하게 다듬을 수 있었다. 교장 재임 시절, 헤겔은『정신현상학』과 함께 그의 양대 철학 체계를 이루는 또 하나의 명저『논리학』(1812~1816)을 집필한다.

이후 헤겔의 명성은 유럽 전역에서 크게 높아졌고 1816년 하이델베르크대학교를 거쳐, 1818년 베를린대학교의 정교수로 초빙된다. 생애 최고의 영예였다. 이때부터 헤겔의 철학은 독일 지성계에 막강한 영향력을 행사하기 시작한다.

마침내 헤겔은 프로이센 왕국(현재의 독일)으로부터 기사 서임을 받으며 공식적으로 명예를 인정받는다. 그의 강의는 학생들뿐 아니라 유럽 각지에서 몰려온 청강생들로 빼곡하게 찬다. 그의 삶은 1830년, 당시 유럽 지성을 대표하는 상아탑 중 한 곳인 베를린대학교 총장으로 선출되며 정점에 오른다. 그러나 안타깝게도 이듬해인 1831년 돌연 세상을 떠나고 만다.

그의 갑작스러운 죽음은 독일인들과 유럽 곳곳의 시민들에게 큰 슬픔을 안긴다. 당시 유럽에 창궐하던 콜레라에 감염되어 61세의 나이로 눈을 감은 헤겔, 그는 자신의 희망에 따라 철학자 피히테의 곁에 묻힌다. 헤겔은 생전에 피히테의 무덤 옆에 묻히는 것이 소원이라고 말한 바 있다.

헤겔의 삶은 시대를 관통하는 거대한 철학 체계를 구축하기 위한 지적 투쟁의 연속이었다. 헤겔 철학은 그의 사후, '헤겔 좌파'와 '헤겔 우파'로 나뉘어 계승되며 마르크스, 키르케고르 등 후대 철학자들에게 결정적인 영향을 미친다.

그렇다면 헤겔의 철학은 과연 무슨 내용이며 어떤 가치를 담고 있을까? 헤겔 철학의 키워드부터 언급하겠다. '세계정신', '절대정신', '자유' 그리고 '변증법'이다. 이 핵심 개념들을 원활히 이해한다면 헤겔도 알고 독일 관념론의 변천사까지도 정확히 알게 된다. 먼저 헤겔이 제시한 키워드들을 하나씩 풀어보자

세계정신

나폴레옹이 프로이센을 정복하고 결국 프로이센 전역을 지배하려는 속내를 드러내자 헤겔은 커다란 실망과 충격에 빠진다. 예나에서 나폴레옹을 보고 '말 탄 세계정신'이라 말한 자신이 한없이 부끄러워졌다. 헤겔은 이때부터 〈독일 국민에게 고함〉이라는 연설로 나폴레옹의 잘못을 알린 피히테를 존경하기 시작한다.

나폴레옹을 보면서 헤겔은 어느 국가나 민족이든 그 국가의 정신,

민족의 정신은 역사를 구성하는 일회성 요소일 뿐 전체 역사를 통틀어 영원히 적용되는 원리는 아니라고 생각한다. 즉 어떤 민족의 정신 아래, 시대정신은 세계 역사 속에서 하나의 개체로서 위치를 차지할 뿐이라고 이야기한다. 그렇다면 세계사를 관통하는 하나의 보편적 실체로서의 근본적인 정신도 있지 않을까? 헤겔은 바로 이 질문에 대한 해답으로 '세계정신世界精神'을 제시한다. 세계정신은 세계사 속에서 움직이는 초월적 정신으로, 개별 존재들의 상호작용을 통해 형성되는 종합적이고 통일된 정신이다. 이는 인간의 이성과 의지를 통해 발현되고 발전한다. 또 헤겔은 이 세상엔 많은 대상과 사물들이 있는데, 이 모든 삼라만상을 주관하고 만드는 힘이 바로 세계정신이라고 말하기도 했다.

헤겔의 세계정신은 세상을 구성하는 기본 원리라는 면에서 칸트의 '물자체', 피히테의 '자아', 셸링의 '자연과 정신이 동일한 상태'와 유사한 개념이다. 헤겔은 또한 세계정신은 '세계의 영혼이자 원리'이지만 기독교의 '하나님'을 말하는 건 아니라고 강조했다. 기독교에서 신, 곧 하나님은 전지전능하고 영원불변한 절대적 존재다. 그러나 헤겔이 말하는 세계정신은 처음부터 시간과 공간을 초월한 한편 논리적이고 이론적으로 존재하는 정신이다. 헤겔은 세계정신이 발전하면 '자연'으로 나타난다고 주장한다.

헤겔에 따르면 자연은 처음엔 존재하지 않았다. 그러나 세계정신이 발전하여 바깥에 자연이라는 모습으로 드러난다. 자연으로 나타난 헤겔의 세계정신은 스스로 변화와 발전을 거듭하면서 계속 달라진다.

헤겔은 기독교의 하나님과 같은 절대자의 존재를 인정했지만, 끝없는 변화를 거듭하고 세계 역사의 흐름에 주된 원리로 작용하는 힘은 따로 있다고 보았다. 그 힘, 즉 세계정신을 영구화시키는 절대적인 힘을 '절대정신絶對精神'이라고 명명한다.

자연은 유한하다. 절대정신이 자연의 모든 변화에 영향을 준다. 절대정신은 무한하고 자연은 유한하지만, 절대정신 안에서는 유한한 것과 무한한 것이 대립하지 않고 하나로 연결되어 있다. 헤겔의 숨은 의도는 절대정신으로 자연의 변화를 설명함으로써 세계 역사를 설명하는 것이었다.

좀 더 쉽게 풀어보겠다. 모든 사건에는 본질적인 면이 숨겨져 있다. 헤겔에게 그 본질적인 면이란 절대정신이고, 인간의 역사는 이 절대정신이 그 본질을 점차 분명하게 드러내는 과정이다. 그런데 절대정신의 본질은 '자유'다. 역사는 이성적인 자유를 점차 실현해 가는 과정이다. 그는 절대정신은 개개인의 가슴 속에 활활 살아있는 이성을 통해 인간 역사 속에 구현된다고 보았다. 그러니까 인간은 작은 우주이고, 그 우주를 일관되게 움직이도록 하는 근본이 바로 이성이라고 강조했다. 중요한 사실은 이성이 제 기능을 하려면 인간에게도 자유가 있어야 한다.

예를 들어, 고대 국가에서는 군주 한 사람만 자유롭고 나머지는 자유를 박탈당한 채 노예 상태에 놓여 있었다. 중세에는 군주뿐만 아니라 봉건 제후들과 같은 귀족 계층도 자유로워졌다. 프랑스 혁명은 소수의 왕족과 귀족들이 독식하던 자유를 더 많은 사람이 누릴 수 있게 만들었다. 현대 민주주의 사회에서는 시민 한 명 한 명 모두 자유를 누리게 되었다.

역사의 발전은 절대정신이 아닌, 몇몇 뛰어난 영웅들의 활약 때문이라고 생각할 수도 있다. 영웅들은 자신이 하고 싶은 대로 한다고 믿지만, 사실은 절대정신이 이들을 조정하고 있다. 즉 헤겔은 절대정신이 영웅을 선택하여 자신을 실현시킨다고 보았다. 자유·평등·박애는 프랑스 혁명의 핵심 이념이다. 자유를 모든 시민에게로 확대한다는 가치를 내세운 프랑스 혁명과 그 혁명을 등에 업은 영웅 나폴레옹은 헤겔에게 절대정신일 수밖에 없었다. 물론 나폴레옹에 대한 헤겔의 환상이 깨지는 데는 그리 오랜 시간이 걸리지 않는다.

프랑스혁명은 인류 역사상 처음으로 민중의 힘으로 군주제를 붕괴시킨 사건이었고 헤겔은 이를 통해 마침내 인류의 자유가 실현될 수 있다는 가능성을 만난다. 그러나 혁명의 끝에 영웅의 가면을 쓴 나폴레옹이라는 나타났고 가면은 곧 벗겨지며 권력욕에 눈이 먼 독재자일 뿐이라는 사실이 드러난다. 혁명의 본질과 정신이 이 독재자에 의해 왜곡되자 헤겔은 세계정신과 자유의 의미를 강하게 설파하는 일에 몰두한다.

헤겔이 살아있던 때만 해도 모든 국민이 다 자유를 누리지는 못했다. 군주제 시대에 이미 헤겔은 개인의 자유가 필요하다고 강조했고

답은 언제나 서양 철학

시민 모두가 자유를 누리는 세상을 꿈꿨다. 그러던 중 프랑스 혁명이라는 인류 역사의 한 획을 그은 사건이 일어났고 헤겔은 이로 인해 희망을 보지만, 그가 살아있는 동안 안타깝게도 그 꿈은 이뤄지지 못했다.

변증법의 세계

이제 헤겔 철학의 본령으로 들어가 보자

칸트 이전의 철학은 칸트에게로 흘러들어 독일 관념론이라는 호수에 고여 있다가 헤겔에게로 흘러나가 이후 모든 사상의 원천이 되었다

서양 철학사에서 헤겔 철학이 차지하는 위상을 상징적으로 표현한 문장이다. 헤겔 철학을 알기 위해서는 무엇보다도 변증법을 잘 이해해야 한다. 변증법은 서양 철학사의 변곡점이 된다. '변증辨證'이란 단어의 한자 의미는 '변론해서 증명하다'는 뜻이다. 예를 들어 재판에서 변호사가 정당성 있는 논리를 찾아내 그것을 법정에서 변론으로 증명하는 행위를 말한다. 그런데 철학 용어 '변증법辨證法'은 일본 철학자들이 먼저 쓰기 시작했다. '철학', '과학', '심리학' '물리', '화학' 등 지금 우리가 편히 사용 중인 학문 이름 다수도 일본에서 건너왔다. 이와 마찬가지로 변증법도 일본식 조어造語(새로 말을 만듦. 또는 그렇게 만든 말)로, 일본어를 번역하며 생긴 표현이다. 철학 용어를 일본인이 정한 대로 따를 필요는 없지만, 언어는 사회적 약속이므로 오랜 시간 사용된 관행을 무시할 수도 없다. 사실 헤겔이 본래 제시한 변증법의 유래와 뜻이 무엇인지를 알고 나면 '변증법'이란 어휘의 부적절함을 실감할 수 있을 것이다.

변증법은 영어로 'dialectic'이다. 그리스어의 '대화하다' 혹은 '강연하다'를 뜻하는 단어에서 유래했다. dialectic은 '대화'란 의미의 'dialogue'와 같은 어원을 갖는 단어다. 소크라테스의 '대화술' 혹은 '문답법'의 또 다른 이름은 '산파술産婆術'이다. 대화를 통해 묻고 답하며 새로운 해법을 찾는 과정이 마치 아이 낳는 일을 도와주는 산파의 역할과 비슷하다고 해서 붙여진 이름이다. 고대 철학자들은 dialectic을 바로 이 '새로운 해법'의 의미로 썼다. 이 의미를 칸트가 아주 오랜만에 재사용했고 헤겔이 자신만의 독창적인 이론을 발전시키며 해당 의미를 빌려와 완전히 새로운 차원으로 확립한 철학 용어다.

헤겔은 계몽 시대의 후반부에 산 사람이다. 그는 근대 철학의 마지막 지점에 서 있던 인물인 동시에 근대의 모순을 민감하게 받아들인 탈근대 철학의 선구자이다. 헤겔은 철학의 의미를 밝히고 철학사를 연구하는 일을 철학의 핵심으로 삼은 최초의 인물이기 때문이다. 그는 자신을 포함한 사람들에게 철학이 어떤 의미가 있는지를 체계적으로 설명하려 애쓴 철학자이다.

답은 언제나 서양 철학

헤겔의 변증법 세계로 풍덩 빠지기 전, 두 가지 의미를 먼저 짚고 넘어가야 한다. '변화와 역사성'과 '상호 연관성'이다.

헤겔은 변화와 역사성을 통해 사물과 세상이 움직이는 원리를 설명했다. 모든 사물은 끊임없는 변화의 과정을 겪는다고 보았다. 헤겔은 세계는 끊임없이 운동하고 변화하며 사물은 한꺼번에 자신의 모습을 드러내는 게 아니라 다양한 과정과 현상을 통해 드러낸다고 보았다. 따라서 사물은 항상 변화와 운동의 과정에 있다는 게 헤겔 철학의 핵심이다.

이 생각은 곧 사물의 현재 모습은 지속적인 변화와 발전의 단계이자 과정일 뿐, 그것으로 끝인 고정되거나 완결된 상태는 아니라는 논리로 이어진다. 즉 사물은 시간의 흐름 속에서 계속 변화하고 발전하기 때문에 역사를 갖는다고 보았다. 헤겔 철학에서 '시간성'과 '역사성'은 사물과 세계를 제대로 인식하기 위한 핵심 개념이다.

두 번째 '상호 연관성'이다. 모든 사물이나 과정은 서로 영향을 주고받는다는 의미다. 개별적으로 보이는 사물도 분리된 상태로 존재하는 게 아니라 과정 속에 놓인 것이며 서로에게 영향을 미치는 연관 관계 속에 있다. 또한 각각의 과정은 긴밀하게 상호작용을 하고 있다. '만유인력의 법칙'처럼 세계에 존재하는 모든 물체는 역학적으로 상호작용을 한다는 원리이다.

헤겔은 이 두 가지 원리인 '변화와 역사성' 그리고 '상호 연관성'은 비단 사물에만 적용되는 게 아니라 사회나 개인에게도 똑같이 적용된다고 주장했다. 어떤 일이든 독자적으로 존재하거나 고립된 게 아니라 늘 서로에게 영향을 주면서 상호작용·interaction한다고 보았다. 과거가 현재에 영향을 주고, 현재는 미래에 영향을 준다. 특정 시기에 일어난 중요한 사건들이 모여 전체 역사를 구성한다. 이처럼 헤겔은 각각의 요소들이 유기적으로 연결되어 전체를 이룬다고 생각했다. 또한 부분과 전체도 긴밀하게 상호작용을 한다고 여긴다. 이게 바로 변증법의 원리이다. 변증법의 원리는 자연 현상, 사회, 국가뿐만 아니라 인간의 생각과 역사의 발전에 그대로 적용된다.

칸트의 계몽주의를 이어받은 헤겔은 '역사는 이성의 힘으로 진보하고 역사 발전은 변증법의 원리로 진행된다'고 밝혔으며, 세계 전체가 변증법적으로 운동한다고 했다. 또한 변증법의 원리에 따라 흘러가는 역사는 정신(관념)의 힘인 이성이 바탕이 되어 진보한다고 생각한다. 이와 같은 헤겔의 역사관을 칭하는 용어가 따로 있다. '변증법적 관념론적 역사관'이다.

> 진리는 전체다. 그러나 이 전체는 오직 스스로의 힘으로 전개하는 과정을 통해서 자기완성을 추구하는 존재다

헤겔의 이 말 속에는 진리나 참모습 또한 변화의 한 부분이자 과정이라는 뜻이 담겨 있다. 또한 사물의 본질은 현상을 통해 나타나고, 사물은 지속적인 변화를 통해 자신의 참된 모습을 드러낸다고 강조했

다. 바로 여기서 헤겔 변증법의 핵심 사상이 등장한다. 사물의 진리 혹은 진상은 변화하는 과정 전체에 있으며, 사물의 본질을 이해하고 제대로 인식하기 위해서는 해당 사물의 역사, 즉 변화하는 과정 전체를 봐야 한다는 게 바로 그것이다.

흔히 변증법을 설명하는 과정으로 '정반합正反合'의 절차를 사용한다. 정반합은 변증법의 짝꿍처럼 등장한다. 정반합의 도식은 변증법을 설명하는 도구로 자주 쓰이지만 그 유래와 정확한 의미는 잘 알려지지 않았다. 이 도식은 헤겔이 만들지 않았다. 난해한 헤겔 철학을 솜씨 있게 풀어 쓴 헤겔의 추종자 하인리히 모리츠 살리베우스가 쓴 헤겔 주해서(본문의 뜻을 알기 쉽게 풀이한 글 또는 그런 책)에서 처음 등장한다.

그렇다면 정반합의 정확한 의미는 무엇일까? 인식의 출발점이 되는 어떤 주장을 '정正'이라고 한다. 하지만 시간이 지나면 그 주장과는 반대되는 견해, 즉 '반反'이 생긴다. 이 둘은 충돌하지만 단순히 싸우는 데서 끝나지 않는다. 서로의 장단점을 받아들이고 더 나은 방향으로 나아가는 새로운 결론, '합合'이 나온다. 이 정반합의 과정을 통해 사상이나 사회는 계속해서 한 발자국, 두 발자국 발전해 나간다.

정은 다른 말로 '바른 명제', '테제These'로 불린다. '반反'은 '반대 명제反對命題' 즉 '안티테제Antithese'이다. '합合'은 '종합 명제綜合命題'로 '진테제Synthese'이다.

앞서 헤겔은 변화와 역사성, 상호 연관성을 통해 모든 것은 변화하고 전체는 부분과 상호작용을 한다고 이야기했다. 그 변화와 역사성,

상호 연관성을 작동하게 하는 근본 원리가 바로 정반합이다.

일본의 헤겔 저서 번역가로 유명한 철학자 하세가와 히로시는 『새로운 헤겔』에서 변증법을 '해바라기의 성장 과정'을 예로 들며 설명한다.

씨가 부정되어 싹이 되고, 싹이 부정되어 줄기와 잎이 되고, 잎과 줄기가 부정되어 꽃이 되고, 꽃이 부정되어 씨가 되고, 이렇게 해서 자신으로 돌아와 생명으로서의 결말을 얻을 수 있다.

마찬가지로 A가 저절로 B가 되는 것이 아니라 A가 부정되어 B가 나온다. 그렇게 A와 B 사이에 대립이 있고, 그 대립이 변화와 운동의 원동력이 된다고 생각하는 것이 변증법의 기본이다.

이 과정을 다 이해하고 나면 앞서 말한 '변증법'이란 일본식 용어가 얼마나 부적절한 한자어 표현인지 느낄 수 있다. 영어 단어 'dialectic'을 '분별, 변론해서 증명하는 과정'이라는 의미가 강한 '변증법'이라는 단어로 표현하는 건 많은 문제를 안고 있다. 헤겔이 독일 관념론의 완결편으로 제시한 개념은 변화, 비판, 상호작용, 가치 보완, 수정, 개혁 그리고 새로운 결론 도출의 의미를 모두 담고 있기 때문이다.

나는 헤겔이 dialectic이라는 개념을 세상에 강조할 당시의 정신을 제대로 반영하여 새로운 용어로 바꾸는 게 좋지 않을까 생각한다. '변화'의 의미와 '새로운 창조', 그리고 그 결과로 나타나는 '종합'의 의미를 모두 담아서 '변합법變合法'으로 바꾸는 게 옳다는 생각이다. 변증법辨證法에서 쓰인 한자 '분별할 변辨'보다는 '변화'의 개념이 잘 반영되도록 '바꿀 변變'으로 바꾸는 것을 추천한다. 또한 증명한다는 개념은 헤겔 변증법 어디에도 없으니 그 대신 정과 반의 상호작용으로 얻어지는 '합하다'의 의미가 용어에 포함되어야 한다. 변증법을 변합법으로 바꿔 부르자는 건 나의 사적 견해지만 언젠가 공론의 장에서 논의되었으면 하는 기대를 품어본다.

근대 철학의 마지막 정거장에 있는 헤겔은 식민지 쟁탈과 서구 열강 사이의 전쟁으로 얼룩졌던 19세기 그리고 두 차례의 세계 대전과 냉전으로 불안했던 20세기에 가장 큰 영향을 준 철학자다. 19~20세기 서양 철학의 역사는 헤겔을 놓고 벌어진 다툼이라 해도 지나치지 않다. 마르크스의 변증법적 유물론의 모태는 헤겔의 철학이다. 헤겔 철학에서 잉태된 이 사상은 공산주의 혁명과 이념 전쟁을 낳았다. 히틀러 같은 인류 역사상 최악의 독재자를 탄생시킨 배경에도 역시 헤겔 철학이 숨 쉬고 있다. 20세기 후반, 화두가 된 실존 철학의 여러 갈래 역시 헤겔 사상에 대한 반발로 나왔다.

헤겔 이후 세상은 이념 과잉의 시대로 흘러간다. 히틀러의 나치는 물론 이탈리아의 파시즘, 그리고 심지어 일본의 제국주의까지 이념의 중심에 헤겔이 있다는 억지 논리를 편다. 헤겔 사상에 기반을 둔 철학은 하나같이 그들만의 고상하고 거대한 이념을 위해 개인이 희생할 것을 강요한다. 일본 제국주의가 헤겔의 사상을 가져다 쓴 대목도 바

로 전체를 위한 개인의 희생이다. 헤겔의 유산은 어떤 면에서 현재진
행형이다.

배부른 돼지보다
배고픈 소크라테스

18세기 중반 영국에서 시작된 산업혁명은 봉건왕조 체제의 끝을 앞당겼다. 경제에 대한 사람들의 인식도 달라졌고 삶의 일상에도 변혁이 일어난다. 기존 시대의 가치관으로는 빠르게 변하는 사회를 이해하기가 힘들게 되었다. 철학 역시 새로운 변화를 낳는다. 그 이름은 바로 '공리주의功利主義, utilitarianism'다. 산업혁명은 공리주의가 탄생한 배경이다.

공리주의를 이해하기 위해서 '공리功利, utility'의 의미부터 알아보자. 한자로 '공功'은 '일'을 뜻하기도 하지만 '추구한다'라는 의미도 함께 갖는다. 따라서 공리는 '이익을 추구하는 행위'를 말한다.

서양의 공리주의는 제러미 벤담Jeremy Bentham, 1748~1832이 시작해서

존 스튜어트 밀John Stuart Mill, 1806~1873이 완성했다. 그렇다면 벤담은 공리를 어떻게 정의했을까? '어떤 것이든 이해관계가 걸린 당사자에게 혜택, 이점, 쾌락, 선, 행복을 가져다주거나 불운, 고통, 손해, 불행이 일어나는 것을 막아주는 일'이라고 규정했다. 쉽게 말해 공리란 행위의 목적이나 선악 판단의 기준을 인간의 이익과 행복을 증진하는 데에 두는 가치다.

잠시 다른 이야기를 해볼까 한다. 인류 역사를 뒤흔든 혁명은 현재까지 모두 네 개가 있다. 시간 순으로 먼저 농업혁명, 두 번째로 일어난 산업혁명, 세 번째로 정보화혁명, 그리고 요즘 한창 진행 중인 AI 기반의 4차 산업혁명이 그 주인공들이다. 두 번째로 인류의 삶을 바꾼 혁명인 산업혁명은 매우 빠른 속도로 퍼진다. 영국에서 출발해 유럽 각지로 그리고 유럽에서 전 세계로 들불처럼 번져나간다. 산업혁명이 이뤄진 곳에서는 전통적인 농업과 어업이 공장 노동과 같은 산업을 중심으로 한 경제 체제로 전환된다. 땅 중심에서 공장 중심으로, 농촌에서 도시로 바뀌었으며 동력動力의 원천이 사람의 노동력에서 기계로 전환되었다. 바야흐로 농경사회가 산업사회로 바뀌었다.

산업혁명의 발상지인 영국이 민주 사회의 정착을 가장 먼저 이뤄내며 정치 선진국의 자리까지 꿰찬 건 우연이 아니다. 산업사회가 출현하며 경제가 발전되기 시작했고 이로 인해 자연스럽게 시민 계층이 생겨나며 시민사회가 형성되었기 때문이다. 산업혁명과 그 여파로 탄생한 두터운 시민사회는 공리주의가 서양 철학의 푸르른 산맥으로 자리 잡게 된 직접적인 배경이 되기도 한다.

　제러미 벤담은 산업혁명의 여러 부작용을 목격했다. 공장주들의 횡포와 노동자들의 울분이 함께 커져만 갔다. 노동자들이나 시민들에게 불만과 억울한 마음이 쌓여가고 그들의 생각에 급진적인 변화가 조성될 수밖에 없는 여건이었다. 벤담 철학의 이름은 '공리주의'이지만 그의 철학적 생각은 매우 급진적이었다. 산업혁명의 가장 근본적인 문제점은 공장주의 이익은 극대화되는데, 대다수의 시민 계층을 이루고 있는 노동자들은 그들의 노동만 착취당하고 정당한 대가를 보상받지 못하는 상황이 쉽게 조성되는 것에 있었다. 당시 노동자는 근로 현장에서 한 명의 사람이 아닌 하나의 기계 부품처럼 여겨지며 제대로 된 인권조차 보장받지 못하는 일이 흔했다. 시민사회가 형성되었음에도 노동자들은 마치 봉건 영주의 착취 아래 소처럼 일하는 농노의 신분에서 전혀 벗어나지 못한 것 같았으며 기술 발전의 부정적인 측면으로 때로는 농노들보다도 더 비인간적이고 열악한 환경에 놓이기도 했다.

　마침내 시민들은 한 목소리를 내기 시작했고 민주주의 사상이 동굴을 밝히는 거대한 횃불처럼 타오른다. 영국 정부는 시민사회의 요구에 부응하는 법과 제도를 정비해 나가기 시작한다. 그 가운데에서 공리주의는 영국 정부의 민주적인 개혁의 정신적이고 이론적인 토대가 되어주었다.

　벤담은 '최대 다수의 최대 행복The greatest happiness of the greatest number'이라는 가치를 주장했다. 공장주나 소수의 부유한 자본가만 행복해서는 안 되고 최대한 많은 사람이 행복을 누릴 수 있어야 비로소 민주적이고 좋은 사회를 이룰 수 있다는 정신이다. 민주 사회에서는 개인의 행복 추구에 대한 자유가 보장되고 행복 추구를 하나의 권리로 인정한다. 벤담은 최대 다수의 최대 행복을 자신의 저서『도덕과 입법의 원리 서설』에서 이야기하는데, 이 책이 출간된 1789년은 프랑스 혁명이 발발한 해였다.

벤담은 인간의 삶의 목표를 행복이라고 생각했다. 사회는 많은 사람이 모여 사는 곳이다. 사회가 행복해지려면 사회 구성원 가운데 가능한 한 최대한 많은 사람이 행복해야 한다. 모두가 행복하면 가장 좋겠지만 그건 이상에 가깝다. 그래서 벤담은 최대 다수가 행복한 사회를 지향했다. 또한 벤담은 많은 사람이 행복한 국가가 경제적으로도 부유하고 평안하게 잘 사는 나라로 이어진다고 생각했다. 이러한 그의 생각은 '공리주의적 쾌락설'로 발전한다.

벤담의 공리주의적 쾌락설은 행위의 옳고 그름을 쾌락의 증가와 고통의 감소라는 결과로 판단하는 윤리 이론이다. 벤담에 따르면 쾌락은 사람의 행복을 더해 주고 반대로 고통은 행복을 앗아간다. 또한 벤담은 모든 쾌락을 수학처럼 계산할 수 있다고 보았고, 쾌락의 양을 최대화하여 전체 행복을 추구해야 한다고 말했다. 그는 쾌락과 고통의 크기를 측정해 더 많은 사람에게 더 큰 쾌락을 주는 행위가 옳다고 주장한다.

또한 어떤 쾌락이든 질적으로 동일하다고 가정한 벤담은 쾌락의 질

답은 언제나 서양철학

과 삶의 질 사이에 직접적인 연관은 없다고 보았다. 돈이 가져오는 결과가 그 예다. 벤담은 돈이 많을수록 무조건 행복해지는 게 아니라 불행해질 수도 있다고 말한다. 그래서 사람이 더 행복해지기 위해서는 돈이 더 많아져야 하는 게 아니라 나라에서 평등하게 일정한 돈을 모든 사람에게 나눠주는 등의 방법을 통해 국민들이 경제적으로 얽매이지 않고 자유로워지면 진정한 행복이 찾아온다고 이야기했다. 벤담은 행복해지려면 분배의 평등을 쾌락의 질보다 더 신경 써야 한다고 생각한다.

벤담의 쾌락설은 분명한 한계와 문제점도 안고 있다. 사람마다 쾌락의 가치와 의미가 다르기 때문에 모든 쾌락이 동일하고 쾌락의 질이 모두 같을 수는 없다. 또한 쾌락의 양을 객관적으로 측정하고 수치화하는 데 현실적인 어려움이 있다. 그럼에도 수많은 사람의 행복을 지향하고 사회적 행복을 극대화하는 선택을 통해 자선 활동, 복지 정책이 발달하는 데 도움을 주었다는 점에서 의의가 크다.

산업혁명으로 기계가 도입되면서 기존 시대에 사람의 노동력으로 하던 일 중 많은 부분을 기계로 대체하게 되었다. 이로 인해 많은 실업자가 발생했다. 그러자 영국 정부는 마침내 실업자 구제를 위한 사회보장제도를 도입한다. 벤담의 철학은 영국 사회보장제도에 영향을 주었을 뿐만 아니라 영국의 교육 개혁에도 영향을 미친다

정신적 만족을 강조한 밀

후세 사람들에게 공리주의의 완성자로 불리는 밀은 쾌락의 질이 모두 똑같다는 벤담의 생각과는 다른 견해를 가졌다.

존 스튜어트 밀은 쾌락이 많으면 많을수록 좋다는 벤담의 이론에 '쾌락이 무조건 많기만 하면 과연 좋을까?'라며 비판적 질문을 던진다. 밀은 인간이 단순히 쾌락만을 추구하는 존재라면 돼지와 다를 바 없는 게 아닐까? 라고 생각한다. 밀은 저질 쾌락에 빠져 그것이 자신을 더 행복하게 해주리라고 믿는 건 어리석은 판단에 불과하며 저질 쾌락은 인간의 존엄성마저 해칠 수 있다고 경고한다. 그는 인간의 존엄성을 지키지 못하는 공리주의는 결국 돼지의 철학이라고 비판한다.

밀의 공리주의는 벤담의 공리주의와 달리 쾌락의 질을 구분한다. 벤담의 이론을 양적 공리주의, 밀의 이론을 질적 공리주의라 부른다. 밀은 쾌락의 주체인 당사자가 여러 쾌락을 모두 인지하거나 경험해본 뒤 더 선호하는 쾌락을 바람직한 쾌락이라고 했다. 그리고 사람들은 더 바람직한 쾌락을 선택한다고 보았다. 밀은 쾌락의 질적 차이를 인정하고 행복 또한 질적으로 고차원적인 것과 저급한 것이 있음을 강조한다. 여기서 바로 다음의 말이 나온다.

배부른 돼지보다 배고픈 소크라테스가 낫다

존 스튜어트 밀과 그의 아내인 해리엇 테일러를 찍은 사진.
존 자베즈 에드윈 메이얼, 1858년경, 영국 내셔널 포트레이트 갤러리.

이 유명한 말은 존 스튜어트 밀의 질적 공리주의를 가장 잘 대변하는 한마디다.

밀의 아버지 제임스 밀과 제러미 벤담은 친구 사이였다. 경제학자였던 제임스 밀이 벤담의 철학에 존경심을 품고 따랐다. 아이러니하게도 아들 밀은 벤담 이론의 한계를 지적하고 비판한다. 하지만 아버지의 친구였던 제러미 벤담의 공리주의가 세상에 먼저 나오지 않았다면 존 스튜어트 밀의 공리주의 또한 꽃피지 못했을 것이다. 그는 벤담의 이론을 단순히 비판한 게 아니라 수정하고 보완하며 공리주의의 완성자로 불릴 수 있었다.

밀은 쾌락이나 행복은 육체적이거나 물질적인 것보다 정신적인 것이 훨씬 더 소중하다고 강조한다. 벤담이 말한 '최대 다수의 최대 행복'에 대해 밀은 최대 다수는 전원이 아니고 최대 행복은 최고의 행복은 아닐 수 있다는 점을 염두에 두어야 한다고 말했다. 최대 다수에 속하지 못하는 소수의 사람들이 행복하지 못할 수 있기 때문이다. 즉 다수의 이익을 위해 소수의 희생을 정당화할 수 있어 노예제도나 차별 등 인권 침해로 이어질 위험이 있다. 개인의 고유하고 본질적인 가치를 무시하고 소수의 권리를 침해할 수 있다는 점에서 전체주의적 경향을 띠기도 한다. 이는 양적 공리주의의 결정적인 한계다.

밀은 질적으로 높은 정신적 행복을 추구하는 일을 중요하게 생각한다. 무엇보다도 소수의 희생을 당연하게 생각하지 않고, 사회적 행복과 개인의 자유 사이에 조화로운 균형을 유지해야 한다고 보았다. 밀

답은 언제나 서양 철학

토머스 울너, 『존 스튜어트 밀의 동상』, 1877년, 영국 런던 빅토리아 강변 정원

은 최대 다수에서 소외된 사람들은 어떻게 해야 하는지 계속해서 고민했고 노예 해방과 노예제도 폐지를 주장한다. 그가 『자유론 On Liberty』을 집필할 때 미국의 남북전쟁이 노예 해방 전쟁으로 치닫는 현실을 목격한 일 또한 밀이 이러한 주장을 펼치게 된 직접적인 배경 중 하나다. 불후의 명저 『자유론』에서 밀은 자유는 간단한 개념이 아니라는 것에서 시작해 자유에 대한 다양한 신념을 이야기한다. 그가 말한 자유에 대한 신념은 대표적으로 다음의 세 가지가 있다. 자기 자신에 대

해선 절대적 자유를 누려야 한다. 생각의 자유를 억압하는 것은 강도질과 같다. 자기 방식대로 사는 일의 중요성을 알아야 한다.

벤담이 문을 열었고 벤담의 친구 아들인 밀이 완성한 공리주의. 최대 다수의 최대 행복에서 줄기를 뻗어나가기 시작한 공리주의는 그후 '다수결의 원칙'에 의한 선거를 바탕으로 한 민주주의 발전의 정신적인 뿌리가 된다. 최대 다수가 행복하게 살 수 있는 사회를 만드는 차선책이 바로 선거라는 가치관이 시대의 정신으로 정착한다. 그뿐만이 아니다. 점진적인 분배의 평등을 강조하는 사회복지 사상의 발전도 이를 계기로 빨라졌고, 한편으로는 사회주의의 발전에도 사상적 근거를 제공한다.

공리주의 얘기를 끝내기 전에 공리주의와 이기주의 Egoism의 차이를 짚고 넘어가야 한다. 공리주의에서는 쾌락을 추구하는 일을 삶의 본질적 요소로 인정한다. 그렇다면 쾌락을 추구하기 위해 최선의 노력을 다했을 뿐인데, 그게 남에게 피해를 끼치면 어떻게 해야 할까?

우리는 공리주의와 이기주의를 확고히 구분할 필요가 있다. 밀은 쾌락이 곧 선, 고통이 악이라는 주장과 모든 쾌락이나 고통이 그 자체로 선 또는 악이라는 주장은 다르다고 말한다. 공리주의와 이기주의의 가장 큰 차이점은 누구의 행복을 우선하느냐에 있다. 공리주의는 최대한 다수의 행복을 추구하는 사상이라면 이기주의는 '나'라는 개인의 행복만을 따진다. 어떤 행동의 결과를 통해 이익을 얻는 대상의 범위가 다르다는 얘기다.

답은 언제나 서양 철학

공리주의는 나를 포함한 사회 구성원 전체의 행복에 관심을 둔다. 나의 행복, 우리 가족의 행복, 내 친구와 지인들의 행복, 사회의 다른 낯선 구성원의 행복을 모두 똑같은 값어치로 공평하게 생각한다. 공평성이 핵심적인 가치다. 반면, 이기주의는 나의 행복이 최우선이다. 핵심 가치는 나만의 행복, 나만의 이익이다. 따라서 타인의 행복은 내 이익을 위한 수단이 될 순 있어도 목적이나 고려의 대상이 될 수는 없다.

예를 들어 길에서 100만 원짜리 수표가 든 지갑을 주웠다고 가정해 보자. 공리주의에 따르면 지갑을 잃은 주인이 겪을 고통을 생각해 조금이라도 더 빨리 주인이 지갑을 되찾을 수 있도록 노력해야 한다. 해당 주인은 힘들어 할 텐데 남의 돈을 공짜로 습득해 얻는 행복은 진정한 행복이 아니라는 가치가 숨어있다.

반대로 이기주의의 관점에서 보면 지갑을 잃어버린 사람의 슬픔이나 고통은 나의 관심사가 아니다. 오직 이 돈을 갖게 된 나만의 행복만 생각하면 그만이라는 것이다. 쾌락과 행복을 넓은 시야로 바라본 벤담과 밀의 공리주의는 바로 지갑을 잃은 사람의 고통을 함께 치유하는 가치를 강조한 철학이다. 이기적인 쾌락 추구와는 차원이 다르다.

교주가 된 마르크스

카를 마르크스 Karl Marx, 1818~1883는 현대 인류사에 가장 큰 영향을 끼친 사상가 중 한 명이다. 공산주의의 체계를 세우고 이론적 근거를 마련한 마르크스는 오랜 기간, 아니 오늘날까지도 세계를 이념 전쟁과 갈등으로 치닫게 만든 인물이기도 하다.

마르크스는 1818년 독일 트리에에서 변호사의 아들로 태어났다. 아버지는 아들을 변호사로 키울 심산이었지만 마르크스는 다른 길을 선택한다. 문학, 종교, 역사에 두루 관심이 많았고 철학에 빠진 그는 베를린대학교 재학 시절 '청년 헤겔학파'에 가입해 활동한다.

답은 언제나 서양 철학

좌파와 우파

헤겔의 인기는 헤겔을 추종하는 세력을 만들었다. 주로 기독교의 타락을 비판하고 정치 혁신을 추구하는 젊은이들이 헤겔을 좋아했다. 헤겔 추종 세력이 커지자 유럽 종교계는 이들을 경계했다. 오늘의 독일, 즉 당시 프로이센은 국회 좌석이 지정돼 있었다. 단상을 중심으로 왼쪽에 야당 의원들이 앉았고 오른쪽엔 여당 의원들이 앉았다. 야당 쪽 자리에 있었던 젊은 헤겔 지지파들은 스스로를 '헤겔 좌파Hegelian Leftist'로 불렀다. 여당 자리에 앉은 나이 많은 사람들은 스스로 '헤겔 우파Hegelian Rightist'를 자처했다. 바로 이때부터 정치 성향이 진보적인 사람들을 '좌파'라 불렀고, 보수적인 성향을 지닌 사람들을 '우파'라 불렀다. 프로이센 국회의 좌석 배치가 좌파와 우파라는 이름을 탄생시켰다.

베를린대학교에서 헤겔 철학을 배우고 심취한 마르크스 역시 헤겔 좌파에 참여했다. 대학을 졸업하고 박사 학위를 받은 그는 1842년 쾰른으로 건너갔다. 쾰른에서 그는 급진 좌파 신문인 〈라인 신문〉의 주필로 일하며 프로이센의 절대주의를 비판한다. 이듬해 프로이센 정부는 신문의 논조가 정부를 급진적으로 비판하고 있다는 것을 이유로 라인 신문의 폐간을 결정한다.

마르크스는 파리로 옮겨가 좌파 운동을 계속했고 프랑스 정부 역시 그를 추방한다. 마르크스는 급기야 프로이센 국적을 버리고 벨기에

브뤼셀을 거쳐 영국 런던에 정착한다. 런던에서 활동하면서 오늘날 마르크스 하면 하나의 상징처럼 따라다니는 책, 『자본론』을 집필한다.

당시 유럽은 산업혁명 이후 곳곳에서 자본주의의 모순에 허덕이는 노동자들로 가득했다. 이 무렵 등장한 『자본론』에서 마르크스가 펼친 사상은 수많은 노동자와 지식인들을 매료시킨다.

마르크스는 최초의 사회는 원시 공동 사회의 형태였고 인류는 초창기엔 공동으로 생산하고 공동으로 소비하는 삶을 살았다고 보았다. 그러다 농경사회가 시작되자 땅을 가진 지주와 남의 땅을 빌려 일하는 소작인이라는 최초의 계급이 생겨난다. 산업혁명이 일어났고 유럽은 농업을 중심으로 한 사회 다음으로 산업사회가 형성된다. 마르크스는 여기서 결정적인 모순이 생겨났다고 주장한다. 상공업의 발전으로 공장을 소유한 '자본가'와 자본가의 영향 아래 소속되어 공장에서 일하는 '노동자'라는 새로운 두 계급이 탄생한다. 자본가가 노동자들을 고용하는 사회를 자본주의 사회라고 규정한 마르크스는 불평등의 상징인 '계급'은 자본주의 사회를 돌아가게 하는 강력한 고리이며 공산주의 사회에는 계급이 없다고 주장한다.

마르크스는 자본가를 '부르주아지 bourgeoisie', 노동자와 농민 계층을 '프롤레타리아proletarier'로 명명한다. 그는 계급의 모순을 극복하기 위해서는 프롤레타리아가 사회를 이끌어가는 공산주의 사회가 되어야 한다고 주장했다. 또한 원시 공동 사회와 마찬가지로 공동 생산과 공동 소비가 실현되는 시스템이 가장 이상적인 시스템이며 이를 통해

답은 언제나 서양 철학

공산주의 사회가 완성될 수 있다고 믿었다.

엄격한 계급사회인 자본주의 사회는 자본가 계급이 노동자 계급을 끊임없이 착취하고 탄압을 가한다. 한 사회를 움직이는 건 생산 구조인데, 자본주의 사회에서는 생산 구조의 상층에 있는 자본가가 결코 기득권을 놓지 않으려 한다. 마르크스는 이러한 사회에서 상위 계급인 자본가가 사라지지 않는 모습을 지칭해 '자본주의의 모순'이라고 규정했다.

자본가의 탄압을 견디다 못한 노동자들은 자본가를 타도하고 새로운 사회(공산주의 사회)를 건설하려고 투쟁한다. 이러한 현상이 바로 '혁명'이다. 마르크스는 또한 자본주의의 모순을 반드시 극복해야 하는데, 결코 스스로 기득권을 내려놓지 않는 자본가 계급의 속성을 고려한다면 결국 혁명 말고는 다른 수단이 없다고 믿었다.

1848년 카를 마르크스는 경제학자이자 철학자인 프리드리히 엥겔스와 함께 『공산당선언 共産黨宣言, The Communist Manifesto』을 공동 집필해 발표한다. 1848년은 프랑스에서 2월 혁명이 있었던 해다. 2월 혁명은 루이필리프의 왕정을 무너뜨린 자유주의 혁명이다. 이 혁명의 직전에 마르크스와 엥겔스가 『공산당선언』을 출간했다.

이 책은 지금까지의 모든 역사는 계급투쟁의 역사라 선언하고 자본가 계급(부르주아지)에 맞서 노동자 계급(프롤레타리아)이 단결하여 혁명을 일으키고, 혁명을 통해 새로운 사회를 건설해야 한다고 주장하는 선언문이다. 마르크스와 엥겔스가 '공산주의자 동맹'의 이론적이고 실천적인 강령으로 삼기 위해 발표했으며 선언은 "하나의 유령이 유럽을 떠돌고 있다. 공산주의라는 유령이"라는 유명한 문장으로 시작한다.

1장에서는 역사를 계급 간의 끝없는 투쟁으로 정의한다. 자본주의 사회의 핵심적인 대립 구도는 공장, 자본, 토지라는 생산 수단을 소유한 부르주아지와 자신의 노동력을 팔아 생계를 유지하는 프롤레타리아 사이의 투쟁이라고 말한다. 2장에서는 자본주의는 모순을 안고 있어서 스스로 파멸한다는 내용을 담고 있다. 이윤을 극대화하려는 부르주아지의 행동은 주기적인 경제 공황을 불러오고, 부는 소수에게 집중되는 반면 다수의 노동자는 점점 더 가난해진다. 결국 프롤레타리아는 자신들의 처지를 깨닫고 단결하게 되며, 자본주의 체제를 무너뜨릴 혁명의 주체가 된다고 예언했다.

3장은 공산주의자의 목표를 제시한다. 생산 수단의 사적 소유를 폐지한다는 내용을 담고 있다. 이 말은 생산 수단 자체를 폐지한다는 말이 아니라 자본가들이 독점하고 있거나 노동을 착취하는 수단으로 사용하는 생산 수단의 사적인 소유를 폐지한다는 의미다. 이어 프롤레타리아가 정치권력을 장악하고, 기존의 자본주의 사회의 관계를 청산하는 과도기적 단계를 거친다고 예측했다. 최종적으로는 계급 자체가 사라지고 각 개인이 능력에 따라 일하고 필요에 따라 분배받는 자유롭고 평등한 공산주의 사회를 건설한다는 내용을 포함하고 있다. 마지막 장인 4장은 공산당의 전략과 전술을 제시한다.

답은 언제나 서양 철학

공산주의자는 자신의 견해와 목적을 수치스럽게 감추지 않는다. 공산주의자는 오직 모든 사회적 제약을 힘으로 타도함으로써만 목적을 달성할 수 있다는 것을 공공연히 선포한다.

모든 지배 계급들이 공산주의 혁명 앞에서 떨게 하라. 프롤레타리아가 잃을 건 쇠사슬밖에 없으며 얻을 것은 온 세상이다.

전 세계 노동자들이여, 단결하라!

이 강렬한 문장으로 『공산당선언』은 끝을 맺는다.

마르크스가 공산주의를 구상할 수 있었던 이론적 토대가 바로 헤겔의 변증법이다. 헤겔 좌파 출신의 마르크스는 모든 건 고정불변이 아니라 정-반-합의 과정을 통해 변화하여 새로운 가치를 창출한다는 헤겔의 철학을 적극 수용한다. 그러면서 거기에 유물론^{Materialism}을 더해 '변증법적 유물론'을 탄생시킨다. 유물론 자체는 마르크스가 처음 만들어낸 이론이 아니다. 고대 그리스 철학에서 유래한 유물론은 만물의 근원을 물질로 보고, 모든 정신 현상도 물질의 작용이나 그 산물이라고 주장하는 이론이다. 세계나 자연이 우리의 인식과 독립해 존재하며 그 실재를 바로 물질이라고 본다.

마르크스가 강조한 유물론은 물질이 정신을 결정한다는 사상이다. 생각, 의식, 관념 같은 정신적인 것이 세상을 움직이는 게 아니라 우리를 둘러싼 자연, 경제, 사회 구조 같은 물질적 조건이 우리의 정신을 결정하고 세상을 움직인다는 주장이다.

변증법적 유물론은 헤겔의 변증법을 유물론에 입각해 전개한 이론으로, 물질로 이루어진 역사와 세계는 지속적으로 대립과 투쟁이 일어나고 있으며 이를 통해 더 크고 좋은 것을 향해 발전해 나아간다는 철학이다.

헤겔의 변증법과 무엇이 다른가?

마르크스의 변증법적 유물론과 헤겔 변증법의 결정적인 차이는 무엇일까? 앞서 헤겔은 절대정신이라는 관념이 스스로 발전하며 현실세계를 만들어낸다고 주장했다. 반면 마르크스는 절대정신이 현실을 만든다는 헤겔의 관념을 완전히 부정한다. 마르크스는 "헤겔의 변증법은 거꾸로 서 있었지만, 나는 그것을 바로 세웠다"라고 말했다. 즉 관념이 현실을 만드는 게 아니라, 물질로 이루어진 현실이 관념(의식)을 만든다는 게 마르크스의 주장이다.

쉽게 풀어보겠다. 정반합은 정正의 모순을 반反이 입증해서 그 장점을 취한 새로운 합合을 만들어내는 도식으로, 이는 헤겔 변증법의 핵심이다. 여기서 마르크스는 정과 반이 이미 서로 대립하고 있고 모순 관계이기 때문에 서로 섞일 수 없다고 보았다. 마르크스는 정이 옳든 반이 옳든, 둘 중 하나가 다른 하나를 타도함으로써 다음 단계인 합으로 나아갈 수 있다고 주장했다. 여기서 타도는 투쟁이자 혁명이다. 프롤레타리아가 지배 계급인 자본가를 혁명으로 이겨내야 한다는 논지는 바로 여기에서 나온다.

변증법적 유물론에는 크게 과학, 무신론, 혁명, 윤리의 네 가지 가치가 담겨 있다. 마르크스는 철학은 관념이 아닌 과학이어야 한다고 보았고, 그때까지 1,800년 넘게 서양 세계를 지배한 기독교적 종교관에서 벗어나야 한다고 강조했다. 또한 바람직한 사회는 혁명을 통해서 완성할 수 있는데, 이는 앞서 『공산당선언』을 포함한 그의 사상 곳곳에서 일관되게 강조한 내용이다.

참고로 마르크스는 프랑스 혁명이 인류 역사에 중요한 변곡점이 되긴 했지만 결코 모두가 평등하고 이상적인 사회를 만드는 공산당 혁명의 정신에는 미치지 못한다고 보았다. 그리고 마지막으로 사회 구성원 모두가 재산을 공동으로 소유하는 평등한 사회를 실현하는 일이 곧 인류가 행해야 할 도덕이자 윤리라고 이야기했다.

독일과 프랑스에서 잇따라 추방당한 끝에 영국 런던에 정착한 마르크스는 극빈자로 살아야 했다. 어린 딸이 병으로 세상을 떠났을 때 관을 살 돈이 없어서 울고만 있었던 슬픈 일화도 유명하다. 극도로 빈한한 삶 속에서 그는 『자본론』을 썼다. 그런 한편 마르크스는 런던에서 평생의 동지 엥겔스를 만난다. 부유한 방직 공장주의 아들이었던 엥겔스는 마르크스에게 재정적으로 도움을 주기도 한다.

자본론은 모두 세 권으로 구성되어 있다. 마르크스가 직접 쓴 것은 1권뿐이다. 나머지 2, 3권은 그의 사후 엥겔스가 남아있던 마르크스의 원고를 정리하여 출간했다. 『자본론』은 자본주의가 왜 필연적으로 몰락하고 공산주의 사회가 올 수밖에 없는지를 철학과 경제학적 이론으로 분석한 책으로 당시 사람들에게 매우 신선하고 매력적인 충격으로 다가왔다. 이 책의 내용을 요즘 현실에 그대로 적용하기에는 시대적 한계와 무리가 있다. 그럼에도 이 책은 먼 옛날의 낡은 문헌이 아닌 자본주의 사회를 분석하고 비판하는 데 기본적이고 중요한 틀을 제공해 주는 고전으로 남았다. 마르크스는 국제노동자협회인 '제1인터내셔널'을 조직하기도 했다. 이 단체는 1864년 9월에 영국 런던에서 결성된 세계 최초의 국제적인 노동 운동 조직이다. 다양한 사회주의자, 공산주의자들이 참여했으며 카를 마르크스는 제1인터내셔널의 결성 선언문과 규약을 작성하는 등 조직의 결성을 적극 지휘했다.

1883년 마르크스는 안락의자에 앉은 채로 영원한 잠에 든다. 죽어서도 조국 독일의 고향으로 돌아가지 못한 마르크스는 지금도 영국 런던 북부에 있는 하이게이트 묘지에 묻혀있다. '만국의 노동자여 단결하라Wolkers of all lands, Unite!'라는 문구가 새겨진 마르크스의 묘비를 구경하려면 자본주의식으로 4파운드의 입장료가 필요하다.

답은 언제나 서양 철학

신을 죽인 남자

독일의 철학자 니체는 철학 역사를 통틀어 가장 논쟁적이고 다양한 평가를 받은 인물이다. 니체의 사상은 극단적 오해와 열광적 흠모를 동시에 받아왔다. 니체를 일컫는 가장 대표적인 표현은 '망치를 든 철학자'다. 망치로 기존 사회의 고정관념, 종교 가치관의 틀을 모두 깨부순 사람이라는 뜻에서 붙여진 이름이다. 니체를 공부하면서 나도 삶의 태도를 새롭게 가다듬을 수 있었다. 니체의 철학 가운데에는 당장 실천하고 싶은 유혹을 주는 가르침이 많았기 때문이다.

지금까지 서양 철학자들의 삶과 사상, 그들이 남긴 저작물에 대한 이해를 공유하는 글을 써왔다. 니체 이후의 철학자들 역시 같은 방식으로 탐구하는 글을 풀어갈 계획이다. 하지만 개인적으로 니체의 철

프리드리히 니체.
바젤의 사진가(흔히 '프란츠 카메라'로 추정), 1872년경, 니체 아카이브 및 니체 하우스에서 소장

학은 좀 더 여운이 깊었다. 그래서 니체에 관한 한 나의 삶에 영향을 준 힘과 매력이 무엇이었는지를 공유하고, 내가 느낀 감정을 온전히 전하고 싶다. 니체의 철학을 배워 더욱 가치 있는 삶을 향해 새로운 문을 열어가는 사람이 한 사람이라도 더 나온다면 정말 기쁠 것이다. 이제 설레는 마음으로 안내를 시작하겠다.

먼저 니체는 어떤 삶을 살았는지부터 짚어보자.

프리드리히 빌헬름 니체Nietzsche, Friedrich Wilhelm, 1844~1900는 1844년 10월 독일 작센 주의 소도시 뢰켄에서 엄격한 루터교 목사였던 아버지와 다른 지역 목사의 딸이었던 어머니 사이에서 태어난다. 그의 아버지는 다섯 살 때 세상을 떠났고 니체는 여자들만 있는 외갓집에서 자란다. 목사로 성장하길 바라는 가족들의 뜻과는 달리 고등학교 때

답은 언제나 서양 철학

부터 술과 담배, 이성에 깊이 빠졌다. 본^{Bonn}대학교 신학과에 입학한 니체는 자신이 따르던 리츨 교수가 라이프치히대학교로 자리를 옮기자 그를 따라 대학교를 옮긴다. 라이프치히대학교 재학 시절 헌책방에서 산 쇼펜하우어의 『의지와 표상으로서의 세계』에 매료되어 2주 동안 꼬박 책에 빠져든 이후 철학의 세계로 넘어간다.

이후 스물네 살이라는 어린 나이에 스위스 바젤대학교의 고전문헌학 교수로 초빙되었다. 당시 니체는 아직 학생 신분에 불과했고 심지어 아무 학위도 없었다. 그런데 고전문헌학에 대한 니체의 특출난 재능을 알아본 리츨 교수가 니체를 고전문헌학 교수로 적극 추천했고 그는 바젤대학교의 최연소 교수가 되는 성고을 맛본다. 교수직을 시작하며 스위스에 터를 잡던 무렵, 니체는 유럽 전역에서 명성이 자자한 음악가 바그너와 만나 친분을 쌓는다. 어릴 때부터 피아노를 잘 치고 음악을 좋아했던 니체와 고전 문학과 철학에 관심이 많았던 바그너는 잘 통할 수밖에 없었다. 뛰어난 작곡가였지만 라틴어와 그리스어를 읽지 못해 고전을 번역본으로만 읽을 수 있었던 바그너에게 니체의 지적 능력은 많은 도움이 되었다. 니체에게도 바그너라는 거장은 음악과 예술은 물론 철학적인 영감을 불러일으키는 소중한 존재였다.

고전문헌학 교수로 지낸 10년 동안 니체는 온전히 문헌학에만 전념할 수 없었다. 사실 니체는 쇼펜하우어의 철학에 점차 깊숙이 빠지면서 고루한 문헌학에 흥미를 잃어갔고 대학이사회회장에게 마침 공석이던 철학과 학과장 자리로 옮기고 싶다고 제안하기도 한다. 또한 건강이 점점 나빠지면서 두통이 심해졌고 설상가상으로 시력이 악화되면서 글을 읽거나 쓰는 일은 아예 시도조차 할 수 없는 지경에 이르렀다. 니체는 이 병을 긍정적으로 승화시키며 책을 보기 힘들어졌기에 스스로 생각 체계를 세우고 생각을 발전시킬 수 있었다고 이야기했다.

자신만의 뚜렷한 생각을 가지게 된 니체는 바그너와 견해 차이를 보이기 시작한다. 시간이 흘러 둘의 사이는 점점 틀어졌고 걷잡을 수 없는 오해와 갈등으로 인해 절교하게 된다. 1879년에 바젤대학교를 떠난 니체는 그 후, 정신분석학자이자 작가인 루 살로메를 사랑하게 된다. 살로메를 짝사랑한 니체는 청혼 신청도 해보았지만 그녀는 니체의 사랑을 거절한다. 살로메는 이후 프로이트 등 뛰어난 명성을 지닌 학자들과 교류하며 당대 많은 지성인의 사랑 고백을 받는다. 훗날 독일을 대표하는 시인 라이너 마리아 릴케도 그녀를 열렬히 사랑했으며 릴케는 살로메를 뮤즈로 삼아 여러 작품을 창작한다.

강건한 체질이 아니었던 니체는 평생 크고 작은 건강상의 문제를 달고 살았다. 1889년 겨울의 어느 날, 니체는 투린에서 말에게 심하게 채찍질하는 마부의 모습을 보고는 큰 충격을 받았다. 니체는 온몸으로 마부를 가로막으며 말을 감싸 안다가 길에서 쓰러졌다. 이틀 만에 깨어났지만, 그때 이후 니체는 정신을 놓고 만다. 그로부터 11년간 정신 이상 증세를 보이며 병상에 누워있던 그는 어머니의 헌신적인

답은 언제나 서양 철학

간호에도 불구하고 1900년 8월에 눈을 감는다.

왜 서유럽에서는 니체가 떠난 지 125년이 지난 지금도 활발하게 니체를 이야기하고 니체의 책을 읽고 니체의 사상을 추종하는 사람들이 많을까?

그 답은 다음과 같다. 니체는 기존 사회의 가치와 도덕을 비판했는데 단순히 비판하고 자신만의 이론을 주장한 게 아니다. 모두의 이성에 큰 깨달음을 주는 새로운 사고, 혁신적인 사고의 기초를 세웠다고 여기기 때문이다. 니체가 제시한 자유와 자기 창조의 철학은 서양 근현대 사회의 가치관 형성에 큰 영향을 끼쳤다. 오늘날까지도 서유럽을 지휘하는 사상으로 자리 잡은 실존주의, 포스트모더니즘, 해체주의 같은 철학 사조가 형성되는 데 있어 니체의 철학은 주도적인 역할을 했다.

니체는 플라톤주의와 기독교의 교리를 한시 바삐 혁파해야 할 기존 가치로 보았다. 그리고 이렇게 묻는다.

만약 당신이 지금과 같은 삶을 영원히 반복해서 살 수 있다면?

니체는 인간이 한 번뿐인 생이라는 조건 때문에 탐욕과 부정, 불법과 비윤리와 같은 온갖 일탈을 한다고 여겼고 이기적인 삶에 집착한다고 생각했다. 니체는 만약 생이 반복된다면, 그것도 영원히 반복된다면 사람들은 옳고 그름의 선택, 혹은 양심적이거나 비양심적인 선택 앞에서 부정적인 걸 택하지 않을 것이라고 보았다. 또한 니체는 기존의 가장 강력한 권위인 종교와 신을 마음속에서 과감히 폐기하고 신의 자리는 위대한 삶을 사는 당신으로 대체하라고 독려한다.

니체 사상의 본질에 다가가기 위해서는 몇몇 키워드의 의미를 먼저 익혀야 한다.

영원회귀

만약 당신의 삶 전체가 아주 사소한 순간까지도, 앞으로 영원히 똑같이 반복된다면 어떨까? 이 질문은 무섭기도 하다. 즐거웠던 순간뿐만 아니라 가장 고통스럽고 지루하고 외로웠던 순간까지도 반복되기 때문이다. 이는 윤회나 환생과는 다른 개념이다. 새로운 삶을 사는 게 아니라 지금 당신이 살아가는 이 삶이 똑같은 순서와 내용으로 무한히 반복된다는 가정이다. 니체는 삶을 긍정하는 영원한 주문으로 이 질문을 던지며 '영원회귀永遠回歸, Eternal Recurrence' 사상을 전한다. 영원회귀는 한마디로 동일한 것을 영원히 반복한다는 개념으로 니체 철학의 핵심 사상이다. 니체는 영원회귀를 우주의 실제 원리라고 주장하지는 않지만, 삶의 태도를 바꾸게 하는 강력한 사고 실험으로 제시하거나 당시 만연했던 허무주의Nihilism, 즉 삶에 아무런 의미나 가치가 없다는 생각을 극복하기 위한 수단으로 사용한다.

답은 언제나 서양 철학

만약 모든 순간이 영원히 반복된다면, 찰나의 순간이라도 가볍게 여길 수 없다. 그 순간이 영원의 무게를 갖기 때문이다. 또한 지금을 다시 살아도 좋을 만큼 매 순간을 충실하고 의미 있게 만들려는 의지가 생겨날 것이다. 후회와 원망으로 가득한 삶을 영원히 반복하고 싶은 사람은 없기 때문이다.

영원회귀에서 필연적으로 이어지는 또 다른 하나가 있다. 당신의 운명을 스스로 사랑하라는 운명애運命愛, 바로 '아모르파티Amor Fati'다. 내 삶에 일어나는 모든 일, 기쁨과 성공은 물론 슬픔과 실패까지도 그 자체로 긍정하고 사랑하게 되는 경지를 아모르파티라고 할 수 있다. 피할 수 없다면 그리고 영원히 반복된다면 그것을 온전히 내 것으로 받아들이고 사랑하자는 숭고한 태도다.

니체의 영원회귀 사상은 인생의 중요한 선택을 앞둔 상황에서 우리가 결정하는 선택이 과연 정말로 옳은 것인지 자문하게 만든다. 신중하고 정의로우면서도 가장 좋은 선택을 하도록 이끈다.

언제나 기쁘고 행복한 일만 일어나는 인생이란 없다. 사람이라면 누구나 고통을 겪게 된다. 갑자기 맞닥뜨리는 지금의 이 고통 역시 내 삶의 일부이며 영원히 반복될 장면 중 하나라고 생각하면 고통을 극복하고 성장할 수 있다. 우리가 일상을 살며 맞게 되는 평범한 모든 순간을 감사하고 감동하며 보낼 수 있다. 친구와의 즐거운 대화, 맛있는 식사, 아름다운 자연 감상 같은 스쳐 지나가는 모든 순간을 이 순간이 영원히 반복되어도 좋다고 느낄 정도로 완전하게 즐길 수 있다. 니체의 영원회귀는 단 한 번뿐인 소중한 인생을 온전히 즐기고 누리며 살도록 하는 강력한 희망의 메시지다.

신은 죽었다

니체는 왜 신이 죽었다고 했을까?

프리드리히 니체의 '신은 죽었다 God is dead'라는 말은 서유럽 문명의 기초인 기독교적 세계관과 절대적으로만 보였던 기존의 가치 체계가 더는 유효하지 않고 힘을 잃고 무너졌다는 시대의 진단을 함축한 선언이다.

그때까지 유럽에서 기독교는 단순한 종교를 넘어 사회 윤리와 개인 삶의 의미를 모두 아우르는 절대적인 기준이었다. 선악의 기준도 기독교의 유일신인 하나님의 계명이었다. 살아가는 목적 또한 신의 영광을 위하고 사후 구원을 받기 위해서였다. 세상의 모든 질서는 하나님이라는 절대적 존재의 섭리 안에서 움직인다는 믿음을 따라야 했다. 하지만 과학의 발전과 계몽주의의 등장으로 인간 이성의 중요성이 대두되기 시작했고 신만이 진리인 절대적 믿음은 서서히 힘을 잃어간다. 니체는 바로 이 중요한 지점을 포착해낸다. 즉 신이 죽었다는 말은 은유적인 표현으로, 우리 삶을 지탱해 주던 가치의 닻이 사라졌음을 의미한다.

신이 죽은 후, 인간은 또 다른 운명을 맞이한다. 이제 인간은 어디로 가야 할지, 무엇을 의지하고 살아야 할지 모른 채 망망대해에 홀로 남겨진 상황에 처한다. 신의 권위, 무소불위와도 같은 기독교의 권위에서 벗어나면 그 자체로 대단한 해방이고 마냥 자유롭고 좋을 줄 알면 오산이다. 인간은 무엇을 붙잡고 어떤 삶을 살아가야 할지 방향성을 잃어버린 존재로 전락할 수 있다. 니체는 이 상태가 바로 허무주의에 빠지는 것이라고 경고한다.

삶의 목적과 가치를 잃은 공허한 상태에서 인간은 어떤 선택을 할수 있을까? 니체는 이렇게 답한다. 바로 하나님, 신의 뜻에서 완전히 벗어나 우리가 사는 이 땅의 뜻, 우리 자신의 뜻대로 살아가는 존재가 되어야만 신이 죽은 상태에서 꿋꿋이 잘 살아갈 수 있다. 즉 개인이 스스로 삶의 주체가 되어 살아야 한다는 것을 강조한다. 그리고 바로 여기서 '위버멘쉬'라는 개념이 탄생한다.

학생 시절의 니체.
프리드리히 헤르만 하르트만, 1862년경, 니체 아카이브 및 니체 하우스에서 소장

위버멘쉬

수십 년 전에는 '위버멘쉬 Übermensch'를 단순히 '초인 超人'으로 묘사하며 초인의 삶을 살도록 독려하는 사상으로만 설명하는 책이 많았다. 그래서 위버멘쉬를 초인 혹은 슈퍼맨 Superman 으로 번역하여 사용한 경우가 꽤 있었다. 초인은 보통 사람으로는 생각할 수 없을 만큼 뛰어난 능력을 가진 사람을 말한다. 또한 한계를 뛰어넘는 인물이다. 앞서 니체가 신이 죽고 없는 세상에서 인간이 가야 할 길을 알려줬는데 바로 그 길을 걷는 사람이 바로 위버멘쉬다.

위버멘쉬는 초인과 유사한 사람이다. 하지만 초인이나 슈퍼맨은 니체가 말하고자 한 의미를 완전히 반영할 수 없다. 초인 超人 으로 대체해서 표현할 경우 초능력을 가진 영웅 정도의 개념으로 착각할 수 있기 때문이다. 그런 초인이 아니라 정신적으로 성숙하고 한계를 극복하는 인간에 가깝다. 독일어로 '위버 über'는 영어 'over'에 해당한다. '극복하는'의 뜻을 담고 있다. '멘쉬 mensch'는 '인간 man'이다.

더 알기 쉽게 정의하겠다. 니체가 말한 위버멘쉬는 기존의 도덕과 사회적 관점에 얽매이지 않고 새로운 가치를 창조해 자신의 의지대로 살아가는 사람을 뜻한다. 즉 우리에게 일정한 기준선이 있다고 가정했을 때 그 선 안에 외부의 힘, 절대자, 기존의 도덕이나 사회적 관점이 들어 있다. 위버멘쉬는 선 안에 머물지 않고 선 위의 가치를 실현하며 자신의 삶을 능동적으로 개척하는 사람이다.

그래서 나는 신의 자리를 대신하는 이 바람직한 인간상을 독일어 본래 표현인 위버멘쉬로 통일해서 칭하기로 했다. 초인이나 슈퍼맨, 오버맨으로 뒤섞어 쓰는 건 니체가 말하고자 하는 의미를 온전히 담아낼 수 없기 때문이다.

니체는 위버멘쉬야말로 허무주의를 극복해낼 수 있는 대안이라고 주장한다. 인간의 삶에 제한을 두고 규제하는 한편 지켜주고 보호해주던 신이 사라지면 공허한 세상이 찾아온다. 니체는 인간이 위버멘쉬를 지향하고 위버멘쉬를 향해 나아갈 때 허무주의를 무력하게 만든다고 생각했다. 과거에는 사회나 종교가 정해준 길을 따라가는 것이 미덕이었다. 시대는 변했고 그 길이 사라졌으니 인간 스스로 새로운 길을 개척해야 한다. 용감한 개척자, 위버멘쉬는 있는 그대로의 현실을 긍정하며 고통마저도 자신을 성장시키는 기회로 받아들이는 이상적인 인간이다.

니체는 위버멘쉬가 되기 위해서는 몇 가지의 특정한 조건을 충족해야 한다고 말한다. 니체가 제일 처음으로 강조한 조건은 자기 극복Self-overcoming이다. 위버멘쉬는 현재의 모습에 안주해서는 안 되며 자신의 단점이나 약점을 있는 그대로 직시해야 한다. 단점이나 약점을 인정하는 것에서 출발해 욕망이나 고통도 외면하지 않고 그것을 성장의 발판으로 삼아 끊임없이 더 높은 단계의 자신으로 나아가고자 노력해야 한다.

둘째, 가치 창조자Value Creator가 되어야 한다. 사회가 주입하는 도덕

률을 맹목적으로 따르지 않는 대신 자신의 삶에 무엇이 진정으로 가치 있는지 스스로 판단해야 한다. 그 후, 자신만의 새로운 도덕과 삶의 의미를 창조하라고 주문했다.

또 위버멘쉬는 인생에 일어나는 모든 일, 즉 기쁨과 성공뿐만 아니라 고통과 실패까지도 필연적인 일로 받아들이고 사랑할 줄 아는 사람이어야 한다고 강조했다. 다시 말해 아모르파티를 받아들이고 적극 실현하는 사람이어야 한다. 다시 한 번 이 삶을 똑같이 살아도 좋다고 말할 수 있을 만큼 자신의 운명을 긍정하는 사람, 니체 철학의 핵심인 영원회귀 사상과도 직결되는 사람이다.

니체는 자신의 대표작 『차라투스트라는 이렇게 말했다』에서 위버멘쉬가 되는 과정을 3단계로 구분해 설명한다. 인간 정신이 위버멘쉬로 발전해 나가는 과정이기도 하다.

1단계는 낙타의 단계다. 기존의 규범과 사회적 관습을 받아들이고, 책임과 의무를 묵묵히 다하는 존재여야 한다. 해야만 한다는 의무로 보편적 가치를 묵묵히 짊어지고 걷는 모습이 사막을 걷는 낙타와 닮았다고 해서 붙여진 이름이다. 낙타의 단계는 인내하고 복종하는 정신을 상징한다. 2단계는 사자의 단계다. 기존의 가치와 전통에 저항하며, 자유를 향한 용기와 힘을 발휘하는 저항자의 모습이다. 사자는 "나는 원한다"고 외치며 기존의 권위와 가치에 "아니!"라고 말할 수 있어야 한다. 자유를 얻으려는 저항 정신을 상징한다.

마지막 3단계는 어린아이의 단계다. 기존의 모든 것을 거부하고 순수한 긍정의 힘으로 새로운 가치를 창조하는 창조자로서의 모습이다. 사자가 쟁취한 자유의 땅 위에서 "나는 그렇다"고 말하며 맑고 순수한 어린아이처럼 새로운 놀이와 가치를 창조해야 한다. 편견 없는 긍정과 창조 정신을 상징한다. 위버멘쉬는 기존 가치에 머무르지 않고, 자기 극복과 독창적 가치 창출을 통해 스스로의 삶을 완성해야 한다. 니체는 위버멘쉬로 나아가려면 바로 이 3단계의 본질을 이해하고 실천해야 한다고 강조했다. 즉 위버멘쉬가 되기 위해선 낙타에서 사자, 사자에서 어린아이라는 3단계를 거쳐야 하며, 마지막 단계에서 비로소 위버멘쉬가 완성된다고 보았다.

결론적으로 위버멘쉬는 저 멀리 어딘가에 있는 높은 존재, 특별하게 타고 태어난 사람만이 될 수 있는 존재가 아니다. 어느 누구든 자기 삶의 주인으로서 끊임없이 성장하고 스스로 의미를 만들어 나간다면 위버멘쉬에 다다를 수 있다. 니체는 신이 사라진 세상에서 낙타에 머물러 있어선 안 된다고 말한다. 용감한 사자로 성장했다가 순수함으로 모든 것을 바꿀 수 있는 어린아이, 궁극적으로 어린아이와 같은 창조적인 위버멘쉬가 되라고 힘껏 응원한다.

힘에의 의지

'힘에의 의지 Will to Power'는 니체 철학의 핵심 개념이다. 니체는 모든 생명체는 끊임없이 더 강해지고 성장하고 싶어 하며 잠재력을 최대한 발휘하려고 하는 근원적인 충동을 갖고 있다고 생각했다. 바로 여기서 힘에의 의지라는 개념이 탄생한다. 즉 힘에의 의지는 신, 도덕, 국가, 이념 등 절대적 가치들을 타인의 가치로 보고 이를 벗어나 더 높은 곳으로 나아가려는 '힘'이다. 다른 말로 기존 가치와 절대적 권위를 해체하고 자신의 가치를 창조하며 삶을 긍정하는 '힘'이다. 이러한 의미에서 알 수 있듯이 위버멘쉬가 되려면 힘에의 의지가 필요하기도 하다.

힘에의 의지는 타인을 지배하려는 권력욕이나 명예욕이 아니다. 과거 니체 철학의 저서들을 번역하면서 힘에의 의지를 권력에의 의지로 표현한 경우가 적지 않았다. 그래서 그 의미가 권력욕 등으로 와전되곤 했다. 니체가 말한 개념은 그런 외적인 지배력이나 타인 위에 서고자 하는 욕구가 아니다. 오히려 이 개념의 본질은 '자기 극복을 향한 내면의 의지'다.

힘에의 의지는 생존 본능을 넘어서는 개념이다. 단순히 살아남는 것에 만족하지 않고 더 나은 사람으로 나아가려는 역동적인 에너지를 말한다. 어제의 나보다 더 나은 나를 만들려는 의지, 건강하고 고결한 의지다. 예술가가 더 위대한 작품을 창작하기 위해 노력하고 운동선수가 자신의 기록을 깨려 계속 연습하고 학자가 진리를 탐구하는 행위 모두 힘에의 의지의 표현이다. 주어진 환경이나 운명에 순응하는 것이 아닌 자신의 의지로 삶을 해석하고 새로운 가치를 만들어내는 아름다운 모습이다. 위버멘쉬가 자신의 삶을 창조하는 원동력이 바로 힘에의 의지이다. 힘에의 의지는 편안함과 안정을 추구하지 않는다. 오히려 저항과 고통을 마주했을 때 그것을 극복하는 과정에서 더 큰 힘을 느끼고 성장한다.

나를 죽이지 못하는 것은 나를 더 강하게 만든다

니체의 명언 중 하나인 이 말은 바로 힘에의 의지 사상을 그대로 드러낸 표현으로, 니체 철학의 중요한 단면을 함축하고 있다.

히틀러와 독일 나치는 자신들의 침략과 지배 논리를 정당화하기 위해 니체 철학을 입맛에 맞게 변형하고 왜곡하여 사용했다. 그로 인해 니체의 힘에의 의지는 폭력적이고 억압적인 사상이라는 오명을 입는다.

하지만 당연하게도 니체가 말한 힘에의 의지를 발휘하는 사람은 약자를 짓밟는 사람이 아니다. 니체는 자신보다 더 강한 상대, 혹은 자신의 한계라는 정말 강한 적과 싸우며 단련하는 사람이 바로 힘에의 의지를 실천하는 사람이라고 설명했다.

니체는 약자를 괴롭히는 것은 힘의 표현이 아니라 오히려 자신의 나약함을 감추려는 비겁한 행위라고 말했다. 나치가 자신들의 일그러진 야욕을 정당화하고 힘을 실어주기 위해 니체의 사상을 얼마나 편의에 맞춰 멋대로 매도하고 왜곡했는지를 느낄 수 있는 부분이다.

차라투스트라는 이렇게 말했다

　프리드리히 니체의 대표작이자 니체 철학의 정수가 녹아든 『차라투스트라는 이렇게 말했다』는 1883년에 출간되었다. 니체가 쓰러지기 6년 전이다. 서양 사람들이 성경 다음으로 많이 읽는 고전으로 밝혀진 이 책은 신약성경인 마태복음, 마가복음, 누가복음, 요한복음, 이 4복음서에 이어 '다섯 번째 복음서'란 영광스러운 별칭까지 얻는다. 한편 이 책은 니체 사상 전반에 대한 이해 없이 무턱대고 읽기에 매우 난해한 것으로 알려져 있다. 순서나 내용에 일관된 흐름이 없고 어려운 개념이 곳곳에서 갑자기 등장하며 전체를 한눈에 아우르기가 힘들기 때문이다. 그러나 앞서 말한 영원회귀, 신의 죽음, 위버멘쉬, 힘에의 의지 같은 핵심 용어와 해당 용어의 철학적 기초만 알고 책을 펼쳐도 의외로 쉽게 이해되고 잘 다가온다.

　책은 차라투스트라를 주인공으로 삼아 소설 형식으로 니체의 철학을 풀어나간다. 차라투스트라는 누구인가? 조로아스터교를 창시한 '조로아스터'다. 조로아스터는 차라투스트라의 그리스식 발음으로 그의 본명은 '스피타마 차라투스트라Spitama Zarathustra'다. 조로아스터교는 우주가 선신과 악신의 대립으로 이루어져 있으며, 그 투쟁의 이원론으로 전체를 설명하는 종교다. 고대 페르시아에서 시작된 이 종교는 선신이 승리한다는 믿음을 근간으로 하며 선신의 상징인 해, 불, 별 등을 숭배한다. 특히 불을 가까이하고 종교 제의 때 번제燔祭를 행하기

아제르바이잔 바쿠에 있는 아테쉬가흐(Ateshgah) 불의 사원. 과거 조로아스터교 신자들이 불을 숭배하던 성소로, '불의 신전'이라고도 불린다. 중앙의 불단은 천연가스가 지하에서 솟아올라 불이 꺼지지 않는 구조로 페르시아 상인들은 이곳에서 종교 의식을 치렀다. 현재는 유네스코 세계문화유산 후보지로 지정된 관광 명소다. © Shutterstock

때문에 '배화교拜火敎'라고도 불린다.

니체가 차라투스트라를 주인공으로 삼은 이유는 무엇일까? 차라투스트라는 기원전 6세기 무렵 페르시아의 예언자였다. 그는 10년 동안 동굴에서 독수리와 뱀을 벗 삼아 수행했다고 전해진다. 무엇보다도 그는 전 세계 어떤 사상가보다 더 도덕에 골몰했고 도덕 문제에 대해 그 누구보다 오래, 더 많이 경험을 쌓았기에 니체는 그와 철학적으로 대결할 필요가 있었다. 그래서 차라투스트라를 주인공으로 삼은 것으로 보인다.

"차라투스트라가 서른이 되었을 때, 그는 집과 집 근처의 호수를 떠나 산으로 들어갔다. 거기서 그는 10년간 싫증을 내지 않고 고독을 즐겼다. 하지만 결국 그의 마음은 변했다. 그는 어느 날 아침 동이 틀 무렵에 자리에서 일어나 태양을 향해 걸었다."

책은 위와 같은 도입부로 시작한다. 예수는 광야에서 3년을 보냈고 석가모니도 6년간 수행했지만 차라투스트라는 장장 10년 동안 도를 닦았다. 당당하게 동굴을 떠나 하산하던 그는 숲에 들어섰을 때, 한 노인을 만난다. 노인은 차라투스트라가 10년 전 처음 산에 오를 때 만났던 성자였다. 늙은 성자는 하산하는 차라투스트라에게 이렇게 말한다.

"이 방랑자는 결코 낯선 자가 아니로군. 여러 해 전 이곳을 지나갔지. 이름이 차라투스트라였어. 근데 그는 변했군. 차라투스트라는 아이가 되었어. 잠에서 깨어났고, 깨달은 아이가 된 거야. 깨달은 사람아, 그대는 지금 잠자고 있는 사람들에게 가서 무엇을 하려는 것인가?"

이란 야즈드(Yazd)에 있는 조로아스터교 아테쉬카데(Ateshkadeh) 불의 사원. 조로아스터교의 성소로, 내부에는 꺼지지 않는 '영원한 불'이 타오르고 있다고 한다. 고전적인 페르시아 건축 양식으로 지어졌으며, 사원 앞의 원형 연못은 정화와 순수성을 의미한다. 현재는 야즈드의 대표 관광 명소이자 세계문화유산으로 지정된 장소다.
© Shutterstock

답은 언제나 서양 철학

성자는 차라투스트라가 인간 세상으로 돌아가겠다고 하자 딱하다
는 듯 혀를 차며 만류한다. 가봐야 얻을 게 없다고 이야기한다.

"그러면 성자께서는 숲속에서 무슨 일을 하고 계십니까?"

차라투스트라가 물었다.

성자는 이렇게 답했다.

"노래를 만들어 부르지. 노래를 지으면서 나는 웃고, 울고, 중얼거
린다네. 그렇게 나는 나의 신神을 찬양하지. 그런데 그대는 내게 어떤
선물을 가져왔는가?"

이 말을 들은 차라투스트라가 성자에게 작별인사를 고하며 이렇게
말했다.

"나는 당신께 드릴만한 것을 갖고 있지 않아요. 차라리 내가 그대에
게서 아무 것도 빼앗지 않도록 서두르는 게 좋겠습니다."

이 말을 끝으로 노인과 차라투스트라는 마치 두 소년이 웃는 것처
럼 서로 웃으며 헤어졌다. 그러나 차라투스트라는 다시 혼자가 되었
을 때 마음속으로 이렇게 말했다.

'어떻게 이런 일이! 저 늙은 성자는 숲속에만 있던 탓에 신이 죽었
다는 소식을 아직도 듣지 못 했구나.'

니체는 바로 이 부분에서 '신은 죽었다!'를 선언했다. 늙은 성자는
차라투스트라에게 너무나 안타깝게 보였다. 이미 신이 죽은 마당에 아
름다운 노래를 지어 신을 찬미한들 무슨 소용이 있다는 말인가. 그러
나 차라투스트라는 일종의 독백 형식으로 신의 죽음을 얘기했다. 늙은

성자의 얼굴에다 대고 "당신은 아직도 신이 죽었다는 걸 모르는 거요? 있지도 않은 신을 찬미하다니…."라며 돌직구를 날리지는 않았다.

차라투스트라는 그렇게 인간 세상에서 도피한 성자를 측은해하며 숲에서 가장 가까운 마을에 도착한다. 때마침 그곳 시장 광장에는 많은 사람들이 줄타기하는 곡예사의 묘기를 보려고 모여 있었다. 차라투스트라는 사람들을 향해 다음과 같이 말한다. 그리고 그는 여기서 위버멘쉬라는 말을 처음으로 꺼낸다.

나는 그대들에게 위버멘쉬에 대해 가르치려 한다.

인간은 뛰어넘어야 할 존재다. 그대들은 인간을 넘어서기 위해 무엇을 해왔는가? 모든 존재는 지금까지 스스로를 초월하는 무언가를 창조해왔다.

그런데 그대들은 거대한 파도의 썰물이 되어 동물로 되돌아가기를 원하는가? 인간을 넘어서는 것이 아니라? 유인원은 인간에게 무엇인가? 웃음거리이거나 고통스러운 부끄러움이다.

인간이 위버멘쉬에게 꼭 그렇다. 웃음거리이거나 고통스러운 부끄러움이다.

차라투스트라가 말한 위버멘쉬의 특징은 다음의 세 가지로 요약된다. 첫째, 대지(땅)의 의미를 갖는 존재로 지금 우리가 발 딛고 선 이 땅, 이 세상에 충실한 사람을 말한다. 머나먼 미래나 죽은 뒤, 천국의 희망을 말하는 자들에게 귀 기울이지 않고 지금 여기에 충실한 자다. 위버멘쉬란 가장 성품이 좋은 사람이며 에너지가 넘치는 존재다. 이러한 위버멘쉬는 천국을 동경하지도 않고 지금 이 땅을 경멸하지도 않는다. 그는 이곳이 위버멘쉬로 가득 차도록 이 땅에 열정을 바치는 사람이다.

둘째, 위버멘쉬는 신의 죽음을 확신하는 사람이다. 그는 흔히 말하는 유토피아가 환상에 불과하다는 것을 잘 알고 있으며 이 땅에 순응하는 자다. 자기 자신이 이 세계의 한 부분임을 잘 알고 삶의 모순까지 견딜 줄 아는 사람이다.

셋째, 위버멘쉬는 영겁회귀의 사상을 깨달을 수 있는 사람이다. 존재의 수레바퀴는 영원히 윤회한다. 모든 존재는 무한한 시간 가운데 흘러갔다가 다시 되돌아온다. 바로 이 사상을 깨닫는 자가 위버멘쉬다.

종교에서 말하는 신은 전지전능하고 영원불멸하다. 하지만 니체는 이런 신을 죽었다며 부정했다. 만약 신이 이 세상의 모든 생명체를 마음대로 할 수 있다면 세상의 모든 것은 본연의 고유한 가치가 사라지고 만다. 니체는 이런 세계를 '악惡'이라고 보았다. 신이 만물을 창조해 지배한다는 사고는 끊임없이 생성과 소멸을 반복하는 자연의 순환을 부정하는 것이다. 종교가 주장하듯 세상이 전부 신의 뜻대로 움직이고 신의 마음에 따라 움직인다면 사람들이 할 일은 아무것도 없어진다.

니체는 이렇게 신을 부정하면서 그 대안으로 위버멘쉬가 생겨나길 희망했다. 그러나 갑자기 새로운 종의 인간이 그냥 생겨날 수는 없는 일이다. 니체는 그래서 평범한 사람 중에서 탁월한 능력을 보유한 사람을 찾아 특별하고도 계획적인 교육을 통해 위버멘쉬로 길러낼 수 있으며 이렇게 한 사람의 위버멘쉬가 탄생하기 위해서는 많은 사람이 인위적으로 도태되어야 한다고 보았다. 아돌프 히틀러는 바로 이 대목을 이용한다. 그는 니체가 말한 영웅이 바로 자신이라 생각하고 제2차 세계 대전이라는 전쟁 범죄를 일으켜 막대한 인명 손실을 초래한다.

히틀러는 니체에게 빠져 니체 전집을 이탈리아의 군국주의자 무솔리니에게 선물하기까지 했다. 히틀러의 사례는 니체 철학을 편의대로 해석하고 왜곡한 가장 크고 대표적인 폐해라 할 수 있다. 니체가 죽은 지 125년이 지난 지금도 유럽 사람들은 니체의 책과 사상을 이해하려 애쓴다. 또한 니체 사상의 분파에서 여러 갈래의 철학 물줄기를 만들어내고 있다.

그럼 중요한 것을 다시 한 번 생각해 보자. 신이 죽었다는 말의 본질은 무엇일까? 종교가, 신이 인간의 삶을 옭아매며 정신적인 노예 상태를 강요하는 현실을 비판한 것이라는 설명이 쉽게 와 닿는다. 니체는 기독교를 예로 들었다. 기독교는 '인간이 죄인'임을 인정하는 데서 시작한다. 예수는 인류를 대신해 이 원죄를 지고 간 구세주다. 대신 인간은 기독교의 하나님을 믿고 세례를 받고 성경 말씀에 따라 생활해야 그 빚을 갚아나갈 수 있다.

니체는 인간이 정말 죄를 저지른 존재인지, 그리고 예수가 인간의 죄를 대신 치렀는지에 대해 확실한 증거가 없다고 생각했다. 인간은 신비한 세계나 대상을 동경하는 속성이 있다. 만약 인간의 손이 닿지 않는 곳에 진리(사후에는 천국)가 있다면 그것을 전해줄 수 있는 사람,

기독교에서는 신의 말을 매개해 주는 '교회'나 '목사'가 힘을 갖는다. 그러면 대중은 살아 있는 동안 계속 수동적인 존재에서 벗어날 수 없다. 니체는 이러한 상태를 정신적 노예와 다름없다고 보았다.

힘들고 괴로워도 인간의 정신은 완전히 자유여야 한다. 니체는 기독교뿐만 아니라 모든 종교, 모든 신은 인간으로서의 자유를 제한한 행동 양식을 진리로 다가가는 매개체로 강요한다고 여겼다. 그것을 철저히 비판하는 뜻에서 신은 죽었다고 선언한 것이다.

니체는 다음과 같이 말한다.

기독교에서는 신의 나라인 '천국'을 최고의 세계로 말하는데 이곳은 결국 이데아계가 아닐까. 거기에 모든 진리와 행복이 있다면 우리가 사는 이 지상 세계는 진리는 물론 진정한 행복이 없는 쓰레기뿐이라는 말이 된다. 그런 쓰레기 세상에서 인간은 늘 벌을 받고 있다는 것일까?

니체의 또 다른 별명은 '망치를 든 철학자'다. 그가 쥔 망치로 기존의 도덕과 전통적인 가치들을 모두 허물어뜨렸다. 철학의 관념론, 기독교의 교리, 도덕의 이상주의를 향한 집착 같은 것들을 말이다. 그는 그 자리에 새로운 가치를 세웠다. 바로 힘에의 의지, 선악에 관한 고정 관념 타파, 그리고 마지막으로 자신의 삶을 사랑하는 일이다.

이제 왜 니체가 현대 철학의 거장으로 불리는지 감을 잡았으리라.

니체는 실존주의 철학의 탄생에도 아주 큰 영향을 미쳤다. 인간은 위버멘쉬를 지향하는 존재이자 스스로 삶의 의미를 고양하는 존재다. 이는 바로 실존의 가장 훌륭한 본보기다. 사르트르와 하이데거, 야스퍼스는 모두 니체의 위버멘쉬를 통해 실존의 깊은 의미를 다지고 확장해 나갔다. 실존은 한계를 넘어설 때 이루어진다. 야스퍼스는 "인간은 끊임없이 스스로를 뛰어넘어야 한다"고 말했다. 사르트르는 "모든 선택은 인간 자신이 해야 하며, 그 선택에 대한 책임도 스스로 져야 한다"고 했다. 두 사람의 의미심장한 한마디는 곧바로 니체가 이야기한 위버멘쉬의 삶과 직결된다.

또한 하이데거는 "인간은 모두 자신의 의사와 상관없이 태어난 존재지만 주어진 운명을 받아들이고 보다 나은 선택을 하는 삶을 살아야 한다"고 말했다. 여기에는 자신의 운명을 긍정하고 있는 그대로 사랑하는 아모르파티 정신이 담겨 있다. 아모르파티는 니체가 위버멘쉬가 되는 하나의 요건으로 여러 차례 강조한 태도다. 다만 실존주의는 인간을 고통 받는 존재로 보지만 니체는 점점 더 강해지는 존재로 본 게 다를 뿐이다. 실존주의는 개인의 선택을 중시하지만 니체 철학에서는 창조적 인간상을 강조한다.

나는 위버멘쉬를 다시 풀어서 정리하려고 한다. '지금 이 삶'이 영원히 반복된다면 오늘 아침에 일어나 보내는 모든 시간의 일상, 만나는 모든 사람에게 대하는 태도, 생각하는 모든 일에 있어서 무엇이 진정 정의롭고 참다운 것인지 늘 돌아볼 것이다. 각자의 마음속에서 반짝이는 도덕에 부합하는지 한 번 더 생각하며 살아가는 자세가 바로 위버멘쉬의 첫 걸음이다.

길을 걷다가 깨진 유리 조각들이 길바닥에 있는 것을 본다면 말없이, 누구의 부탁 없이 자발적으로 그 조각들을 주워 쓰레기통에 버리는 행동 하나가 곧 위버멘쉬로 나아가는 작은 실천이다. 이미 일흔 살이 넘었다 해도 평생 배우고 싶었던 피아노를 손주뻘 어린 아이들과 함께 즐겁게 배우는 일처럼 의미 있는 일 하나를 찾아서 하는 태도 역시 위버멘쉬의 길을 아름답게 걷는 것이다.

매일 밤 잠 자리에 들기 전 오늘 하루는 얼마나 위버멘쉬에 다가갔는지 반성하고 성찰하는 태도 또한 중요하다. 하루하루 내게 주어진 이 삶의 굽이가 영원히 반복된다는 전제 아래 나는 결코 후회할 선택만큼은 하지 않으리라는 다짐을 해본다. 주어진 나의 운명을 있는 그대로 받아들이고 삶을 긍정하고 사랑하는 삶을 살리라 다짐해 본다.

기존 가치와 고정관념을 무너뜨리고 실존의 중요성을 강조한 니체는 지금 이 인생을 완전히 똑같이 살아도 좋다는 마음으로 살라는 숭고하고 뜨거운 외침을 전한다. 니체의 진심어린 가르침은 베르그송 등의 철학자들로 이어져 '생의 철학'이라는 또 다른 산을 낳았다. 나아가 하이데거와 사르트르로 이어지는 '실존 철학'을 잉태했다. 또한 데리다와 푸코로 이어진 현대 철학에까지 그 위대한 유산을 물려준다.

삶을 디자인하세요

마르틴 하이데거는 1889년, 독일 남부에 있는 가톨릭 마을 메스키르히에서 태어난다. 아버지의 바람대로 신부가 되기 위해 신학을 공부하던 청년 하이데거의 운명을 바꾼 한 권의 책이 있었다. 프란츠 브렌타노의 저서 『아리스토텔레스에게 있어서 존재자의 다양한 의미에 대하여』였다. 존재와 존재자, 단순한 한편 심오한 화두가 그의 영혼을 사로잡았다. 마침내 철학의 길로 들어서는 순간이었다.

1927년 마르부르크 대학교의 젊은 교수 하이데거는 훗날 세상에 큰 영향을 준 명저 『존재와 시간Sein und Zeit』을 출간한다. 이 책은 출간과 동시에 철학계에 거대한 파문을 일으킨다. 그는 "존재란 무엇인가?"라는 오래된, 그러나 당시엔 잊힌 질문을 다시금 철학의 중심으로 데려왔다. 하이데거는 존재의 의미를 묻고 답하기 위해서는 그 질문을 던지는 유일한 존재, 즉 '현존재'를 분석해야 한다고 주장했다. '그곳에 있음Dasein'을 의미하는 현존재는 하이데거가 세운 개념이다. 하이데거는 현존재가 바로 우리 인간 자신을 상징한다고도 이야기한다. 인간은 사물처럼 단순히 존재하는 게 아니라 자신의 존재를 충분히 이해하고 서로 관계 맺으며 살아가는 특별한 '존재자'라는 것이다.

쉽게 풀어보겠다. 하이데거는 인간 존재와 사물 존재를 다르게 보았다. 사물이 존재하는 방식은 '자이엔데Seiende'라 부르고, 인간이 존재하는 방식은 '다자인Dasein'이라 불렀다. 앞서 말했듯 다자인은 '거기에 있음'을 뜻하는데, 하이데거는 다자인을 인간만이 가진 특성으로 보았다.

하이데거는 '있음'이라는 개념의 기초를 다시 설계한 혁명가로 꼽힌다. 그는 소크라테스, 플라톤 시절부터 서양 사상사에서 '있음'에 대한 깊이 있는 천착이 이뤄진 적이 단 한 번도 없다고 지적한다. 『존재와 시간』에서 그는 있음과 존재에 대해 본격적인 성찰을 해 나가며 빛나는 철학 세계로 사람들을 이끈다.

있음을 떠올리면 우리는 제일 먼저 사전적 정의를 생각할 확률이 높다. 우리말 '있다' 또는 '있음' 그리고 한자어로 '존재存在' 또는 '존재하다'의 의미를 가늠할 것이다. 예를 들어 지금 눈앞에 책상 하나가 놓여있고 책상 위에는 우유가 반쯤 들어있는 유리잔 하나가 있다고 해보자. 책상은 있다. 다시 말해서 책상은 존재한다. 유리잔도 존재한다.

마르틴 하이데거.
아놀드 하임, 1947년, 독일 문학 아카이브, 마르바흐, © Shutterstock

유리잔 안에는 우유도 있다. 이 단순한 있음을 없다고 부정할 논리는 없다. 굳이 힘들게 부정할 필요도 없다. 말 그대로 있으니까.

그런데 여기서 단순한 있음의 주체가 사물이듯 인간도 있음의 주체가 될 수 있다. 존재하는 책상, 존재하는 잔, 존재하는 우유를 존재한다고 느끼는 '나', 즉 우리 인간도 사물과 같이 그저 존재하는 걸까? 하이데거는 지금까지의 철학은 우주의 원리, 신과 자연, 또는 이성과 물자체 등 심오한 가치에 다가서는 데 집중했지만 존재자로서 인간의 의미에 대해서는 무엇을 생각했냐고 질문을 던진 것이다.

답은 언제나 서양 철학

하이데거는 『존재와 시간』에서 인간의 삶이 지니는 의미를 특별한 방식으로 설명한다. 하이데거는 삶은 곧 죽음을 안고 있다고 생각했다. 즉 우리의 삶이 시작된 순간부터 그 안에 죽음을 잉태했다고 여겼다.

앞서 이야기한 책상이나 잔, 우유는 만들어진 그 순간부터 죽음을 떠올리지 않아도 된다. 반면 인간은 죽음을 향해 가는 존재다. 살아 숨쉬는 시간은 곧 죽음으로 가는 시간이란 뜻이기도 하다. 하이데거는 죽음을 숙명처럼 떠안은 채 존재하는 인간에게 하나의 길을 보여준다. 그는 인간의 존재는 사물의 존재와는 다르게 '시간'이라는 특정한 가치와 함께 간다는 것을 강조했다. 즉 우리는 언제나 시간의 과정 속에 놓여 있다.

인간에게는 과거와 현재 그리고 미래가 있다. 미래가 언제 어디서 끝날지 모르지만, 현재를 차곡차곡 쌓아나가면 미래는 자연스럽게 도래한다. 현재라고 생각하는 순간이 다음 순간엔 과거가 되고 곧 새로운 미래가 찾아온다. 지금의 나는 과거와 미래가 파도처럼 서로 밀고 밀리는 사이에 존재한다. 즉 인간은 시간과 떼려야 뗄 수 없는 '시간적 존재'다. 따라서 나와 책상 또는 우유나 유리잔은 같이 존재하지만 이 사물들의 존재와 나의 존재에는 근본적인 차이가 있다. 책상이나 잔, 우유 같은 사물에는 나의 존재처럼 과거와 현재 그리고 미래라는 시간이 포함되어 있지 않기 때문이다.

인간은 시간의 여정에서 스스로 자신의 존재를 실현해 가며 산다.

그러나 모든 인간이 자신의 존재를 잘 실현하며 살아가지는 않는다. 대부분의 사람들은 자신의 능력이나 잠재력을 의식하지 못하고 다른 사람들이 하는 대로 따라 살아간다. 자신이 정말 원해서 어떤 직업을 선택하는 게 아니라 남들이 선호하는 직업이니까 그 직업이 되어야 한다고 생각하고, 특정한 디저트가 유행하니까 자기도 그 디저트를 좋아하는 식으로 말이다. 이러한 삶을 하이데거는 '비본래적 삶'이라고 칭하며 비판했다. 비본래적 삶이란 본래가 아닌 삶이라는 건데 쉽게 말해 인생에서 해야 할 일을 하지 않고 사는 것을 의미한다.

그렇다면 '본래적 삶'은 무엇인가? 한마디로 말해 주체적인 삶이다. 우리 모두는 죽어가는 인간이다. 죽음을 본질로 안고 사는 우리 인생이 마치 무한하다는 듯 시간을 허비하고 게으르며 남에게 상처를 주는 등 죄악을 저지르고 방탕한 삶을 살아간다면 그것은 시간과 연관을 맺고 있는 인간이 본래 가야 할 길에서 이탈해 비본래적 삶을 산다는 뜻이다.

만약 인간이 영원히 사는 존재라면 본래적 삶과 비본래적 삶을 구별할 필요조차 없을 것이다. 인간은 태어난 그 순간부터 본래적 삶을 살아야 비로소 존재의 의미가 있다. 바로 이 존재, 그러니까 사물과는 달리 시간과 밀접하게 결부된 존재, 그러면서도 어떻게 사는 게 옳은 삶인지 계속 고민하고 주체적으로 살아야 하는 존재를 하이데거는 '실존實存'이라 불렀다. 영어로는 'existence'다. 그러니까 단순히 '있음'을 가리키는 'being'이 아닌 가치를 품고 존재하는 상태가 바로 실존이다.

하이데거는 지금까지 오랜 세월 인간 삶의 본질, 지혜를 찾는 방법을 모색한 2,000년의 철학은 모두 시간이라는 중요한 요소를 뺀 채 인간의 본질에 대한 답을 찾아왔다고 비판한다. 다시 말해 인간은 죽음이라는 종착역을 인식하면서 살아가야 하는 존재라는 점을 소홀히 했다는 뜻이다. 물론 베이컨이나 파스칼, 스피노자, 칸트, 쇼펜하우어, 키르케고르 같은 현인들도 삶의 유한함과 죽음의 의미에 대해 많이 설파했다.

하지만 존재와 실존의 차이를 명백히 제시하고 이를 가장 극명하게 보여준 건 하이데거가 처음이었다.

그러면 어떻게 살아야 할까?

하이데거는 인간을 인간답게 만드는 핵심을 '세계-내-존재世界·內·存在, being in the world'라고 설명한다. 세계-내-존재는 우리가 세계 안에서 살고 있다는 뜻이다. 이는 인간이 단순히 세계 안에 있다는 뜻이 아니라, 세계와 불가분의 관계를 맺고 있음을 강조하는 의미다. 세계-내-존재 개념은 하이데거 철학에서 인간 존재의 본질을 설명하는 가장 중요한 개념이다. 그는 인간 존재가 세계와 분리될 수 없다고 주장한다. 그에 따르면 인간은 항상, 이미 세계 속에 던져져 있으며 세계와의 관계 속에서만 자신의 존재를 이해할 수 있다. 이는 전통적인 '주체와 객체'라는 이분법을 뛰어넘는 것으로, 존재에 대한 새로운 이해 방식을 제시한다.

세계-내-존재에서 '내$^{A, in}$'는 서류가 캐비닛 안에 있거나 사람이 방 안에 있는 것처럼 단순히 공간 안에 있다는 뜻이 아니다. '내'는 친숙함, 관여함, 거주함의 의미를 갖는다. 즉 인간은 세계와 분리된 관찰자가 아니라 세계에 적극적으로 참여하고 관여하는 존재다. 이 개념은 인간 실존의 본질적 특성을 드러낸다. 인간은 고립된 개체가 아니라 항상, 이미 세계와 관계 맺고 있는 존재다. 우리의 모든 이해와 행동은 이러한 세계와의 관계 속에서 이루어진다.

쉽게 풀어보겠다. '내'는 세상과 상호작용하고 소통한다는 의미를

하이데거의 고향. 독일 바덴뷔르템베르크 주, 메스키르히

답은 언제나 서양 철학

담고 있다. 의자와 책상은 서로 소통할 수 없으므로 세계-내-존재가 될 수 없다. 오직 인간만이 서로 소통을 통해 세계-내-존재가 될 수 있다.

그렇다면 '세계'라는 게 정확히 무엇인가? 여기서 하이데거의 철학을 물 흐르듯 이해하기 위해 꼭 알고 넘어가야 할 두 가지 개념이 등장한다. 바로 '피투被投, Geworfenheit'와 '기투企投, Entwurf'다. 이 두 개념은 인간 존재Dasein(현존재)가 세계 속에 어떻게 존재하는지를 설명하는 방식이다. '피투'는 직역하면 '던져짐'이라는 뜻으로 인간이 스스로 원하지도, 선택하지도 않은 세계 속에 이미 존재하게 된 상태를 말한다. 아무도 자기 자신의 존재를 선택해서 태어난 사람은 없다. 그러니 인간은 모두 이 세상에 던져진 존재다. 바로 이게 피투성이다. 던져졌다는 의미에서 보면 나무, 꽃, 책상 같은 모든 사물과 강아지, 곰 같은 모든 동물도 역시 피투된 존재다.

예를 들어 '동북아시아'라는 지역의 '한국'이라는 나라에서 태어났고 '21세기'라는 시대에 살며 '한국어'라는 언어를 모국어로 쓴다는 사실은 내가 선택할 수 없는 주어진 조건들이다. 하이데거는 이러한 상태를 일컬어 인간이 세상에 '내던져진 존재'처럼 살기 때문에 '피투된 존재'라고 표현한다. 또한 죽음을 피할 수 없는 유한한 존재라는 점과 역사적 사건이나 우연히 벌어지는 일들 모두 피투에 해당한다. 이처럼 피투는 인간의 유한성과 수동성을 강조한다. 나는 내 존재의 조건을 정할 수 없고, 그 안에 이미 들어와 있는 존재라는 것이다.

피투에 대응하는 개념인 '기투'는 직역하면 '내던지기', '미래 지향적인 계획'을 뜻한다. 피투가 과거로부터 주어진 조건이라면 기투는 미래를 향해 나를 던지는 능동성이다. 즉 인간은 던져졌지만, 그 안에서 어떤 삶을 살지 스스로 선택하고 계획할 수 있는 존재라는 의미다. 예를 들어 내가 한국 서울에서 태어난 것을 바꿀 수는 없지만 그 조건 안에서 의사가 될 수도, 배우가 될 수도, 철학자가 될 수도 있는 가능성의 존재라는 의미다.

기투는 하이데거가 강조하는 존재의 자유와 자기 초월성을 잘 설명하는 개념이다. 그는 인간은 항상 미래를 향해 무언가가 되려는 존재이며, 특정한 조건 안에 갇혀 있지 않고 미래를 향해 '던질 수 있는 가능성의 존재'라고 보았다. 그리고 '현존재'는 피투와 기투 안에서 자신을 이해하고, 존재의 의미를 묻는 존재다.

하이데거는 본래적 삶을 살아야 하는 인간은 주어진 세계 속에서 무엇이든 자신이 '기획企劃'한 삶의 방식을 선택해야 한다고 주장했다. 여기서 기획이라는 가치에 방점을 둔 용어가 바로 '기투'인데, 사실 나는 기투라는 이 번역이 마음에 들지 않는다. 하이데거가 말한 기투는 독일어로 'Entwurf', 영어로는 'Project'다. 쉽게 말해 실존적 인간으로서 선택하는 삶의 방식이란 의미다.

나는 기투를 '의도적 실존'이라는 용어로 바꾸고 싶다. 스스로 계획하고 기획하고 투사한 방식이라는 뜻에서 '의도적 자아실현' 또는 '계획적 삶의 선택'이라는 의미를 담은 용어다. 의도적 실존은 하이데거의 본뜻을 잘 살린 개념어로 기투보다 훨씬 쉽고 간명하게 다가온다.

하이데거는 우리가 세계에 피투된 존재이지만 인생을 기획하는 삶, 기투하는 삶, 본래적 삶, 즉 우리가 우리 자신으로서 사는 삶을 살아야 한다고 강조했다. 또한 이렇게 의미 있는 삶, 가치 있는 삶을 살기 위해서는 늘 염두에 두는 가치가 필요하다고 역설했다. 인간은 서로 소통을 통해 세계-내-존재가 되는데 여기서 하이데거가 말하는 소통은 단순히 메시지를 주고받는 것이 아니다. 핵심은 '관심을 기울이고 보살피고 배려하는 것'이다. 이를 '조르게 Sorge'라고 한다. 인간은 사물과 세상에 대해, 그리고 다른 사람에 대해 관심을 갖고 돌보는 존재라는 의미다. 돌보지 않는 존재는 사물, 즉 '자이엔데'와 같다.

삶과 죽음은 동전의 양면처럼 늘 함께 붙어있다. 우리는 이를 자각함으로써 자신의 존재 전체를 파악하게 된다. 즉 인간은 언젠가 자신이 죽게 될 것이고 이 세계를 떠날 수밖에 없음을 깨닫게 된다. 하이데거는 죽음을 두려워하고 불안해하고 회피할 것이 아니라, 오히려 죽음을 똑바로 직시해야 한다고 말한다.

죽음을 예리하게 의식하고 자각하는 일의 끝에 자신의 삶의 의미를 다시 한 번 포착해서 재구성하려는 시도가 일어난다. 이를 통해 새로운 자신을 찾아내고 새로운 삶의 방식을 시작한다. 죽음의 자각을 통해 인간은 스스로를 새로운 가능성으로 던져 넣을 수 있으며, 비로소 죽음을 뛰어넘고 죽음에서 자유로워진다.

하이데거는 우리를 얽매는 많은 일상으로부터 자신을 자유롭게 하는 생각을 하라고 이야기한다. 이로써 우리는 본래의 자신, 진정한 실존을 회복한다는 것이 바로 하이데거 철학의 핵심이다. 숨 쉬는 동안 의미 있고 가치 있는 삶을 사는 존재, 이에 더해 자신의 삶을 주체적으로 이끌며 사는 존재가 바로 하이데거가 말하는 진짜 '실존적 존재'다. 그리고 그런 삶을 살아야 한다는 철학이 바로 '실존주의實存主義'다.

AI와의 공존이라는 유래 없는 새로운 시대에 우리 인간은 어떻게 존재의 의미를 잃지 않고 가치 있는 삶을 살아갈 수 있을까?

죽음 앞에 유한한 존재인 인간은 AI와 함께 사는 시대에 무엇을 결단하고 책임져야 하는가?

20세기 철학사에서 가장 영향력 있는 사상가로 꼽히는 하이데거는 오늘을 사는 우리의 지축을 뒤흔드는 질문을 던진다. 『존재와 시간』을 처음 펴낸 그날만큼 위력 있는 질문을.

5장

지금
이 순간에도
흐르는
철학의 바다

왜 실존이
본질에 앞설까?

나는 현직 언론인 시절 파리에서 특파원 생활을 했다. 파리에 머물던 시절, 언제든지 세계적인 화가나 음악가의 작품을 직접 보고 들을 수 있다는 건 정말 행운이자 크나큰 매력이었다. 인문학을 향한 식을 줄 모르는 열정이 나를 자꾸만 어딘가로 이끌었다. 쇼팽이나 에디트 피아프, 이브 몽탕, 마르셀 프루스트가 묻힌 '페르 라 쉐즈'라는 이름의 공동묘지, 그리고 파리 북서쪽으로 한 시간 정도 차를 몰고 달려가면 만날 수 있는 곳으로 고흐가 죽기 전 70일간 일흔 점의 작품을 그려낸 '오베르 쉬르 우아즈'라는 아름다운 마을도 그중 한 곳이었다.

센 강 남안에 붙어있는 생제르맹 데 프레에 있는 '카페 되 마고'도 내 발걸음을 자주 머물게 한 방문지였다. 바로 실존주의 철학을 상징

하는 인물 사르트르와 시몬 드 보부아르가 함께 향긋한 커피를 즐겨
마시던 단골 카페.

이 장소들을 찾는 건 인문학의 자취를 마음껏 먹고 마시는 내 나름
의 한 방법이었다. 돌이켜 보니 꼭 다시 가보고 싶은 많은 장소 가운데
하나로 몽파르나스 묘지가 꼽힌다. 그곳엔 사르트르와 그의 부인 보
부아르가 나란히 묻혀있기 때문이다. 두 사람은 계약 결혼을 한 것으
로 유명하다.

사르트르와 보부아르가 중국을 방문했을 때, 톈안먼 광장에서 열린 행사에 참석한 장면을 담은 사진이다.
허우보, 『장 폴 사르트르와 시몬 드 보부아르』, 1955년, 중국 국가사진기록원.

계약 결혼이었지만 많은 이의 예상과는 달리 그들은 세상을 떠나는 마지막 순간까지 함께했다. 죽어서도 같은 곳에 나란히 묻혔으니 여전히 함께하고 있는 셈이다. 사르트르의 앞에는 '실존주의의 완성자'라는 명예로운 호칭이 따라다닌다. 그리고 보부아르 또한 이에 못지않은 영예를 갖고 있다. '여성의 권리를 찾아준 지성'이 바로 그것이다.

실존주의는 복잡하게 설명할 필요가 없다. 인간은 세상에 '피투'된 존재이지만 주체성을 갖고 '기투'하며 삶의 가치를 찾아가야 하는 존재, 그게 바로 실존實存, existence이다. 또한 책상이나 의자처럼 시간의 의미도, 생사의 의미도, 그 자체가 갖는 의식도 없는 일반적 존재와 차별되는 존재가 바로 실존이다. '실존'이란 영어 'existence'의 라틴어 어원은 '바깥'이라는 의미의 'ex'와 '존재하다'는 의미의 'istere'이다. 다시 말해 외부와의 관계성에서 그 존재의 의미가 있다는 뜻에서 실존은 성립한다.

사르트르는 '실존주의는 휴머니즘'이라고 정의한다. '~주의'를 빼고 보면 사르트르는 '실존=인간'이라는 것이다. 즉 사람만이 실존이고 나머지는 그냥 존재하는 것이라는 얘기다.

장 폴 사르트르Jean Paul Sartre, 1905~1980의 삶을 요약해 보면 바로 그의 삶이 가장 상징적 실존이었음을 이해할 수 있다. '사상계의 제임스 딘', '행동하는 지성인', '앙가쥬망의 상징', 모두 사르트르에게 주어진 영광의 별명이다.

사르트르는 1905년 파리에서 태어났다. 아버지는 해군 장교였지만 두 살 때 당시 프랑스의 식민지 베트남에서 열병으로 세상을 떠났다. 어머니는 훌륭한 가계에서 태어났다. 특히 어머니의 사촌 남동생이 바로 아프리카를 구한 영혼으로 불리는 노벨상 수상자 슈바이처였다. 그러니까 슈바이처는 사르트르의 외당숙이 되는 셈이다.

사르트르는 독서의 천재였다. 아버지가 없었고 외가에서 자라다가 어머니가 재혼하면서 책에 빠졌다. 어릴 때 어머니를 따라 고서점을 가서는 그 자리에서 책을 읽고 수백 쪽의 이야기를 쓸 정도로 기억력과 감수성이 풍부했다. 아버지가 없다는 건 그에게 상실의 아픔도 있었지만 반대로 자유를 주었다. 기독교에 대한 구속도 없었다. 특히 외조부는 사르트르에게 무엇이든 읽고 공부하고 쓰는 자유의 소중함을 가르쳐주었다. 또 자유를 보장해 주었다. 그러던 중 안구 이상이 왔다. 점점 더 사팔뜨기가 되어가던 사르트르는 외모를 혐오했다. 정서적으로도 외로움을 안고 살아야 했다. 아무리 노력해도 외가 식구들로부터 사랑받을 수 없다고 믿기 시작했다. 7세 때 이미 세상에 나 자신 말고는 믿을 사람이 없다고 다짐했다고 후일 술회했다.

1916년 어머니의 재혼 이후 3~4년은 사르트르 생애를 통틀어 가장 불행한 시기였다. 그러다가 1919년 파리의 고등학교로 진학했고 집안의 구속에서 벗어나 해방감을 맛보기 시작한다. 1924년 19세의 나이로 파리 고등사범학교에 진학했다. 메를로 퐁티, 레이몽 아롱, 레비 스트로스 같은 후일 동시대 최고의 지성이 된 사람들과 함께 다녔다. 계약 결혼으로 유명한 시몬느 드 보부아르를 만난 것도 바로 이 무렵이었다. 만나서 금세 연인이 된 그들은 사르트르의 입대를 앞두고 루브르 박물관 앞 벤치에서 결혼 계약을 맺었다. 처음 계약 기간은 2년이었지만 둘 사이의 계약은 평생 지속되었다.

1931년 사르트르는 대서양 노르망디로 가는 항구도시 르아브르의 고등학교에서 철학 교사로 부임했다. 이때부터 7년여 간의 지루한 교사로서의 소시민 삶을 경험한 걸 바탕으로 소설을 썼다. 『구토』가 사르트르의 첫 소설이다. 소설의 주인공 로캉탱은 어느 날 바다에 돌을 던지는 아이들 흉내를 내려고 돌을 집다가 구역질한다. 그 뒤 마로니에 나무뿌리를 보고도 구토하는 등 모든 사물 앞에서 구역질을 느끼지만, 까닭을 모른다. 사르트르는 다양한 구역질 경험을 통해 세상 모든 존재의 본모습을 보여주려 했다. 세상 모든 게 따져 보면 진정 있어야 할 이유도 없이 그저 존재할 뿐이다. 아무 목적 없이 세상에 던져진 (被投) 느낌과 무의미에서 오는 허무가 로캉탱이 구토하는 이유다.

1938년에 발표한 『구토』는 소설 형식으로 실존주의의 맛을 보여준 작품이다. 그로부터 5년 뒤 1943년 제2차 세계 대전이 끝으로 치닫던 무렵 사르트르는 20세기 최고의 책으로 꼽히는 『존재와 무』를 출간했다. 이 책은 철학 사상 서적 형식의 실존주의 설명서이다. 이 책을 통해 사르트르는 "실존은 본질에 앞선다."라는 명 표현을 선보였다. 한마디로 인간과 사물이 공존하지만, 실존인 인간은 주체적으로 삶의 의미와 인간 사회의 가치, 자유를 위해 살아가는 존재라는 걸 강조한 표현이다. 또한 인간은 본질에 의하여 한정되는 존재가 아니고 자유

사르트르와 보부아르의 단골 카페, '카페 드 플로르', 프랑스 파리. 파리 생제르맹데프레 지역의 대표적인 문학·철학 카페로, 사르트르와 보부아르가 자주 찾던 장소로 유명하다.

로운 존재이고, 가능성이 있는 존재이며, 자기의 본질을 스스로 만들어 나가는 존재임을 설명하는 문장이기도 하다. 여기서 종교나 신은 철저히 배제된다.

제2차 세계 대전이 발발하자 사르트르는 서른넷의 나이로 프랑스 육군에 다시 입대한다. 1940년 독일군에게 포로로 잡혀 1년간 포로 수용소 생활을 하다가 탈출해 레지스탕스에 가담, 프랑스를 위해 활동했다. 제2차 세계 대전이 끝난 뒤 사르트르는 공산주의에 깊이 빠져 쿠바의 카스트로를 방문하기도 했다. 하지만 후일 러시아가 헝가리의 자유화 운동을 탄압하기 위해 1956년 부다페스트를 공격하자

격렬하게 반소련, 반공산주의 운동에 가담했다. 이때 사르트르는 '행동하는 철학자'라는 별명을 얻는다. 이후 사르트르는 베트남 전쟁 반대, 알제리 전쟁 반대, 노동자 지지 집회 등에 맹렬히 참여하며 사회 운동에도 가담한다. 행동하는 지성, 행동하는 양심, 행동하는 철학자의 삶을 실천하는 시간이었다.

자유, 그 영원한 가치를 향해

아버지의 부재가 가져다준 유년기의 자유를 사르트르는 맛봤다. 포로수용소 생활과 레지스탕스 활동을 하면서 간절하게 필요했던 자유의 가치를 절실하게 깨달았다. 사르트르에게 기독교를 믿느냐보다 더 중요한 가치는 바로 '자유가 있느냐 없느냐'였다. 신의 존재 여부보다 더 현실적이고 절실한 문제가 바로 자유였다. 사르트르는 신이 없다는 것을 증명하려고 노력한 사람은 아니다. 단지 신이 있어도 이 세상에 아무런 변화를 주지 못하고 도움이 되지 않는다고 생각했다. 이 부분은 니체가 '신은 죽었다'고 선언한 것과 맥이 닿는다.

사르트르의 관심은 항상 개인에게 있었다. '나 자신으로 사는 삶'이 그것이었다. 심지어 타인에 대한 배려조차 자신의 삶에는 중요하지 않았다. 그러다가 제2차 세계 대전이 사르트르의 생각에 변화를 가져다주었다. 관심을 다른 사람과 사회로 돌리는 전기가 마련된 것이다.

전쟁이라는 집단 폭력 앞에서 그는 참여, 곧 '앙가주망 Engagement'의 중요성을 깨달았다. 인간은 본질상 자유롭다. 하지만 자유를 억누르는 세력과 집단이 있는 한 인간은 결코 완전하게 자유로울 수 없다. 따라서 인간의 자유를 억누르는 모든 세력에 대항해 싸우리라 결심하게 된 지성, 바로 '행동하는 지성' '앙가주망의 대표'가 탄생한 것이다. 알제리 전쟁, 미국의 베트남 참전, 드골 독재 정권을 무너뜨린 프랑스의 68혁명 등 굵직한 역사적 투쟁의 중심에 항상 사르트르가 있었다. 1970년대엔 대한민국에서 시인 김지하가 박정희 독재 정권에 맞서다가 반공법 위반으로 구속되자 김지하의 석방을 위해 노력하기도 했다.

사르트르에 있어 실존은 주체성이다. 실존은 자기가 스스로 주인임을 뜻한다. 그것은 자기의 행동을 선택하고 자기의 미래를 기획하는 주체가 바로 실존이기 때문이다. 실존의 또 다른 특징은 책임진다는 것이다. 실존은 다시 말해 선택하고 기획하는企投된 자유로운 존재이면서 그 결정에 대해 무한 책임을 지는 성실한 존재다. 사르트르가 자유와 함께 책임을 강조하는 데서 우리는 실존주의의 성실성과 사회성을 본다.

사르트르는 실존주의를 기투된 삶, 뭔가 의미 있는 존재로서의 인간을 향해 나아가는 사상이라고 규정하였다. 그러기 위해서는 '자유'의 가치를 가장 소중하게 지켜야 한다고 강조했다. '자유'는 개인과 사회, 국가 간의 관계에 모두 정확하게 적용되는 법칙이자 원칙이어야 한다고 강조했다. 말하자면 인간이 실존이 되기 위해서는 자유로운 존재이어야 한다. 그런데 나의 자유를 위해 타인의 자유를 짓밟는 행위는 실존의 원칙을 깨는 행위다. 개인이 다른 개인의 자유를 억압하면 안 되듯이 사회가 다른 사회의 자유를 빼앗는 모든 조치나 행동 또한 실존주의를 정면으로 위배하는 것이다.

마찬가지로 힘이 센 국가가 힘이 상대적으로 약한 국가를 침범하거나 전쟁을 일으키는 행위 역시 실존주의의 중대한 가치를 훼손하는 행동이라고 사르트르는 규정하였다. 모든 전쟁을 반대하는 반전운동은 단순히 사람이 죽고 다치는 문제를 떠나 원칙에 있어 타인, 타 사회, 다른 국가의 자유를 침해하는 행위에 대한 반대운동이자 실존주의를 지키기 위한 운동임을 사르트르는 죽는 날까지 외쳤다.

아무리 강조해도
지나치지 않은 의사소통

프랑크푸르트 대학교엔 사회 연구소가 있었다. 1923년에 창설되었고 나치 정권이 수립된 이듬해인 1934년 스위스와 프랑스를 거쳐 미국 뉴욕으로 옮겨갔다. 뉴욕 컬럼비아 대학교의 부설 기관으로 있다가 제2차 세계 대전이 끝난 뒤 다시 프랑크푸르트로 옮겨갔다.

프랑크푸르트학파란 누구이고 어떤 생각을 한 사람들일까? 좁은 의미로는 프랑크푸르트대 부속 〈사회 연구소〉 소장으로 취임한 호르크하이머를 중심으로 에리히 프롬, 마르쿠제, 테오도르 아도르노, 월터 벤야민 등의 학자 그룹을 부르는 통칭이다. 넓게는 1951년 독일에서 재건된 사회 연구소에 모인 사람들 모두를 총칭하며 그들의 생각과 동조하는 일군의 학자들을 뜻한다.

답은 언제나 서양 철학

프랑크푸르트학파를 일컬어 '비판이론가'들이라고도 부른다. "비판이 마비된 사회, 반대가 없는 사회는 파시즘의 지배가 파 놓은 현대 문명의 함정"이라는 주장이 바로 비판이론의 핵심이다. 파시즘이란 이탈리아의 무솔리니가 주장한 국수주의적, 권위주의적, 반공산주의적 정치 이념이다. 오늘날 모든 반동적 독재 정치운동을 일컬어 파시즘이라고 칭한다. 이탈리아어 '파쇼'에서 유래한 용어로 '파쇼'는 원래 '묶음'이란 뜻이었으나 '결속'의 뜻으로 바뀌었다.

의사소통의 가치를 강조하다

프랑크푸르트학파의 마지막 주자로는 제2차 세계 대전 이후 꽃을 피운 하버마스를 꼽는다. 위르겐 하버마스Juergen Habermas 1929~는 뒤셀도르프에서 태어났고 25세 때인 1954년 논문 〈절대자와 역사〉로 박사학위를 받았다. 1962년 교수 취임 논문 〈공공영역의 구조변화〉를 시작으로 1971년 『이론과 실천』, 1973년 그의 대표 저술로 꼽히는 『인식과 관심』, 1981년 『의사소통 행위이론』, 그리고 1985년 『현대성의 철학적 담론』 등 현대 지성사의 한 산맥을 이루는 다수의 책을 출간했다. 흔히 사회철학으로 불리는 영역을 개척하는 저서 27권을 지난 30년간 거의 매년 발간하면서 세계 지성의 흐름을 주도해 왔다.

하버마스는 1964년부터 1971년까지 프랑크푸르트대 철학 및 사회학과 정교수로 근무했다. 이어 1983년부터 다시 교수로 위촉되어 1994년 정년 퇴임 때까지 많은 저술과 명강의로 시대를 일깨우는 메시지를 지속해서 던져주었다. 96세인 지금도 프랑크푸르트대 철학과 명예교수로 재직하고 있다.

그가 남긴 최고의 책은 『의사소통 행위이론』이다. 하버마스는 마르크스의 이론이 후기산업사회에 맞지 않는다며 '의사소통 행위이론'이라는 새로운 체계를 도입해 비판이론을 한 단계 높였다는 평가를 받았다. 소통의 의미와 가치를 강조했다. 인간은 대화와 토론으로 서로 이해하고 합의하는 의사소통 행위가 산업사회에서 가장 중요하다는 것이 하버마스의 논지이다.

마르크스는 『사적유물론』에서 경제가 사회 성립과 변화의 토대가 된다고 하였다. 그러나 하버마스는 대규모 기업이 존재하며 국가권력의 본격적인 개입이 이뤄지는 오늘날에는 정치와 경제가 분리되기 어렵다고 생각하였다. 또한 마르크스의 노동가치론 역시 기술의 발달로 현대 사회에 적용할 수 없다고 비판했다. 그러면서 하버마스는 마르크스의 '생산력과 생산관계'의 개념을 '노동과 상호작용' 또는 '목적합리적 행위와 의사소통적 행위'로 대체하였다.

마르크스는 어떤 목적을 위해 어떤 수단을 이용하는 게 가장 효율적인가를 고려하는 것에 반해 하버마스는 의사소통은 목적의 설정과 성취의 과정에서 구성원들의 이해와 참여를 최선의 가치로 여겼다. 생산관계가 소통의 관계를 침해하는 것에서 현대산업사회의 위기가 발생한다고 하버마스는 강조했다. 그러면서 의사소통하는 이성理性으로 삶의 질서를 근본적으로 변화시킬 수 있다고 하버마스는 주장하였다. 그는 토론으로 의사결정이 이루어지기 위한 사회적 조건은 무엇인가에 대해 연구의 초점을 맞추었다.

하버마스를 흔히 '소통疏通, communication으로 이성을 재건한 현대 철학의 거장'이라고도 부른다. '공론의 장', '소통 행위', '담론 윤리' 같은 독창적인 개념을 통해 현대 사회의 문제점을 진단하고 그 대안을 모색했다. 그의 철학은 이성의 가능성을 믿고, 합리적인 의사소통을 통해 보다 정의롭고 민주적인 사회를 구축할 수 있다는 희망의 메시지를 담고 있다.

하버마스의 지적 여정은 그의 유년 시절 경험과 깊이 연관되어 있다. 독일 뒤셀도르프에서 태어난 그는 나치의 청소년 조직인 히틀러 유겐트에 몸담았던 경험과 제2차 세계 대전 이후 뉘른베르크 재판을 통해 나치즘의 광기와 독일 사회의 도덕적 파탄을 목격했다. 그 경험은 하버마스에게 이성과 합리성을 깊게 성찰하게 했다. 어떻게 사회가 비이성적인 광기에 휩싸일 수 있는지, 그리고 이를 어떻게 막을 수 있는지에 대해 평생 연구하고 그 결과물을 책으로, 강의로 전했다.

하버마스의 철학은 몇 가지 핵심적인 개념을 중심으로 전개되는데 그것들은 상호 긴밀히 연결되어 있고 현대 사회의 병리를 진단하고 해법도 그 안에서 찾을 수 있는 토대를 제공하였다.

먼저 '공론의 장Public Sphere'이란 개념을 하버마스는 제시했다. 줄여

독일 프랑크푸르트의 현재 모습

서 '공론장'이라고도 부른다. 하버마스는 시민 사회의 매개 영역으로 사적인 개인들이 모여 공통의 주제를 자유롭게 토론하고 여론을 형성하는 공간으로 이 개념을 도입하였다. 18세기 유럽의 살롱 같은 곳에서 부르주아 계급이 정치, 사회 문제에 대해 비판적인 토론을 벌이던 것에서 그 원형을 찾을 수 있다.

하버마스는 이상적인 공론장이 합리적인 여론 형성을 통해 국가권력을 감시하고 민주주의를 실현하는 핵심적인 장치라고 보았다. 하지만 현대 사회에서는 대중매체의 상업화와 국가의 개입으로 인해 공론장이 왜곡되고, 비판적인 토론보다는 조작된 여론이 지배하게 된다며 현대의 의사소통 실태를 강력히 비판했다.

두 번째로 '소통 행위이론 Theory of Communicative Action'이란 개념을 하버

마스는 제시했다. 하버마스 철학의 정수라고 할 수 있는 이 이론은 인간의 사회적 행위를 두 가지로 구분하는 것에서 출발한다. 하나는 '전략적 행위 Strategic Action'이고 다른 하나는 '소통 행위 Communicative Action'이다. 전략적 행위는 자신의 목적을 효율적으로 달성하기 위해 타인을 수단으로 삼는 행위를 이른다. 소통 행위는 행위자들이 서로를 이해하고 합의에 도달하는 것을 목표로 하는 행위다. 소통은 언어를 매개로 이루어지며, 참여자들은 사실성과 규범적 정당성, 진정성을 가지는 전제 조건 아래서 대화에 참여해야 한다고 하버마스는 강조하였다.

하버마스는 현대 사회의 숱한 문제들이 소통 행위의 영역이 경제와 행정이라는 '체계'의 전략적 행위로 인해 지배되면서 발생한다고 진단했다. 따라서 소통 행위의 합리성을 회복하고, 이를 통해 '생활 세계 Lifeworld'의 자율성을 지키는 것이 중요하다고 역설했다.

마지막으로 하버마스는 '담론 윤리 談論 倫理, Discourse Ethics'라는 개념을 제시했다. 담론 윤리는 소통 행위이론을 도덕적 규범의 문제에 적용한 것이다. 하버마스는 보편적인 도덕 원칙은 특정 문화나 종교에 의해 주어지는 게 아니라, 자유롭고 평등한 개인들이 합리적인 토론, 즉 '담론'을 통해 합의에 이르는 과정에서 정당화될 수 있다고 보았다.

이상적인 담론 상황에서는 모든 참여자가 자유롭게 자신의 의견을 개진하고, 다른 사람의 주장에 대해 비판적으로 검토할 수 있어야 한다. 이러한 과정을 통해 도출된 규범만이 보편적인 타당성을 지닐 수 있다는 것이 담론 윤리의 핵심이다.

하버마스는 소통의 중요성을 강조하면서 위의 세 가지 개념을 최초로 구체적 용어로 담아서 설명했다. 특히 공론의 장을 통해 사회의 의사소통이 바람직한 방향으로 나아갈 수 있다는 점을 강조했다. 하버마스가 최초로 사용한 '공론의 장' 개념과 유사한 '여론'이란 개념은 하버마스에 앞서 20세기 초반 등장한다. '공공의 의견'이란 의미로 쓰는 '여론興論'이라는 용어를 처음 만들어 사용한 사람은 미국의 저널리스트 출신 언론학자이자 사상가였던 월터 리프만이다. 그는 1922년 명저 『여론Public Opinion』이란 책을 출간했다. 오늘날 저널리즘 학문이 궤도 위에 안착하게 된 씨앗과 밑거름을 바로 리프만과 하버마스가 제공한 셈이다.

결론적으로 프랑크푸르트학파는 마르크스의 장점을 부분적으로 인정하면서도 개인의 자유와 노동의 가치라는 측면에서 비판했다. 산업혁명 이후 노동자의 자유가 속박되고 특히 후기산업사회로 갈수록 개인은 상품 내지는 부품으로 전락하는 현실을 개탄하면서 비판이론으로 서구 지성사를 주도했다. 마지막 주자 하버마스는 의사소통의 중요성을 강조했다. 지금도 프랑크푸르트대학 명예교수로 일하면서 시대정신을 새롭게 제시하는 훌륭한 강의와 글쓰기를 이어가고 있다.

매 순간
위버맨쉬를 떠올리는 삶

내 어린 시절을 아로새긴 추억 중에서 단연코 잊을 수 없는 장면 하나가 있다. 겨울밤만 되면 자주 보았던 금방이라도 부서져 내릴 듯 수많은 별이 하늘 가득 떠 있는 모습이다. 어린 나는 문득 궁금해졌다. 이토록 많은 별이 도대체 어떻게 해서 지금 이렇게 반짝이고 있을까. 특히 하늘 한가운데를 가로지르는 은하수를 보면서 저 작은 가루들이 모두 별이라는 게 믿어지지 않았다. 이후 별은 내게 늘 사유의 징검다리가 되어 줬다. 자라고 공부하고 책을 읽으면서 나는 운명과 별에 대해 자주 깊은 생각을 했다. 특히 지금 내가 보는 별은 이미 세상에 존재하지 않는 별일 수도 있다는 생각, 수만 혹은 수십만 광년 떨어진 공간에서 시작된 빛이 수만 혹은 수십만 년을 달려 우리와 만나게 된 의미란 과연 무엇일까.

과학자들은 우리 은하에 대략 1천억 개의 별이 존재한다고 추정한다. 그리고 우리가 속한 우주에는 또 1천억 개의 은하가 있을 것으로 추정한다. 좀 더 범위를 넓히면 그렇게 많은 은하를 담고 있는 우주 또한 수백억 개 이상 무한대로 펼쳐져 존재하고 있을 게 분명하지 않을까? 나는 오늘도 이런 저런 생각을 한다. 그리고 이러한 생각과 사유의 모든 과정은 곧 나만의 철학으로 태어난다.

서양 철학의 긴 산맥을 훑어 온 여행을 마치고 마침내 종착역에 도착했다. 나는 어떻게 지금의 이 삶을 살고 있을까? 나는 누구인가? 사람의 인생에서 가장 숭고한 가치는 무엇일까? 사람은 진정 무엇에서 행복을 얻을까? 그 행복의 본질은 과연 무엇인가? 사랑은 어떤 가치를 지니고 있을까? 진정한 사랑이란 게 과연 있긴 한 걸까? 우주는 어떤 질서로 순환될까? 종교와 신은 과연 무엇인가?

이 많은 중요한 물음에 그 어떤 현자도 명쾌한 답을 주지는 않았다. 어떤 종교나 학문도 답을 못 내리기는 마찬가지다. 철학을 전공하지 않은 내가 왜 2,500년이 넘는 서양 철학의 험준한 산을 오르내리는 일을 시작했을까? 결론부터 말하자면 각각의 물음에 대한 답을 모르고, 명쾌한 답이 없다는 생각 때문이다. 그리고 삶의 진정한 답은 바로 철학 그 자체에 있기 때문이다.

지식의 빈 곳간을 채워나가는 과정에서 하나라도 더 얻기를 기대했다. 비우는 것, 무소유의 가치를 디오게네스를 통해 어렴풋이 거머쥐었다. 홉스를 만나 민주주의의 역사를 얻었고 데카르트를 통해 지식과 지혜의 합리적인 순환고리를 알게 되었다. 니체는 내 삶의 방식에 영감을 준 철학자다. 매순간 위버멘쉬를 떠올리는 삶이야말로 내 인생의 나침반이다. 사르트르와 하이데거에게서 나의 자유와 가치가 소중한 만큼 타인의 자유 또한 소중히 여겨야 한다는 가르침을 얻었다.

글을 쓰기 위해 참 많은 책을 읽었고 참고서로 삼았다. 이를테면 데카르트를 쓰기 위해 데카르트가 쓴 『방법서설』을 두 번이나 읽었다. 그래도 의미가 잘 와 닿지 않을 땐 다른 사람이 설명하거나 해설해 놓은 책을 통해 부족한 깨달음을 보완했다. 버트런드 러셀은 그런 의미에서 자주 참고한 스승이다. 러셀이 쓴 『서양철학사』는 때론 내게 당혹감을 주기도 했다. 철학사를 다룬 여느 책에 나오는 해석과는 다른 분석이 자주 등장하기 때문이다.

소크라테스부터 하버마스까지 각기 다른 현자와 철인의 삶과 지혜를 파헤치고 알아가는 기쁨은 실로 컸다. 수많은 지식이 나만의 곳간에 차곡차곡 쌓이는 걸 느끼면서 말로 표현하기 힘든 희열을 맛보았다. 그동안 유명 키워드로만 기억한 채 철학 사상의 진정한 개념과 의미, 그러한 철학이 탄생한 시대적 배경은 전혀 알지 못했던 숱한 서양 철학을 스스로의 이해를 바탕으로 하나씩 체화하고 그걸 글로 펴나가는 행복은 다른 어떤 일보다 훨씬 큰 보람을 선물했다.

역사를 알면 철학이 보이고, 철학을 알면 세상이 보이는 법이다. 나는 개별 철학자나 철학 사조를 주제로 글을 쓸 때마다 가능하면 그 시대 유럽의 역사적 사건, 역사상 의미 있는 변화를 함께 서술하려 노력했다. 펠로폰네소스 전쟁을 시발점으로 해서 로마 제국의 흥망사, 기독교의 공인과 부패, 십자군전쟁, 백년전쟁, 종교개혁, 30년 전쟁, 산업혁명, 공산주의의 태동, 1~2차 세계대전 등 철학을 이야기하기 위해 반드시 관련된 역사를 곁들였다. 따라서 이 책은 '역사 속 철학'이자 '철학 속 역사'다. 또한 나는 용어 하나, 개념 하나부터 철학자 개개인의 인생이나 철학 사상의 전체를 관통하는 뿌리까지 독자들이 가장 알기 쉽고 이해하기 편하고, 흥미롭게 나아가도록 정리하려 애썼다.

나는 독자들과 서양 철학 여행을 함께하는 크루즈의 선장, 혹은 철학 여행객들을 가득 태운 열차의 기관사라는 생각으로 집필에 임했다. 크루즈든 기차 여행이든 공통된 특징은 기항하는 항구를 중심으로, 도착하는 기차역을 중심으로 해당 지역의 관광명소, 매력적인 관광 포인트를 구경하는 일이다. 또한 여행은 그 지역의 역사 이야기 재미나게 듣고 그곳의 맛집에서 특별한 요리를 즐기는 일로 이어진다.

마찬가지로 내가 이끄는 이 철학 여행도 스물아홉 개의 항구 혹은 기차역을 하나하나 들르는 방식으로 왔다. 반드시 첫 번째 역부터 마지막 역까지 차례대로 다 들를 필요는 없다. 여행자 가운데 어떤 사람은 특정 항구나 역에 이미 방문한 적이 있을 수 있기 때문이다. 각 역이나 항구가 주는 흥미나 매력도도 다를 수 있다. 따라서 처음부터 끝까지 차례로 완독하는 것도 좋지만, 딱딱하다 느낄 때면 먼저 구미가 당기는 주제부터 읽어도 좋다.

'이토록 흥미롭고 읽기 편한 철학책이 또 어디 있을까?'라는 소회를 한 명의 독자라도 더 가질 수 있다면 행복하리라는 바람을 안은 채 긴 글쓰기를 마무리한다.

참고 문헌

플라톤 지음, 『소크라테스의 변명』, 정명진 옮김, 부글북스, 2024

플라톤 지음, 『플라톤 국가』, 박문재 옮김, 현대지성, 2023

아리스토텔레스 『니코마코스 윤리학』, 강상진, 김재홍, 이창우 옮김, 길, 2011

아리스토텔레스 『정치학』, 박문재 옮김, 현대지성, 2024

마르쿠스 아우렐리우스 『명상록』, 안정효 옮김, 세경, 2010

아우구스티누스 『고백록』, 김평옥 옮김, 범우, 2008

이종권 편역 『알기 쉽게 풀어 쓴 신곡』, 아름다운날, 2015

니콜로 마키아벨리 지음, 『군주론』, 신동준 옮김, 인간사랑, 2014

데시데리위스 에라스뮈스 지음, 『우신예찬』, 강민정 옮김, 서해문집, 2008

토머스 모어 지음, 『유토피아』, 황문수 옮김, 범우, 2008

프랜시스 베이컨 지음, 『신 기관』, 진석용 옮김, 한길사, 2016

L. M. 존슨 백비 지음, 『홉스 〈리바이어던〉으로의 초대〉 김용환, 2013

안병웅 지음, 『존 로크의 인간 오성론 읽기』, 울력, 2016

르네 데카르트 지음, 『방법서설』, 이현복 옮김, 문예출판사, 2015

블레즈 파스칼 지음, 『팡세』, 이환 옮김, 민음사, 2003

현택수 지음, 『루소 사회계약론/인간불평등 기원론』, 빠리까페, 2020

장자크 루소 지음, 『에밀』, 김중현 옮김, 한길사, 2003

볼테르 지음, 『캉디드 혹은 낙관주의』, 이봉지 옮김, 열린책들, 2021

임마누엘 칸트 지음,『순수이성비판』, 정명오 옮김, 동서문화사, 2016

루이스 화이트 벡 지음,『칸트의 〈실천이성비판〉 주해』, 오창환 옮김, 길, 2022

임마누엘 칸트 지음,『판단력 비판』, 이석윤 옮김, 박영사, 2017

게오르크 빌헬름 프리드리히 헤겔 지음,『정신현상학』, 김양순 옮김, 동서문화사, 2016

아르투어 쇼펜하우어 지음,『의지와 표상으로서의 세계』, 권기철 옮김, 동서문화사, 2016

아르투어 쇼펜하우어 지음,『사랑은 없다』, 이동진 옮김, 해누리기획, 2022

몽테스키외 지음,『법의 정신』, 현택수 옮김, 빠리까페, 2020

존 스튜어트 밀 지음,『자유론』, 박문재 옮김, 현대지성, 2018

최형익 지음,『마르크스의 자본론 읽기』, 세창미디어, 2019

프리드리히 니체 지음,『차라투스트라는 이렇게 말했다』, 정동호 옮김, 책세상, 2018

박찬국 지음,『하이데거의 존재와 시간 강독』, 그린비, 2014

장 폴 사르트르 지음,『구토』, 방곤 옮김, 문예출판사, 1999

장 폴 사르트르 지음,『존재와 무』, 변광배 옮김, 민음사, 2024

에리히 프롬 지음,『사랑의 기술』, 황문수 옮김, 문예출판사, 2006

에리히 프롬 지음,『자유로부터의 도피』, 김석희 옮김, 휴머니스트, 2012

에리히 프롬 지음,『소유냐 존재냐』, 최혁순 옮김, 범우사, 1999

헤르베르트 마르쿠제 지음,『1차원적 인간.부정』, 차인석 역, 삼성, 1970

위르겐 하버마스 지음,『의사소통 행위이론』, 장춘익 옮김, 나남, 2006

자크 데리다 지음,『목소리와 현상』, 인간사랑, 2006

이규현 지음,『미셸 푸코, 말과 사물』, 살림, 2019

미셸 푸코 지음,『감시와 처벌』, 고광식 옮김, 다락원, 2009

버트런드 러셀 지음,『러셀 서양철학사』, 서상복 옮김, 을유문화사, 2009

에른스트 곰브리치 지음,『서양미술사』, 백승길, 이종숭 옮김, 예경, 2002

에드워드 기번 지음,『로마제국 쇠망사』, 송은주, 윤수인, 김희용 옮김, 민음사, 2008

라인하르트 바르트 지음,『한눈에 쏙 들어오는 세계사』, 이한우 옮김, 산하, 2010

홍익희 지음,『세 종교 이야기』, 행성B 잎새, 2014

펄 S. 벅 지음, 『이야기 성서』, 이종길 옮김, 길산, 2010

이희수 지음, 『세계문화기행』, 일빛, 2003

루돌프 K. 골트슈미트 엔트너 지음, 『세계사의 명장면 그 이면의 역사』, 옮긴이 달과 소, 달과소, 2005

앙드레 모루아 지음, 『프랑스사』, 신용석 옮김, 기린원, 1998

정헌경 지음, 『단숨에 정리되는 세계사 이야기』, 좋은날들, 2014

송용구 지음, 『인문학 편지』, 평단, 2014

리처드 벅스턴 지음, 『세상은 신화로 만들어졌다』, 배다인 옮김, 더퀘스트, 2024

대런 애쓰모글루, 제임스 A. 로빈슨 지음, 『국가는 왜 실패하는가』, 최완규 옮김, 시공사, 2024

여르미 지음, 『마흔에 읽는 인문학 필독서』, 센시오, 2024

린이 지음, 『고전에서 찾은 말의 내공』, 송은진 옮김, 비즈니스북스, 2025

조승연 지음, 『이야기 인문학』, 김영사, 2013

주현성 지음, 『지금 시작하는 인문학』, 더좋은책, 2014

아놀드 조셉 토인비 지음, 『역사의 연구』, 김규태, 조종상 옮김, 더스타일, 2012

존 허스트 지음, 『세상에서 가장 짧은 세계사』, 김종원 옮김, 위즈덤하우스, 2018

사이토 다카시 지음, 『세계사를 움직이는 다섯 가지 힘』, 홍성민 옮김, 뜨인돌, 2011

최희성 엮음 『신화를 알면 역사가 보인다』, 아이템비즈, 2019

채사장 지음, 『지적 대화를 위한 넓고 얕은 지식』, 한빛비즈, 2015

채사장 지음, 『지적 대화를 위한 넓고 얕은 지식 0』, 웨일북, 2019

안광복 지음, 『철학, 역사를 만나다』, 웅진지식하우스, 2007

정시몬 지음, 『철학 브런치』, 부키, 2015

왕잉 지음, 『철학과의 만남』, 오혜원 옮김, 책이있는마을, 2016

서정욱 지음, 『필로소피컬 저니』, 함께읽는책, 2008

헤로도토스 지음, 『역사』, 박광순 옮김, 범우사, 1987

강성률 지음, 『서양철학사를 보다』, 리베르스쿨, 2015

윤성우 지음, 『서양 철학 이야기 4』, 책세상, 2011

야마구치 슈 지음, 『철학은 어떻게 삶의 무기가 되는가』, 김윤경 옮김, 다산북스, 2019

박영식 지음, 『서양철학사의 이해』, 철학과현실사, 2008

앤 루니 지음, 『철학 오디세이』, 최석진 옮김, 2016

안상헌 지음, 『미치게 친절한 철학』, 행성B, 2019

답은 언제나 서양 철학

초판 1쇄 인쇄일 2025년 12월 15일
초판 1쇄 발행일 2025년 12월 30일

지은이 황헌

발행인 조윤성

편집 추윤영 **디자인** 정은경 **마케팅** 김진규
발행처 ㈜SIGONGSA **주소** 서울시 성동구 광나루로172 린하우스 4층 (04791)
대표전화 02-3486-6877 **팩스(주문)** 02-598-4245
홈페이지 www.sigongsa.com / www.sigongjunior.com

ISBN 979-11-7125-888-8 (03160)

WEPUB 원스톱 출판 투고 플랫폼 '위펍' __wepub.kr

위펍은 다양한 콘텐츠 발굴과 확장의 기회를 높여주는
SIGONGSA의 출판IP 투고·매칭 플랫폼입니다.